诚斋易传

〔南宋〕杨万里 著

何善蒙 点校

九州出版社 JIUZHOUPRESS 全国百佳图书出版单位

图书在版编目（CIP）数据

诚斋易传 / （南宋）杨万里著 ；何善蒙点校. -- 北
京 ：九州出版社，2019.7
ISBN 978-7-5108-8161-9

Ⅰ．①诚… Ⅱ．①杨… ②何… Ⅲ．①《周易》—研
究 Ⅳ．①B221.5

中国版本图书馆CIP数据核字(2019)第129414号

诚斋易传

作　　者	（南宋）杨万里　著　何善蒙　点校
责任编辑	黄瑞丽
出版发行	九州出版社
地　　址	北京市西城区阜外大街甲 35 号（100037）
发行电话	(010)68992190/3/5/6
网　　址	www.jiuzhoupress.com
电子信箱	jiuzhou@jiuzhoupress.com
印　　刷	三河市九洲财鑫印刷有限公司
开　　本	710 毫米 ×1000 毫米　16 开
印　　张	18
字　　数	300 千字
版　　次	2019 年 9 月第 1 版
印　　次	2022 年 9 月第 2 次印刷
书　　号	ISBN 978-7-5108-8161-9
定　　价	58.00 元

☯ 出版说明

一、《诚斋易传》二十卷，南宋杨万里撰。杨万里（1127—1206），字廷秀，号诚斋，吉州吉水（今江西吉水县）人。他通过援史入易，将历史与易理完美结合，历时十七年完成此书。该书初以《易外传》为名刊行，后以其自号"诚斋"为名，改称《诚斋易传》。

二、今版《诚斋易传》以文渊阁《四库全书》本为底本，并参阅了武英殿聚珍本、《丛书集成初编》本。

三、为便于读者阅读，对书中涉及的部分历史人物、史实、典故等，以脚注形式予以解释。

四、根据读者的反馈意见，对 2008 版中的错漏和不妥之处，进行审慎修改。

九州出版社
2019 年 6 月

序

易者，何也？易之为言，变也。《易》者，圣人通变之书也。何谓变？盖阴阳太极之变也，五行阴阳之变也，人与万物、五行之变也，万事、人与万物之变也。古初以迄于今，万事之变未已也。其作也，一得一失；而其究也，一治一乱。圣人有忧焉，于是幽观其通而逆紬其图，《易》之所以作也。易之为言，变也。《易》者，圣人通变之书也。其穷理尽性，其正心修身，其齐家治国，其处显，其�穷，其居常，其遭变，其参天地、合鬼神。万事之变方来，而变通之道先立。变在彼，变在此。得其道者，蚩可哲，慝可淑，眚可福，危可安，乱可治，致身圣贤而跻世泰和犹反手也。斯道何道也？中正而已矣。唯中为能中天下之不中，唯正为能正天下之不正。中正立而万变通。此二帝三王之圣治，孔子颜孟之圣学也。后世或以事物之变为不足以撄吾心，举而捐之于空虚者，是乱天下者也。不然以为不足以遁吾术，挈而持之以权谲者，是愈乱天下者也。然则学者将欲通变，于何求通？曰：道。于何求道？曰：中。于何求中？曰：正。于何求正？曰：易。于何求易？曰：心。愚老矣，尝试与二三子讲之，二三子以为愚之言乎，非也。愚闻诸先儒，先儒闻诸三圣，三圣闻诸天。

淳熙戊申八月二日庐陵杨万里序

提要 ①

　　臣等谨案:《诚斋易传》二十卷,宋杨万里撰。万里字廷秀,自号诚斋,吉水人。官至宝谟阁学士,致仕。韩侂胄召之,不起。开禧间,闻北伐启衅,忧愤不食,卒。后谥文节。事迹具《宋史》本传。是书大旨本程氏,而多引史传以证之。初名《易外传》,后乃改定今名。宋代书肆曾与程《传》并刊以行,谓之《程杨易传》。新安陈栎极非之,以为足以耸文士之观瞻,而不足以服穷经士之心。然圣人作《易》,本以吉凶悔吝示人事之所从,舍人事而谈天道。正后儒说《易》之病,未可以引史证经病万里也。理宗嘉熙元年,尝给札写藏秘阁。元胡一桂作《易本义附录纂疏》,博采诸家,乃独不录万里一字,盖以其文士轻之。然万里文章气节自足千古,此书亦不可磨灭,至今犹在人间。区区门户之见,亦何足为万里轻重与! 乾隆四十二年恭校上。

　　　　　　　　　　　　　总纂官:臣纪昀　臣陆锡熊　臣孙士毅
　　　　　　　　　　　　　总校官:臣陆费墀

---

① 〔清〕永瑢、纪昀等编纂:《四库全书总目提要·经部三·易类三》。

目录

卷一

乾

```
☰  乾上
   乾下
```

《乾·杂卦》曰：乾，健。《说卦》曰：乾，刚。又曰：乾为天，为君，故君德体天。天德主刚，风霆烈日，天之刚也。刚明果断，君之刚也。君惟刚则勇于进德，力于行道，明于见善，决于改过，主善必坚，去邪必果，建天下之大公，以破天下之众私。声色不能惑，小人不能移，阴柔不能奸矣。故亡汉不以成、哀而以孝元，亡唐不以穆、敬而以文宗，皆不刚健之过也。然强足拒谏，强明自任，岂刚也哉？☰、☷，古之天、地字也。曷由知之？由坎、离知之。偃之为☵、☲，立之为水、火。若雷、风、山、泽之字亦然。故《汉书》"坤"字作"巛"。八字立而声画不可胜穷矣，岂待鸟迹哉！后世草书"天"字作"玄"，即"三"也。

　　乾，元亨利贞。

　　此卦辞。说者曰：文王之辞。至高曰天，天之健曰乾。天言其象，乾言其性，元亨利贞言其德。象而后有性，性而后有德。德之名四，其实一。一者何？元而已。元出而亨，物始而通也。时春而夏，日旦而昼，人幼而壮，物萌而荣，皆元亨之迹。利人而贞，物成则复也。时秋而冬，日昳而夕，人强而耄，物实而损，皆利贞之迹。故周子曰：元亨，诚之通；利贞，诚之复。复者何？复其元而已。元者，贞之初；贞者，元之终。元贞异名而同体。亨者，物之生；利者，物之成。亨、利异功而同用。浑然而一之谓元，熙然而散之谓亨，充然而成之谓利，肃然而收之谓贞。肃然而收，则浑然而一矣。一斯散，散斯成，成斯复，复斯入，入斯出，未有已也。天地具此为天地，圣人具此为圣人。四德之名立，而天地圣人之蕴著矣。彼异端者，以空言性命为元，其究窒于亨之用，以诡遇事功为利，其究贼于贞之体，是岂所谓元亨而利者哉？儒者之求道，求诸乾之四德。

初九，潜龙勿用。

此爻辞。说者曰：周公之辞。乾，阳也，其数曰九。坤，阴也，其数曰六。何也？天地之生数也。积天数之一、三、五，不曰九乎？积地数之二、四，不曰六乎？乾以龙为象，何也？天地者，其神不测者也。将托至神之物以喻之，舍龙何以哉？初九，乾爻之始而位之最下者也，故为龙之潜。既曰"潜"矣，虽欲用之，于何用之？故曰"勿用"。"勿"云者，止之也。干宝谓文王在羑里之爻，非也。羑里，圣人之不幸也，非潜也。程子谓舜之侧微，是也。或曰：舜穷而在下，未尝欲自用；孔子穷而在下，未尝欲勿用。何也？曰：治则圣体其常，乱则圣通其变。舜、孔子易地皆然。

九二，见龙在田，利见大人。

初九在下，君德之隐，故曰"潜龙"。九二居中，君德之章，故曰"见龙"。"见龙在田"，物被其泽也。"利见大人"者，天下以见九二之大人为天下之利也。程子谓舜之田渔时也。

九三，君子终日乾乾，夕惕若。厉，无咎。

乾之六爻皆龙德也，故曰"六龙"。九三不言"龙"而曰"君子"，何也？言"龙"者，明而神；言"君子"者，神而明，皆君德也。九三以君人之德，处下位之上，尊卑未定，危莫大焉，故曰"厉"。"厉"，危也。然圣人戒以厉之未几，而许以无咎之可必，何也？于此有道，终日乾乾然而无息，至夕犹惕惕若而自惧，勤于德而惧于位，则危者安矣，何咎之有？程子谓此爻，舜之玄德升闻时也。"乾乾"者，犹曰健健云耳。虽然九三危而无咎，信矣，亦有危而有咎者乎？曰：有。蚩尤、后羿、莽、卓在上而骄其下，在下而忧其不为上。骄则有懈心，何德之勤？忧则有觊心，何位之惧？故终亦必亡而已矣。或曰：不有操、懿乎？曰：汉一变而为魏，盖三世希不失矣。魏一变而为晋，盖再世希不失矣。使魏晋不足征，则"乾乾""夕惕"之戒妄矣。

　　九四，或跃在渊，无咎。

　　九四之与九三，位若同而异，情若异而同。九三居下之上而方尊，九四居上之下而已偪，故位若同而异。九三之惕则惧于进，九四之跃则向于进，四之跃，其情固异于三之惕也，然圣人未敢轻许之也，故曰"或"焉。"或"之者，疑之也。疑之者，未可以必进也。可以跃则动，未可以跃则静。"渊"，静也。"或跃"者，试其所养；"在渊"者，涵其自养。宜动而动，宜静而静，斯无咎矣！三之勤而惧，文言以为君子进德修业，虽危无咎。四虽无三之惧，然亦能跃而疑。文言亦以为君子进德修业，故无咎。此其情所以若异而同也。程子以为舜之历试时也。安定胡氏[①]以此爻为太子之位，其说尤切。盖懦于跃则为汉之惠、元，仅为得之；躁于跃则为商臣，为元凶，其咎大矣。或曰：晋之申生，汉之荣、强，[②]非以跃而咎也，何如？曰：易之戒，义也；三子之遭，命也。命不可逃而义不可越。使三子越义以逃命，命可逃乎？命不可逃，则孰若守义以听命。三子守义以听命，虽曰"有咎"，吾必谓之"无咎"矣！至泰伯、仲雍、伯夷、叔齐，则跃与否，无咎与否，皆所不能囿也。所谓"贤者过之"者与！

　　九五，飞龙在天，利见大人。

　　九，天德也，龙象也。五，天位也，飞而在天之象也。德而不位，仲尼以

①　胡瑗（993—1053），世称安定先生，是北宋易学的代表性人物。

②　荣、强：分别指汉景帝废太子刘荣，汉光武帝废太子刘强。

之虚天下之望也。位而不德，癸、辛①以之失天下之望也。德与位并，二帝三王以之慰天下之望也。故曰"利见大人"。当其"在田"，天下犹"利见"之，而况今"在天"乎！

上九，亢龙有悔。

五者，位之极。上者，极之极，故为"亢"。居君位而又上焉，将何之乎？此益戒舜以罔淫于乐，禹戒舜以无若丹朱之时也。若志与位俱亢，则"有悔"矣。梁武帝、唐明皇晚年是已。

用九，见群龙，无首吉。

乾、坤二卦独有"用九""用六"，何也？六十四卦刚柔之用，于此发其凡也。刚过则竞，故欲后而不先；柔过则邪，故欲正而能久。

彖曰：大哉乾元！万物资始，乃统天。云行雨施，品物流形。大明终始，六位时成，时乘六龙以御天。乾道变化，各正性命。保合太和，乃利贞。首出庶物，万国咸宁。

此彖辞，所以释卦辞也。说者曰：孔子之辞"大哉乾元"，何大乎？"乾元"也，乾之大者，以元而大也。何谓"元"？曰：是不可言也。其阴阳未形之初乎？肇而一谓之元，一而二谓之气，运而无息谓之道，融而无偏谓之和。天非和不立，物非和不生。莫之令而令其和者曰"命"，莫之禀而禀其和者曰"性"。孰为此者？乾之"元"而已。故万物众矣，资取于此，而后始天大矣；总摄于此，而后立性命妙矣；保合于此，而后利正其变也新，故为无常。其化也消息为无迹。谓有物邪，"云行雨施"，莫见所自来。谓无物邪，"品物流形"，何为而有是象。莫见其所自来者，其物之始乎；何为而有是象者，其物之终乎。始而终，终而始，始而复始，终而复终，始终变化而未已。此阴阳不测之妙也。曷为变，曷为化，是不可胜穷也。尝试观之云行乎，炳而黄，黯而

①　"癸"即夏桀，"辛"即商纣。

苍，此云行之变也。倐而有，忽而无，此云行之化也。变者，迹之迁；化者，神之逝。天地造化，皆若是而已。大明于终始之道者，非作《易》之圣人，孰与于此？是故体此道以居乾爻之六位，则时行时止，而圣德成。执此道以乘乾之六龙，则时飞时潜，而天位正。此其所以"首出庶物"而"万国咸宁"者，圣人之与乾元合而为一故也。此"乾元"所以"大"。《彖》言"元"，言"利贞"，而不言"亨"。非不言"亨"也，"云行雨施，品物流形"即"亨"也。

　　象曰：天行健，君子以自强不息。

　　此大象之辞，释卦名"乾"之一字之义也，亦孔子之辞也。"天行健"，"健"即诚也。所谓诚者，天之道也。"君子以自强不息"，其"不息"亦诚也。所谓诚之者，人之道也。"自强"，非有使之者也。曰"强"，又曰"不息"，强之至也。"天行健"，乾之德也。"自强不息"，君子以己为乾也。运行不穷之谓"健"，进修不息之谓"强"。其义一也。六十四卦或曰"君子"，或曰"先王"，或曰"圣人"，或曰"大人"，皆体易道而日用者。健、顺者，乾、坤二字之诂也。

　　潜龙勿用，阳在下也。见龙在田，德施普也。终日乾乾，反复道也。或跃在渊，进无咎也。飞龙在天，大人造也。亢龙有悔，盈不可久也。用九，天德不可为首也。

　　此小象之辞，释六爻之辞与用九之义也，亦孔子辞也。德在此，位在彼，初九以阳德而在下，君子以之潜而勿用，是故潜德而非为我。九二以阳德而出，君子以之施而必周，是故德普而非兼爱。九三知有此而不知有彼，是故反复于道而不敢离。九四知有此而不知有彼，是故旋观无咎而后敢进。至于九五，不以得位为乐，而志在大有为。上九以处高为悔，而戒其"不可久"，盖乾之德不可为首。故也知乾之德不可为首，则惟六位所遭而处之，焉往而不绰绰。

　　文言曰：元者，善之长也。亨者，嘉之会也。利者，义之和也。贞者，事之干也。

"文言"者，彖、象辞之重者也，亦孔子辞也。惟《乾》《坤》二卦有之，盖六十二卦举矣。元者，万善之大宗。亨者，百嘉之都会。利者，万宜之和气。贞者，庶事之桢干。此乾之四德。

君子体仁，足以长人；嘉会，足以合礼；利物，足以和义；贞固，足以干事。君子行此四德者，故曰乾，元亨利贞。

此君子体乾之四德也。法之于天，体之于身，之谓"体"。元者，四德之长。仁者，五常之长。体元无形，体仁有体，圣人欲其近而易行，故变元而谓之"仁"。

初九曰：潜龙勿用。何谓也？子曰：龙德而隐者也，不易乎世，不成乎名，遁世无闷，不见是而无闷。乐则行之，忧则违之，确乎其不可拔，潜龙也。

"子曰"一章，孔子释爻辞之文也，惟《乾》《坤》二卦为详。至于余卦，见于《系辞》者，如"鸣鹤在阴"之类，所释者诸卦十八爻而已。然则谓《系辞》非夫子之作，其然乎？初九惟其以龙德而隐也，故以世从道，不以道从世；以实晦名，不以实显名。内乐存，故不有行于时，必有行于己。所谓"遁世无闷""乐则行之"也。外忧亡，故不见知于人，必见知于天。所谓"不见是而无闷""忧则违之"也。其守不夺，其坚不拔，岂躁于用哉！此潜龙之德也。

九二曰：见龙在田，利见大人。何谓也？子曰：龙德而正中者也。庸言之信，庸行之谨，闲邪存其诚，善世而不伐，德博而化。《易》曰"见龙在田，利见大人"，君德也。

有君人之德，无君人之心，此九二大人盛德之事。龙虽见矣，在田不在天；德虽正中矣，在下不在上，有君德无君位也。然则宜若之何？庸信庸谨，久而无息；闲邪存诚，实而无妄，可谓有君人之德矣。然德足以善一世，方且有而若无；德足以普万物，方且化而不居。天下归之，己辞之，曷尝有君人之心乎！故曰"君德"也。"君德"云者，有君德而安于臣位者也。文王有君民之大德，有事君之小心，其九二之谓乎？

九三曰：君子终日乾乾，夕惕若。厉，无咎。何谓也？子曰：君子进德修业，忠信，所以进德也，修辞立其诚，所以居业也。知至至之，可与言几也。知终终之，可与存义也。是故居上位而不骄，在下位而不忧，故乾乾因其时而惕，虽危无咎矣。

"终日乾乾"，必有事焉。无事而勤，徒勤也。勤于进修德业，则非徒勤矣。虽然进修必有地，德业必有物。忠信辞诚，所以指其地、实其物也。然知德业所至，而不至其至，非造微之极；知德业所终，而不终其终，非存义之固。知至能至，知终能终，圣智之学就矣。以此居上，高而不泰；以此在下，卑而不戚。惟以得位为惧尔，虽危何咎。二之上故曰"居上"，四之下故曰"在下"。

九四曰：或跃在渊，无咎。何谓也？子曰：上下无常，非为邪也。进退无恒，非离群也。君子进德修业，欲及时也，故无咎。

"恒"犹"常"也。九四之位偪矣，以上进为常，则其志邪；以下退为常，则其德孤。惟及其时以进修，而不干时以行险，疑而无必，则"无咎"矣。"或"之者，疑之也。

九五曰：飞龙在天，利见大人。何谓也？子曰：同声相应，同气相求。水流湿，火就燥，云从龙，风从虎，圣人作而万物睹。本乎天者亲上，本乎地者亲下，则各从其类也。

同则合，异则离，物之情也。故马鸣而牛不应，螽跃而蚁不随。湿为火仇，燥为水忧，云虎相避，风龙不相比；鸢飞亲上，鱼跃亲下，所谓"各从其类"也。所谓"各从"者，一物亲一物而已。至于圣人作而万物咸睹，无一物不亲者，何也？圣人者，三才之宗主，万物之天地，所谓出乎其类者。出乎其类，故统乎万类。象辞所谓"首出庶物，万国咸宁"者，与夫子此言，因释此爻"飞龙在天"之辞，而发"云从龙"之义，遂推而极之也。万物睹圣人，即"利见大人"。

> 上九曰：亢龙有悔。何谓也？子曰：贵而无位，高而无民，贤人在下位而无辅，是以动而有悔也。

六龙之首，故曰"贵""高"。非君非臣，故曰"无位"。阳刚无阴，故曰"无民"。自四而下，皆从九五，故曰"无辅"。如是而动，其谁我与，有悔必矣。高贵乡公①以之。

> 潜龙勿用，下也。见龙在田，时舍也。终日乾乾，行事也。或跃在渊，自试也。飞龙在天，上治也。亢龙有悔，穷之灾也。乾元用九，天下治也。

此一章再释爻辞与用九辞也。"潜龙勿用"，曷为"勿用"？以其潜于下也。"见龙在田"，曷为"在田"？以其时可居于田也。"终日乾乾"，必有事焉，非有事则为无益之勤。"或跃在渊"，所以"自试"，非"自试"必有妄动之举。"飞龙在天"，则云行雨施而天下平，圣人在上则德流化洽而天下治，故曰"上治"。物穷则灾，理数之常，亢之所以"有悔"。刚而能柔，致治之道，乾之所以"用九"也。

> 潜龙勿用，阳气潜藏。见龙在田，天下文明。终日乾乾，与时偕行。或跃在渊，乾道乃革。飞龙在天，乃位乎天德。亢龙有悔，与时偕极。乾元用九，乃见天则。

此一章亦再释爻辞与用九辞也。时隐则隐，故初九当退，而安于潜藏之幽；时显则显，故九二当见，而著其文明之治。天之健，终日而不息，九三之进修，亦与之不息，故曰"与时偕行"。龙之在渊，革潜而为跃。九四之上

---

① 曹髦（241—260），魏明帝曹丕之孙，司马师废少帝曹芳后，立其为帝。260年，密谋出宫讨伐司马昭，事败被杀，并被司马昭废去皇帝名位。

进，亦革卑而居尊，故曰"乾道乃革"。以龙德宅天位，则德不俭于位；以天位处龙德，则位不俭于德。故曰"位乎天德"。天时之极者，暑极不生暑而生寒；君位之极者，治极不生治而生乱。故曰"与时偕极"。天不为首，天之则也；君不为首，君顺帝之则也，故曰"乃见天则"。

> 乾元者，始而亨者也。利贞者，性情也。乾始能以美利利天下，不言所利，大矣哉！

"元"言始，"亨"言通。"元亨"者，始而后有通。"利"言情，"贞"言性，"利贞"者，情必复于性。虽然，利岂能自利哉，皆出于"元"而已。故又曰"乾始能以美利利天下"。然止言利，而不言所利，其利大而不容止一事也。若曰"利建侯""利女贞""利涉大川"，皆言所利者也。

> 大哉乾乎！刚健中正，纯粹精也。六爻发挥，旁通情也。时乘六龙，以御天也。云行雨施，天下平也。

此一章亦释彖辞，所以赞乾之德而归之道也。乾不可得而赞，极天下万物而无外，姑强名曰"大"而已。故既曰"大哉乾元"，又曰"大哉乾乎"。何大乎乾也？大其德与道也。"元亨利贞"，乾之德；"中正""纯粹精"，乾之道。道析则五，会则一。正邪为正，正正为中，乾之道本于中而已。纯者，体之一；粹者，纯之美；精者，粹之微。乾之道，会于一而已。尧舜禹相传以"惟精""惟一"，乾之一也。"允执厥中"，乾之中也。然则举此道而一之于中，天传之羲，羲传之八圣者也。曷谓"纯粹精"？请以金喻。不杂者，金之纯。不杂而良者，金之粹。良而百炼者，金之精。精者，不杂之至。故夫正者，道之纯粹也。精则未也。中者，道之精也。盖正犹有偏也。楚、燕，南北之正也，非中也。洛师，天地之中也。夷惠，吾道之正也，非中也。孔子，吾道之中也。正者中在其外，中则正在其中。道至于一而正，正而中止矣。虽然，乾之道何以臻此？其惟刚健无息以致之乎。"刚健"者，乾之性，以刚出健，以健行刚，斯一于中矣。非"天行健，君子自强不息"，其孰能与此？乾阳，故"刚健"；阳居二，故"正"；阳居五，故"中"；六爻纯阳，故"纯粹精"。此章与"始而亨"为一章。

君子以成德为行，日可见之行也。潜之为言也，隐而未见，行而未成，是以君子弗用也。

此一章亦再释爻辞。蕴于身为德，形于事为行。龙德，圣人之事，非贤人事也。初九虽潜，而龙德具矣。潜者位而已，所性不存焉者也。而横渠张子以颜子行而未成当此一爻，恐颜子不敢当也。程子谓"未成"者，未著也，以舜之侧微当之，得之矣。

君子学以聚之，问以辨之，宽以居之，仁以行之。《易》曰："见龙在田，利见大人。"君德也。

学以取善，故万善集。问以明善，故一不善不入。居以宽，故处心大而裕。行以仁，故及物公而普。学问，德之府；宽仁，德之舆。九二之"大人""君子"，府充而舆熟。君德如此，天下幸而见之，其利何如哉！

九三重刚而不中，上不在天，下不在田。故乾乾因其时而惕，虽危无咎矣。

三乘二阳而在其上，故"重刚"。下卦以二为中，三则过之，故"不中"。非五，故"上不在天"；非二，故"下不在田"。

九四重刚而不中，上不在天，下不在田，中不在人，故或之。或之者，疑之也，故无咎。

四乘三阳，而在五之下，故"重刚"。上卦以五为中，四则不及焉，故"不中"。非三，故"中不在人"。

夫大人者，与天地合其德，与日月合其明，与四时合其序，与鬼神合其吉凶。先天而天弗违，后天而奉天时。天且弗违，而况于人乎？况于鬼神乎？

此赞九五之"大人"也。天地，造化之主；日月，造化之精；四时，造化之功；鬼神，造化之灵。其体一，其用三。覆载无私之谓德，照临无私之谓明，生息无私之谓序，祸福无私之谓吉凶。大德之人，兼天地造化之体用，而皆与之合，则其德与天地合其大矣！是故先天天合乎圣，后天圣合乎天，人谋、鬼神，皆圣之余也。尧舜天命未改而禅，先天者也。文之事商、武之退师，后天者也。汤之伐，不先不后而顺天者也。体乾之人有君子，有大人，有圣人。君子，圣贤之达名；大人，上下之达名；圣人，性天之达名。名则三，道则一。

亢之为言也，知进而不知退，知存而不知亡，知得而不知丧。其唯圣人乎？知进退存亡而不失其正者，其唯圣人乎！

上九亢矣，病也。亢而不知焉，病之病也。自古乱亡皆不知者也。知之，斯能处之，故亢者，不知丧亡之几而不知退者也。圣人唯能知之，故能不失其正以处之，又何亢之有？尧舜是也。嗟乎，圣人，吾不得而见之矣！若唐之睿宗，其庶矣乎。曰"其唯圣人乎"，必申言之者，所以深赞圣人之能知亢也，犹孔子称"贤哉，回也"，亦先后申言之。

坤

坤上
坤下

坤，元亨，利牝马之贞。

坤之"元""亨""利"三德，同乎乾。贞则独指一事，曰"牝马之贞"。何也？乾贞欲刚，故天尊；坤贞欲柔，故地卑。行止，惟人之从马之顺也。牝马，顺之顺也，故牝马地类，安得同乾之贞哉！王弼云"利牝马之贞"，非也。

君子有攸往。

"往"，行也。地之柔顺，君子体而行之。

先迷后得，主利。西南得朋，东北丧朋，安贞吉。

此以上皆卦辞。《乾》之卦辞止言"元亨利贞"，言其体。自《坤》以下，并与用言之。坤，地道也，阴道也，母、妻、臣道也，皆欲以阴从阳，不欲以阴从阴。阴从阴则造化消，阴从阳则造化息。母、妻、臣自从则乱且危，母从子、妻从夫、臣从君，则治且安。故阴盛阳微，月壮日亏。吕武专而汉唐倾，懿裕强而魏晋亡。此阴不从阳之灾也。故坤之阴，处先则迷，处后则得，必以后为利之主也。从其类则非吉，离其类则吉，必以安贞为吉之地也，皆欲以阴从阳也。西南，阴之方；东北，阳之乡。

彖曰：至哉坤元！万物资生，乃顺承天。坤厚载物，德合无疆。

乾称"大哉"，坤称"至哉"，严尊卑之分，阴不得僭阳也。盖大则无疆，至则有极。乾之元，物资以始；坤之元，物资以生。始者，气之元；生者，形之元。坤之生物，岂自为之哉！顺以承乎天，厚以载乎物，此其德所以合乎乾之"无疆"。

含弘光大，品物咸亨。牝马地类，行地无疆。柔顺利贞，君子攸行。

英华外发之谓"光"，坤之用也。博厚中充之谓"大"，坤之体也。坤道之"光大"如此，而能"含弘"而不耀，故能生物而不息，物之所以亨。

先迷失道，后顺得常。西南得朋，乃与类行。东北丧朋，乃终有庆。安贞之吉，应地无疆。

此章程子尽矣。

象曰：地势坤，君子以厚德载物。

地之力不厚，则载万物不胜其重；君子之德不厚，则载万民不胜其众。"势"，力也。

初六，履霜。坚冰至。
象曰：履霜坚冰，阴始凝也。驯致其道，至坚冰也。

《乾》之初九，阳始萌；《坤》之初六，阴始生。阳始萌则曰"潜龙勿用"，言方隐而未可以进也。阴始生则曰"履霜，坚冰至"，言虽微而必至于盛也。观圣人之言，可以知君子之难进，而小人之易盛矣。有国者，其亦思所以求君子于隐，而防小人于早也哉。

六二，直方大，不习，无不利。
象曰：六二之动，直以方也。不习，无不利，地道光也。

文言释之至矣。程子谓二为坤之主，不以君道处五，真得圣人之意也。坤之六爻，莫盛于六二，而六五次焉。六二具直、方、大之三德，得于不习之自然，焉往而不利哉？柔则曲，而六二独直；柔则利刓，而六二独方。此其所以大也。何以柔而能直且方也？中正故也。不揉而直，不矩而方，不恢而大，六二固不必习也。虽然不必习，而习不亦进矣哉？

六三，含章可贞。或从王事，无成有终。
象曰：含章可贞，以时发也。或从王事，知光大也。

为臣不任事、求任事，罪一也。不任事则奸，求任事则谄。六三含其光明而不炫，"或从王事"而毋必，此所以"光大"也。"或"云者，非不任事也，非求任事也。[①] 程子谓义所当为，则以时而发，若含而不为，非尽忠也。其论至矣！"无成"谓不居，"有终"谓必尽。

---

① 〔明〕何楷《古周易订诂》于此句后，增补"知光大故能含章"儿字。

六四，括囊，无咎无誉。

象曰：括囊无咎，慎不害也。

四居危疑之地，而慎默"括囊"可也。若可以言而不言，假六四之义以自文，则为张禹、胡广。学者审之。

六五，黄裳，元吉。

象曰：黄裳元吉，文在中也。

五，君位也。而坤，臣道也。坤之六爻，皆顺承乾五之一君者也，故坤之五不得为君位。虽然，六五不幸而居嫌疑之位，其道宜何如？黄，中色也。裳，下服也。守中而居下，以安守人臣之分，则"元吉"矣。"元吉"，吉之大也。圣人许之以能居下则"元吉"，不许其过此也。六二、六五得中均也，然六二则大之，六五则戒之，何也？二中而在下，臣位正也；五中而在上，臣位疑也。臣而疑于君，疑而不已则僭。僭不可启也，故戒之。吾于乾坤见君臣之大分矣！程子谓阴者，妇道，妇居尊位，非常之变，不可言也。其发明圣人之意尤深远矣！刚柔杂为"文"。六，柔也；五，刚也。"文在中"，谓有文德而居中也。

上六，龙战于野，其血玄黄。

象曰：龙战于野，其道穷也。

阴极伤阳，臣盛伤君。六而居上，阴极而臣盛矣。故阴阳争，君臣战，两伤两穷而后已。赵高篡秦，秦亡而高亦诛；王莽篡汉，汉微而莽亦败。为臣者，其勿至于此；为君者，其勿使臣至于此也。盖上六之"龙战"，已兆于初六之"履霜"，小人之可畏如此哉！"龙战"者，以坤马之僭龙，而战夫乾之真龙也。"血"，伤也。"其血玄黄"，两龙俱伤也。

用六，利永贞。

象曰：用六永贞，以大终也。

阴之用，能永守臣道之贞，斯可以为大臣而令终矣。或曰：用九、用六，乾、坤七爻。妄也。有位斯有爻，位止于六而爻乃有七乎？故《易》曰"六爻发挥"，又曰"六位成章"。

　　文言曰：坤至柔，而动也刚，至静而德方。后得主而有常，含万物而化光。坤道其顺乎，承天而时行。

"柔"者，坤之道。"静"者，坤之体。至于阴阳之回斡，造化之运行，岂专柔而静哉！动则阳而刚，静则阴而方。先而不后者，坤之异；后而不先者，坤之常。物收而包含之量幽，物散而造化之功著。坤之道其大如此，何也？承天之施而不自生，行天之时而不自用，一本乎顺而已。然则臣道一于顺乎？曰：有臣道，有臣节。臣道一于顺，故欲柔、欲静。不顺则为莽、卓。臣节病于顺，故欲刚、欲方。顺则为张禹、胡广。坤何以"动而刚"？曰：发生必达。

　　积善之家，必有余庆；积不善之家，必有余殃。臣弑其君，子弑其父，非一朝一夕之故，其所由来者渐矣。由辨之不早辨也。《易》曰"履霜，坚冰至"，盖言顺也。

福生于一小善，祸起于一小不善。万者，一之积；大者，小之积。善可积也，不善不可积也。积斯渐，渐斯极，极斯作，及其作而图之，其有及乎！弑逆，国家之大祸，圣人不忍言，臣子不忍闻也。探其初，亦止于萌一小不善之心而积之也。《传》曰"有无君之心，而后动于恶"，故一小不善之心，在下者不可不察之于己，在上者不可不察之于人。察之早，勿使之渐，则国之祸不作矣。"辨"，察也。故《易》坤之初六曰"履霜，坚冰至"。盖言驯也。"履霜"之不戒，"坚冰"之勿悔，驯而致之也。"顺"当作"驯"。

　　直其正也，方其义也。君子敬以直内，义以方外，敬义立而德不孤。直方大，不习无不利，则不疑其所行也。

六二爻辞止言"直方"，而圣人又以"正"释"直"，以"敬"释"正"，以"义"释"方"，其晓学者至矣！敬以直其内，则养心主一而不分。义以方其外，则处物适宜而不随。"敬"，体也；"义"，用也；体用合而德不偏，故"敬义立而德不孤"也。"立"谓并立，"不孤"谓不偏；偏于内则执体而废用，偏于外则徇用而忘体。

> 阴虽有美，含之以从王事，弗敢成也。地道也，妻道也，臣道也，地道无成而代有终也。

为臣之道，有大美而不能含蕴者，矜也；有大美而不从王事者，吝也；从王事而自有其成功者，骄也。圣人于六三，盖三致意焉。"弗敢"云者，有惧心焉。功成而能惧，可以为臣矣。禹之不矜伐，周公之不骄吝，得六三之义。

> 天地变化，草木蕃。天地闭，贤人隐。《易》曰"括囊，无咎无誉"，盖言谨也。

乾之初九远而潜，宜也。坤之六四近而隐，非宜也，不宜隐而隐者。五之位，君位也。坤之六则臣也。六五以臣而居君之位，则僭也。臣僭君则天下乱，是天地闭塞之时也。六四不幸而近之，惟恐去之不速、隐之不深耳。此龚胜所以不仕于莽之朝，蔡邕所以失节于卓之官也。圣人严臣子之大分，于六五则深戒之以居下之礼，于六四则力劝之以洁身之节。隐之于六五，而发之于六四，其防患深远矣！使六四至于洁身，则六五何如哉！

> 君子黄中通理，正位居体。美在其中而畅于四支，发于事业，美之至也。

六五之"君子"，唯刚柔杂而有文德，故"通理"。唯得中，故"正位"。唯位高而心愈下，不失臣礼，故"居体"。"体"者，礼也。"通理"者，通于君臣上下之定理也。知定理之不可易，故"正位居体"而不敢僭也。臣道之美，孰大于是？具三者之大美，蕴于中斯形于外，故"畅于四支"而美其身，必无骄主之色；"发于事业"而美其政，必无专权之絷，所以为"美之至"。

阴疑于阳必战，为其嫌于无阳也，故称龙焉。犹未离其类也，故称血焉。夫玄黄者，天地之杂也，天玄而地黄。

坤之阴至于极盛而疑其为"阳"，坤之马至于极盛而进称为"龙"，其僭乾也甚矣！圣人别其嫌，故发其有无阳之心，暴其有僭龙之罪，所以诛其意也。然不曰马与龙战，而曰"龙战"者，不没其僭也。不没其僭，所以深诛其僭也。龙之类有血，血之类有色，故曰"未离其类"。

卷二

屯

坎上
震下

屯，元亨利贞。勿用有攸往，利建侯。

物屯求亨，时屯亦求亨。[①]然时屯求亨，其道有三。惟至正为能正天下之不正，故曰"利贞"。惟不欲速为能成功之速，故曰"勿用有攸往"。惟多助为能克寡助，故曰"利建侯"。汉高帝平秦项之乱，除秦苛法，为义帝发丧，得屯之"利贞"；不王之关中而王之蜀汉，隐忍就国而不敢校，得屯之"勿用有攸往"；会固陵而诸侯不至，亟捐齐、梁以王信、越，得屯之"利建侯"。二帝三王，亨屯之三道，高帝未及也，而亨屯之功如此，而况及之者乎！

彖曰：屯，刚柔始交而难生，动乎险中，大亨贞。雷雨之动满盈，天造草昧，宜建侯而不宁。

震以初九之阳而下于阴，以六二之阴而上于阳，皆居一卦之始，故曰"刚柔始交"。以震遇坎，故曰"难生"。震动坎险，故曰"动乎险中"。临险难而

---

① 董真卿《周易会通》于首句前增补："气始交未畅曰屯，物勾萌未舒曰屯，世多难未泰曰屯。"

不妄动，必正而后动，是惟无动，动则大亨，故曰"大亨贞"。仗至正以动于险难之中，如天地之动，一动而雷雨盈于天地之间，亨孰大焉！当屯难之世，如造化之初，草而未齐，昧而未明，能动以正，而又得"建侯"之助，则屯可亨矣！"大亨贞"，即卦辞之"元亨利贞"。动而雷雨满盈，即"勿用攸往"。建侯而不自宁，即"利建侯"。然卦言"勿用攸往"，而象言"雷雨之动"者，"勿用攸往"非终不动也，审而后动也。《屯》之"元亨利贞"，非如《乾》之四德，故曰"大亨贞"。

　　象曰：云雷屯，君子以经纶。

　　天下无事，庸人不庸人；天下多难，豪杰不豪杰。当屯难之时，君子当之，岂可以晏然处之哉？非有经纶天下之才，则屯未易亨。郭子和曰：坎在上为云，故云雷屯；坎在下为雨，故雷雨作解。云而未雨，所以为屯。其说最明。

　　初九，磐桓，利居贞，利建侯。
　　象曰：虽磐桓，志行正也。以贵下贱，大得民也。

　　君子济屯患无才，有才患无位。初九以刚明之才而居下位，非二非四，虽欲有为，未可也，姑盘桓不进，以待时而已。然岂真不为哉？居正有待，而其志未尝不欲行其正也。居而不贞则无德，行而不正则无功。周公言"居贞"，而孔子言"行正"，然后济屯之功德备矣。然则何以行吾志？何以济夫屯？建侯以求助，自卑以得民，则志可行，屯可济矣。初九在下而远君，建侯非我职也，而初九能之乎？贾林合李抱真、王武俊之欢而朱滔遁，唐遂以安。林，远君而无位者也。刘琨失王浚、猗卢之援而幽、并亡，晋遂失中原。琨，远君而有位者也。初九患无志耳，有有为之志，而辅以建侯之助，何职之拘，何位之俟哉！故济屯者，志为大。初九远君无位，圣人犹许其有志，而况有志而近君有位者乎！震之初以一阳为二阴之主，故曰"贵"；二阴贱而一阳下之，故曰"下贱"。

　　六二，屯如邅如，乘马班如。匪寇婚媾。女子贞不字，十年乃字。

象曰：六二之难，乘刚也。十年乃字，反常也。

屯之六二以阴柔之德，居大臣之位，非不欲济时之屯也。然下则逼于初之刚，而乃为己之寇；上欲亲于君之应，而有近之嫌，故"邅如"而不能行，"班如"而不能进。然则何以处之？如"女子"然，与其从寇而字，不若守正而不字。虽未得亲于婚，久则寇定而自成其婚。婚而字焉，何迟之有？此王导相晋之事也。上有元、明之二君，而下有王敦之强臣，导乃以宽大之度、柔顺之才，处强臣之上，非乘刚遇寇而何？惟导守正不挠，而下不比于敦，待时观变，而上不危其国，久而寇自平焉，君自信焉，国自安焉。此"十年乃字"，复其常之效也。谢安之于桓温，初则伐其壁人之谋，徐而寝其九锡之命，强臣自毙，而王室以宁，亦屯之六二也。虽然六二之"邅如""班如"者，其病在于阴柔而无刚明之才耳。舜之于四凶，周公之于管、蔡，孔子之于少正卯，何邅、班之有？

六三，即鹿无虞，惟入于林中。君子几不如舍，往吝。
象曰：即鹿无虞，以从禽也。君子舍之，往吝穷也。

三无刚明之才，而居震动之极，妄意于济屯之功业，所谓"即鹿"。然五应二而不应三，三妄动而无上应，无应则无功，所谓"无虞"而鹿入林中也。君子当此者，舍而退则见几而无悔，往而进则遇险而必穷。盖功无幸成，业无孤兴。郭林宗所以不仕于汉，管幼安所以不仕于魏，非无忧世之心也。鹿譬则功也，虞人譬则应也。

六四，乘马班如，求婚媾，往吉，无不利。
象曰：求而往，明也。

六四居上而阴柔，非济屯之才，故"乘马"而不进。初九在下而刚明，为六四之应，故求助则必往。此六四有自知之明，无疾贤之私者也。魏无知、徐庶以之。"求"，助之谓。

九五，屯其膏。小贞吉，大贞凶。

象曰：屯其膏，施未光也。

九五以刚明之君，居屯难之世，宜其拨乱反正有余也。然其泽犹屯而未光，其所正可小而不可大，是屯难终不可济乎？有君无臣故也。六四近臣则弱，六三近臣则又弱，六二大臣则又弱。然则九五将欲有为，谁与？有为惟一初九，则远而在下。贤而在下则如无贤，臣而在远则如无臣。唐之文宗，初耻为凡主，非不刚也，终自以为不及赧、献，"大贞"则"凶"也，何也？观近臣则训、注 [1] 也，观大臣则涯、㻛也，观远臣则度与德裕也。用不必才，才不必用，而欲平阉宦之祸，故曰：君强臣赢，航无楫维；无臣有主，去咂得虎。

上六，乘马班如，泣血涟如。
象曰：泣血涟如，何可长也。

穷否反泰，极屯反亨。屯之上，难之极也。然非刚明之极，何以亨屯难之极？今乃以六之柔而当之，进无必为之才，退有无益之泣，求夕亡朝得之，求朝亡夕得之，"何可长也"？唐之僖、昭是已。

蒙

$$\begin{array}{c}\text{艮上}\\\text{坎下}\end{array}$$

艮上
坎下

蒙，亨。

说者以"蒙"为"蒙昧"之"蒙"，非也。蒙，犹屯也。屯者，物之初，非物之厄。蒙者，人之初，非性之昧。勾而未舒曰"屯"，稚而未达曰"蒙"。故蒙有亨之理。果昧也，奚亨焉？

---

[1] 训、注：指李训、郑注，二人合谋为唐文宗消灭宦官集团，因消息泄露而事败被杀，并导致大批朝廷官员被宦官杀害，史称"甘露之变"。

匪我求童蒙，童蒙求我。

教者无求于学者，然后先王之道尊。学者有求于教者，然后教者之言入。道尊则传而行，言入则信而坚，故无求非傲，有求非诎。

初筮告，再三渎。渎则不告，利贞。

未达而求达者，一问答而加多；不达而求其达者，百问答而加少。再三，愈加少也。故初筮而告，达其蒙也；再三而不告，亦达其蒙也。一告而达则悦，再三而不告则愤，安知愤者之达不深于悦者乎？然则问而答者，爱也；问而不答者，亦爱也，归于"利贞"而已矣。蒙而达，达而坚贞，其利益孰大焉？"筮"者，问而占之之谓。

彖曰：蒙，山下有险，险而止，蒙。蒙，亨。以亨行，时中也。匪我求童蒙，童蒙求我，志应也。初筮告，以刚中也。再三渎，渎则不告，渎蒙也。蒙以养正，圣功也。

蒙之"险"，有险中之亨；蒙之"止"，有止中之行。险而止者，稚而蒙也；亨而行者，蒙而达也。何达也？达乎中正而已。何为而达乎中正也？以其求中正之志，就其刚明中正之人，斯达矣。曰"时中"，曰"养正"，道之中正也。曰"志应"，求者有志，则教者必应也。曰"刚中"，九二刚明中正之人也，始乎蒙，卒乎圣，原乎志而已。何谓"志"？"童蒙求我"是也。"渎"之为言，亵也。再三问者，亵也。再三告者，亦亵也。问之亵则昧，答之亵则弃。"匪我求童蒙"谓九二，"蒙以养正"谓六五。

象曰：山下出泉，蒙。君子以果行育德。

"山下出泉"者，泉之性行，山之性止。此欲行而彼止之，故曰"蒙"。蒙者，欲行而未达之谓。虽然，岂终止哉！其决也，有不可御；其积也，有不可测。泉不可御，君子得之以果其行；泉不可测，君子得之以育其德。

初六，发蒙，利用刑人，用说桎梏，以往吝。
象曰：利用刑人，以正法也。

蒙在发，发在豫。初者，发之豫也。圣人何以发之？教人大立法，立法大正己。己正于上，人观于下。迷者觉，蔽者解，如械得释，如囚得宥，其何快如之。故曰"利用刑人，用说桎梏"，快之至也。"刑"之为言，法也。如"刑于二女"之"刑"，故曰"以正法"也。然则以言语教者，末矣，而况威乎？"以往吝"者，过是以往则吝也，如威令是也。尧、舜率天下以仁，而民从之，"刑人"之义也。

九二，包蒙吉，纳妇吉，子克家。
象曰：子克家，刚柔接也。

善教欲宽不欲苛，善学欲逊不欲速。初六、六三、六四，群蒙皆阴也，故称"妇"焉。九二以刚明之才，当闻达之任，受群蒙之归，则宜宽以俟之，故称"包""纳"焉。"包"则有容而无择，"纳"则有受而无却，皆宽也。人皆有圣贤君子之质，奈何绝之以苛。三后之化顽民，所谓"无忿疾于顽""有容德乃大"是也。然六五之童蒙有求于二，而二匪求于五，乃曰"子克家"，何也？臣之事君，如子之事父，责难纳诲，陈善闭邪，正使致君以尧，格君于天，如伊尹、周公，亦臣子分内事耳，亦如子之干蛊克家耳，非功也。"刚柔接"者，以五之柔下际于二也。"妇"，群蒙，尊教者也。"子"，九二，尊受教者也。

六三，勿用取女，见金夫，不有躬，无攸利。
象曰：勿用取女，行不顺也。

女德以顺为正。三仰舍上九之应，而俯从九二之强，是女见利而动者也，非顺也。动以利则身非其身，失其身则利非其利，是以君子勿取也。何为不取？以顺为正也。陈相下乔而入幽，即六三舍上而从下。公孙①曲学以阿世，即六三见利而失身。斯女不可取也，斯士独可用之，无所不至矣。"金夫"，夫之挟厚利者。九二刚而乾体，乾为金。

> 六四，困蒙，吝。
> 象曰：困蒙之吝，独远实也。

蒙非教不莹，教非贤不亲。四以昏蒙之资，而远于上下二阳刚健笃实之贤，宜其"困"而"吝"也。窒于通之谓"困"，嗇于复之谓"吝"。吝疾者讳医，吝过者讳师。四之"困蒙"而复吝于亲贤，所谓"困而不学，民斯为下"者与？然则圣人真绝而不教乎？是教也，非绝也。仲尼之于阳货、孺悲，皆所不见，疑绝也。然瞯亡取瑟，是亦不屑之教诲也。使二子而改，则困而知之，与生而知之、学而知之一也，如吝何？

> 六五，童蒙，吉。
> 象曰：童蒙之吉，顺以巽也。

有童稚之蒙，有小民之蒙，有学者之蒙，有圣人之蒙。六五以人君之尊，秉巽顺之德，自居于童稚之蒙以下，学于九二刚明之贤，此圣人之蒙也，聪明睿智而守之以愚者也。高宗自以其德弗类而学于傅说，武王自以不知彝伦而访于箕子，所以圣益圣与？此谓蒙以养正，圣功者也。晦其中正而养之以蒙，如雾蒙日，乃所以养日。其明不费，故其照不匮。非作圣用功之深，孰能与于此？

> 上九，击蒙，不利为寇，利御寇。
> 象曰：利用御寇，上下顺也。

初六"发蒙"，九二"包蒙"，上九"击蒙"。蒙至于击，则继之以怒矣，教其未裕乎？盖包者，容其发之所不迪；击者，攻其包之所以穷。发之之蚤而

---

① 公孙：指公孙弘。

包之之极，然犹蒙而不化，至于"为寇"，上之人不得已攻伐而捍御之，则上之辞顺，而天下之心亦顺之矣。上下俱顺，则彼寇者何利，而此御寇者何不利哉！虞之三苗，周之三监，蒙而"为寇"者也。禹、周公之征，"击蒙"而"御寇"者也。上者，蒙之终，故不化。九者，阳之穷，故必击。

需

坎上
乾下

需，有孚，光亨，贞吉。利涉大川。

需者，有所须而动，有所待而发。《传》曰"需事之下"，又曰"需事之贼"，言犹豫不决之害事也。而"光"且"亨"，且"吉"，且"利"，何也？易之需，非不决之需，见险而未可动，能动而能不动者也，"孚"且"贞"故也。孚者以诚待诈，诈穷而诚自达。贞者以正待邪，邪诎而正自伸。惟诚惟正，无敌于天下。是惟无动，动则亨吉，虽大川亦可涉而利也。先主所谓"操以诈，孤以诚；操以暴，孤以仁"，盖假之者也。假之者且然，而况性之、身之者乎！乾之刚健，诚且正也。坎之险陷，邪且诈也。"大川"，坎也。

象曰：需，须也，险在前也。刚健而不陷，其义不困穷矣。需有孚，光亨，贞吉。位乎天位，以正中也。利涉大川，往有功也。

以乾之尊，遇坎之险，而能不陷不穷者，刚健而已。刚则其静不可动，健则其动不可御。静不可动，则能忍以需险之衰；动不可御，则能决以济险之穷。我何陷、何穷之有？彼无刚健之才，见险而不能忍者，其能免于陷且穷乎？虽然，亦必德与位并，而后可以须也。位乎天位则有位矣，正中则有德矣。无位而须者，无济险之势，伯夷避纣是也。无德而须者，无济险之资，秦未亡而陈涉先亡是也。以在天之位，秉正中之德，利涉大川，往则有功，文武须暇五年是也。"天位"谓九五乘乾也，"正中"兼二五而言也。

象曰：云上于天，需。君子以饮食宴乐。

升而未降，则天下望云而傒雨；蕴而未施，则君子藏器以待时。待时者，夫何为哉？饮食以自养，宴乐以自怡而已。此颜子箪瓢陋巷之日，谢安游宴东山之时也。虽然，饮食宴乐以须其时，惟有德之君子而后能也。不然含哺之氓皆颜，酒荒之士皆谢矣。

初九，需于郊，利用恒，无咎。
象曰：需于郊，不犯难行也。利用恒无咎，未失常也。

坎水为险，初九去险远矣，故"需于郊"。"郊"，远于水之地也。宅于水而资舟，备难者也。宅于郊而冯河，犯难者也。无难而犯难以求利，不若守常之为利。无难而不安于守常，若穆公伐郑，夫差伐齐，其咎何如哉！

九二，需于沙，小有言，终吉。
象曰：需于沙，衍在中也。虽小有言，以吉终也。

渚自水出曰"沙"。"需于沙"，则去水之险渐近矣。近水者未溺，沙倾则溺；近难者未隙，言出则隙。九二以阳居阴，则宽绰而有衍；以位居中，则正大而不过；宽而不过，则"小有言"之隙可以窒而不开矣。吴濞以太子之隙，常出怨言矣，文帝宽而不诘，故终其世而乱不作，所谓"终吉"也。

九三，需于泥，致寇至。
象曰：需于泥，灾在外也。自我致寇，敬慎不败也。

初"需于郊"，止而不敢进。二"需于沙"，进而不敢逼。三进而逼于水矣。"泥"者，逼于水者也。虽逼于水，未溺于水也，何也？坎之灾犹在外也。灾在外而我逼之，是水不溺人而人狎水者也。狎水死者勿咎水，致寇败者勿咎寇，自我致之故也。虽然，善备无寇，善御无败，既有寇矣，敬慎以御之，犹不败也。不败于寇，不若不致夫寇；不致夫寇，不若不逼夫寇。三居健之极、进之勇，能不逼乎？不然，在外之灾安能寇我？楚非宋寇也，襄公与楚争霸而败于泓，宋"致寇"而不"敬慎"也。晋非楚寇也，庄王与晋争郑而胜于邲，楚"敬慎"而晋否臧也。

六四，需于血，出自穴。
象曰：需于血，顺以听也。

阴阳相胜，亦相伺也。乾之三阳所以需而未敢进者，伺坎之衰也。盗憎主人，亦伺主人，故六四亦需三阳之逼己也。虽然，三阳厄于险，故同力以济险。四以一阴柔之资而当三刚健之敌，伤于阳必矣。"血"者，伤也。物伤必避，避必顺以听命。"出自穴"者，伤于阳而避阳，且听命于阳也。君子之于小人，不可穷也。三阳汇进，一阴退避，需之险于是济矣。为君子者，勿穷小人可也。王允既诛董卓而不宥催、汜，光弼垂定河北而复图思明，皆不开小人顺听之门之祸也。《坎》为血卦。

九五，需于酒食，贞吉。
象曰：酒食贞吉，以中正也。

阳汇而进，阴引而退，九五以阳刚居中得正，而位乎天位。险者夷，难者解，天下治平矣，于此何为哉？涵养休息，与天下相安于无事而已，不可移济险之道为履平之道也。万物需雨泽，人需饮食，天下需涵养。云上于天，物之需也。需者，饮食之道，人之需也。"需于酒食，贞吉"，天下之需也。"酒食"者，养天下之谓。成康、文景得之矣。有险乐险则媮，周平王、晋元帝是也。无险行险则扰，秦始皇、汉武帝是也。

上六，入于穴，有不速之客三人来，敬之终吉。
象曰：不速之客来，敬之终吉。虽不当位，未大失也。

险至上而终，需至上而极。险终则变，阳极则升。乾之三阳欲进，而坎为险以阻之，至上六则终而变矣。三阳虽为客，其需我之变久矣，我终能遏其来乎？敬以纳之而已。主孤而客众，主虽有危之势，敬客以及主，主亦有安之理。"入于穴"者，主安也。桓温作难于晋，晚而病亟，犹幸不杀王、谢，晋室安而桓氏亦安，此其效也。"不当位"，阴居上则僭也。僭而"未大失"者，小人敬君子，抑亦僭之救也与？不然，壅甚必决，蕴甚必裂。如秦末之法吏，汉季之阉寺，众所快也，亦所悯也。君子之于小人亦然。

讼

䷅ 乾上
坎下

讼，有孚，窒惕，中吉，终凶。利见大人，不利涉大川。

物有作之而止、止之而作者，民之逊与争是也。"讼"者，争之尤也。故圣人止之，不一而足。诚心而无诈者，必不讼；窒隙而无仇者，必不讼；惕厉而惧刑戮者，必不讼；中和而不狠愎者，必不讼。如是则吉也，非讼之吉也，不然，讼至于终极而不反，其凶必矣。"利见大人"，见九五以决讼也。"不利涉大川"，犯大难而兴讼也。讼之吉者四，凶者一，利不利者亦各一。曰"吉"，曰"利"，非劝讼也，皆止讼也。

象曰：讼，上刚下险，险而健，讼。"讼，有孚，窒惕，中吉"，刚来而得中也。"终凶"，讼不可成也。"利见大人"，尚中正也。"不利涉大川"，入于渊也。

讼常解于相平，而合于不相下。险者狡而工于争，健者强而力于争，二人相遭，其肯相下而不讼乎？以坎之险，遇乾之健，讼之所自起也。"刚来得中"者，九二自外而来，兴讼之主也。"中正"者，九五，听讼之主也。"大川"，坎也。

象曰：天与水违行，讼。君子以作事谋始。

天道上行，水性下注；天左而西，水右而东，相违而行，此讼之象也。止讼在初，听讼亦在初，故仲尼听父子之讼，不咎其讼者，而咎上教之不行，此民之讼也。又有大者焉，甘陵南北部之祸，始于其徒之相非，此士之讼也。又有大者焉，牛李朋党之祸，始于其进之相倾，此臣之讼也。又有大者焉，吴越世仇之祸，始于一矢之加遗，此国之讼也。又有大者焉，汉武匈奴之祸，始于平城之宿愤，此天下之讼也。不谋其始，讼之祸何如哉！曷谓始？曰心。故君子必自讼。自讼者，讼心也。讼心者祥，讼人者殃。

初六，不永所事，小有言，终吉。
象曰：不永所事，讼不可长也。虽小有言，其辩明也。

初六、九四，讼之敌也。然六之才弱而位下，才弱者有惭忿而无遂心，故虽"讼"而"不永"。位下者敢于微愬而不敢于大诟，故虽"有言"而"小"。"不永"则易权，"小言"则易释，所以"终吉"。然六之阴静，非首讼者也，九四以强躁而挑之，初六不得已而应之。两讼有强弱，弱者多胜强；两辞有应感，感者多不胜应。故初与四辩，而初得其明也。岂初之能必明哉？非听之者明，则强者以后罢胜，感者以先入胜矣。要之"不永所事"，初六不可不深戒也。虞、芮之讼，一入周境自愧而解，"不永所事"之效也。

九二，不克讼，归而逋。其邑人三百户，无眚。
象曰：不克讼，归逋窜也。自下讼上，患至掇也。

九二，兴讼之主。然初六与九四为敌，非与九二讼者也。六三从上而不讼，亦非与九二讼者也。九五，君也；九二，臣也。臣无讼君之理，亦非九二所敢讼者也。所与讼者，其唯九四、上九乎？然九四近君而刚，上九居上而亦刚，九二乃恃其刚以讼。二刚以寡讼众、以下讼上，其讼不胜，宜也。然能幡然而改，退然而归，来其邑而逋焉，庶几无刑戮之眚也。不然，掇祸无敌矣。子玉刚而无礼，阳处父刚而犯怨，所以不免与。二，柔也，故能逋。

六三，食旧德，贞厉，终吉。或从王事，无成。
象曰：食旧德，从上吉也。

《讼》之六爻，唯五听讼，唯三不讼，余皆讼者也。三介乎二刚之间，能正固而不动，能危惧而不争，从上而不居其成，故能保其禄位而"终吉"也。"食旧德"，保其禄位也。"从王事"，从上九也。郑驷、良之争，子产两无所从；齐栾、陈之难，晏婴两无所助，所以安也。

九四，不克讼，复即命渝，安贞吉。
象曰：复即命渝，安贞，不失也。

九四之讼初六，以上讼下，挟贵而讼；以强讼弱，挟力而讼。初非四之敌也，然举二者之讼，质之九五刚明中正之君，何贵之私，何力之挠哉？故初六之辩遂明，而九四之讼不胜。讼不胜而吉，何也？能自反其身而就于义命，能自改其过而安于贞固，犹可以吉也。非吉之大也，仅不失于吉而已。"渝"者，变而改也。不然，如窦婴之助灌夫，赵广汉之胁魏相，公孙贺之捕朱安世，欲以免人，乃不免其身；欲以免罪，乃所以获罪。

九五，讼，元吉。
象曰：讼元吉，以中正也。

以中正之君，听天下之讼。中而不过，则上无渊鱼之察；正而无私，则下无梗阳之赂。直者伸，枉者愧，尚何讼之有？画衣冠而不犯，虚囹圄而不式，可也。此天下之大吉也。"元"，大也。

上九，或锡之鞶带，终朝三褫之。
象曰：以讼受服，亦不足敬也。

上九，讼而终凶者也。倘或讼而胜，胜而受赏，犹不足敬，而况众皆褫而夺之乎？而况未必胜，且未必赏乎？"或之"者，未必之辞也。故杨恽告霍氏，息夫躬告东平，初以此而侯，卒以此而诛。事也好还，天道固然。

卷三

师

坤上
坎下

师，贞。丈人吉，无咎。

师也者，授民以器之凶，而纳民于事之危。奚其"吉"且"无咎"乎？为民御寇，为中国攘狄，为天下除残，去兵不可也。兴师以其道，帅师以其人，斯"吉"且"无咎"矣！正者，兴师之道；贤者，帅师之人。"丈人"，贤者之尊称也，年德俱尊之谓。如荷蓧、汉阴皆曰"丈人"。师之"丈人"，指九二也。若黄发之尚父，元老之方叔，足以当《易》"丈人"矣。廉颇、赵充国、李靖，抑其次也。王翦、马援、王元谟，则年焉而已矣。然则用将必年，则周瑜、谢玄可废与？曰：何可废也？然必曰"丈人"，何也？将者，国之司命；必曰丈人，谨之之至也。

象曰：师，众也。贞，正也。能以众正，可以王矣。刚中而应，
行险而顺。以此毒天下，而民从之，吉又何咎矣。

彼不正而此正，正也，非众正也。彼之与皆不正，而此之与皆正，众正也。八百诸侯、三千臣心，皆欲伐纣，则伐纣非武王；诸侯王皆欲击楚之弑义帝者，则击楚非高帝。武王、高帝特因众心之正，而用之以正彼之不止而已。

曰"能以众正","以"之言，用也。以此王天下，孰能御之？虽然，有九二刚中之将，而不逢六五之君，则其上无应；有军师行险之役，而不因天下之顺，则其举无名。任将有应，兴师有名，虽曰"毒天下"，乃所以拯天下，民皆悦而从之，吉又何咎？坎，险也；坤，顺也。

象曰：地中有水，师。君子以容民畜众。

君子之容民，如地之容水。能容受之，斯能蓄聚之矣。故孟子曰：天下莫不与也。天下莫不我与，则寇敌谁与哉！

初六，师出以律，否臧，凶。
象曰：师出以律，失律凶也。

徒法不可以兴师，徒善不可以出师。出师以律，而兴师不以正，徒法也。兴师以正，而出师不以律，徒善也。正至焉，律次焉。师出不以律，虽臧亦凶，况不臧乎？楚之乱次，^① 晋之争舟，^② 齐之辙乱，^③ 吴之争舍，皆失律之师也。初六，师之初出也，故深戒其出之之初。

九二，在师中吉，无咎。王三锡命。
象曰：在师中吉，承天宠也。王三锡命，怀万邦也。

九二以阳刚之才，专将帅之任。不患其不及也，患其过耳。惟中，则吉而无咎。过勇则轻，李陵是也。过智则奸，侯君集是也。过威则离，张飞是也。过强则骄，李光弼是也。过专则僭，王敦、苏峻是也。惟中，则勇而怯，智而愚，威而惠，强而谦，专而顺，皇甫嵩、郭子仪是也。承天宠者，禀君命而不

---

① 事见《左传·桓公十三年》：春，楚屈瑕伐罗，"及鄢，乱次以济，遂无次，且不设备。及罗，罗与卢戎两军之，大败之"。

② 事见《左传·宣公十二年》：晋楚邲之战，晋军"中军、下军争舟，舟中之指可掬也"。

③ 事见《左传·庄公十年》：齐鲁长勺之战，曹刿对曰："吾视其辙乱，望其旗靡，故逐之。"

专；怀万邦者，慰民心而不忮。为将如是，非特才将也，贤将也。功弥高，心弥下；身弥退，爵弥进，宜其"王三锡命"而未已也。

六三，师或舆尸，凶。
象曰：师或舆尸，大无功也。

令出于一，其师坚；令出于二，其师瑕。六三以柔懦之资，而居九二贤将之上，才腐而士不服，令亵而下不承，则是众为将也，不惟令出于二而已。主之者众，斯师焉往而不败，尚何功之有？河曲之师，赵盾为将，而令出于赵穿；邲之师，荀林父为将，而令出于先縠，皆六三之"舆尸"者也。

六四，师左次，无咎。
象曰：左次无咎，未失常也。

程子谓，左次乃退舍之谓也，此说得之。盖善师者不必战，以守为战，亦战也；善战者不必进，以退为进，亦进也。禹之班师，晋文之退舍，必于进也乎？使高帝不至白登，太宗不渡鸭绿，悔于何有？

六五，田有禽，利执言，无咎。长子帅师，弟子舆尸，贞凶。
象曰：长子帅师，以中行也。弟子舆尸，使不当也。

禽害田而弋禽，则禽服；寇害民而御寇，则寇曲。有伐罪之辞，则有名之师。此六五之君，兴师至正之道也。"长子帅师"，九二也。"弟子舆尸"，虽"贞"亦"凶"，众阴也。此六五之君，用将至要之法也。非童子馈饷黍肉①之仇，则征葛之师不兴；非时日曷丧②之辞，则升陑之师不举。兴师不以其道，可乎？用淮阴为大将而三秦定，用鱼朝恩为监军而九节度之师溃。用将不得

---

① 《孟子·滕文公下》：葛伯率其民，要其有酒食黍稻者夺之，不授者杀之。有童子以黍肉饷，杀而夺之。

② 《尚书·汤誓》：有众率怠，弗协，曰："时日曷丧，予及汝皆亡！"孔传：众下相率为怠惰，不与上和合，比桀于日，曰："是日何时丧，我与汝俱亡！"欲杀身以丧桀。

其法，可乎？兴师有道，用将有法，此所谓"师，贞，丈人吉，无咎"者与？"执言"，奉辞伐罪也。

> 上六，大君有命，开国承家，小人勿用。
> 象曰：大君有命，以正功也。小人勿用，必乱邦也。

初六出师而严其律，九二帅师而得其人。戒六三之"舆尸"而一其令，审六四之"左次"而重其进。去天下之害而不自为害，奉天人之辞而不自为辞。此皆六五之君得兴师之道，操任将之法，至上六而功成治定，师之道终焉。圣人于此，夫何为哉？行庆报功，大者命之有国，小者命之有家而已。虽然圣人犹有忧焉。圣人何忧也？忧其意之所向，而世之所趋也。故宠命有功，非至正不为功；登用人才，非君子不为才。故曰："大君有命，以正功也。"又曰："小人勿用，必乱邦也。"致其忧于甚喜之后，吝其用于博用之初，然后功成而无后患。武王胜商之日，报功不先于崇德位能，不先于建贤，此所以为武成。不然拔剑击柱^①方知帝尊，燮理阴阳^②焉用此物，亦何所不至哉！

比

坎上
坤下

> 比，吉。原筮，元永贞，无咎。不宁方来，后夫凶。

君子同小人比，而曰"比，吉"者，此上下之亲比，非小人之朋比也。上亲下则下有归，下亲上则上有与。有归则不离，有与则不孤。自生民以来至于今，未之能易。故曰"比，吉"。然求比不可速，亦不可舒。不可速，故占度必谨其初，谨初必致其详。"原筮"者，占度在初也。"元永贞"者，详观上之

---

① 《史记》：群臣饮酒争功，醉或妄呼，拔剑击柱，高帝患之。

② 《尚书·周官》：立太师、太傅、太保。兹惟三公，论道经邦，燮理阴阳。

人，三德具而后比之也。"元"则可亲，"永"则可久，"贞"则可象。忽于初必悔于永，略于择必厚于怨。不可舒，故以比之不宁，速来以求彼之宁，则吉也，少后焉，凶之道也。商以离德亡，周以同心昌，故曰"比，吉"。太公避纣以待文王，曰"吾闻其善养老"。马援舍陇而归汉，曰"当今非特君择臣，臣亦择君"。故曰："原筮，元永贞，无咎。"郦生说田横以"天下后服者先亡"，故曰"后夫凶"。

象曰：比，吉也。比，辅也，下顺从也。"原筮，元永贞，无咎"，以刚中也。"不宁方来"，上下应也。"后夫凶"，其道穷也。

"下顺从"谓五阴从一阳。"元永贞""以刚中"谓九五，"后夫凶"谓上六，"夫"亦谓九五。九，夫道也，君道也；六，妻道也，臣道也。上六居一卦之末，故曰"后"。郭子和曰：一阳之卦得位者，师、比而已。得天位为比，得臣位为师，天下之吉，莫吉于此。

象曰：地上有水，比。先王以建万国，亲诸侯。

水在泽之中则聚而相忘，水在地之上则散而相求，所谓"水流湿"也。上者不约而就下，隆者不期而集洼，孰使之者？故为"比"。不曰万国建后，诸侯亲王，而曰"王建万国，亲诸侯"，盖上之亲下，甚于下之亲上。

初六，有孚比之，无咎。有孚盈缶，终来有他，吉。
象曰：比之初六，有他吉也。

亲在始，始在诚，诚在实，实在质。初六，亲比之始也。"孚"言诚，"盈"言实，"缶"言质。与物相亲之始，必在我者有至诚之心，充实而不虚，淳质而不饰，则在彼之吉，我皆终能来而有之矣。故余耳之交初隙末，则如勿交；周郑之信不由衷，则如勿信。惟谨始，故克终；惟尽此之诚，故来彼之吉。"他"，彼也。

六二，比之自内，贞吉。

象曰：比之自内，不自失也。

以六二中正之臣，应九五中正之君，上下相比之道两得正矣。虽然，君臣相求者也，宁君求臣，毋宁臣求君，非不求也。秉德以充乎内而不躁乎其外，守正以俟乎彼而不自失乎此，如是而已。枉道以求行道，失身以求达身，不可为也。故程子谓伊尹、武侯，必待礼而后出。

六三，比之匪人。
象曰：比之匪人，不亦伤乎？

物以相亲而益，亦以相亲而贼。故与离娄①同楫罔不涉，与师冕②同辙罔不蹶。仲尼、兰鲍、荀卿、蓬麻，皆戒于亲非其人也。上六以无首而凶矣，六三与之相应而相比，非其人也，能无伤己乎？

六四，外比之，贞吉。
象曰：外比于贤，以从上也。

六二、六三，皆非己之应也。初六，己之应也，而远也，故六四皆不与之相比。既不下从而内比，则将谁亲？外比于上而已。九五贤而在上，故六四比之。若六四者特立独行，旷一世而无邻，事一人而无二者与，可谓"贞吉"矣。崔陈之党立，而晏子独从乎公；牛李之朋分，而韩愈独在其外，可谓"贞吉"矣。

九五，显比，王用三驱，失前禽。邑人不诫，吉。
象曰：显比之吉，位正中也。舍逆取顺，失前禽也。邑人不诫，上使中也。

王者之比天下，去妙巧，捐策谋，昭示之以至正大中之道而已。可以比天

---

① 离娄：指视力特别好的人。语出自《孟子·离娄上》："离娄之明，公输子之巧。"
② 师冕：鲁国的盲人乐师。其事见《论语·卫灵公第十五》。

下而不可以示天下，王者不由也，故曰"显比"。然有比天下之道而无比天下之心，可以比天下矣。犹之王畋焉，既围而不合以逸之，又开三面以驱之。禽之在前者，既驱而失之矣，又且背而去者在所舍，向而来者在所取，则去者众，来者寡矣。夫畋者，主于取也。而驱之使去，取之愈寡，何也？无取之之心也。无取之之心，则曷为取？其向而来者也驱之不去，而后不得已取之，取，我何心哉？自去自来，听彼而已。夫惟不取禽而禽自致，故为天子之畋；不诚人而人自亲，故为王者之比。"上使中"者，上以中正比其下，下亦以中正比其上。非使之使也。太王去邠而从之者如归市，则驱禽而禽不去。成汤征葛而闻之者怨后予，则不令而捷于令。圣人何心哉！

> 上六，比之无首，凶。
> 象曰：比之无首，无所终也。

上六无首，所谓"后夫凶"也。四阴皆从五，而己独后焉。见之不蚤，从之不先，下则弃于四阴之类，上则绝于一阳之君。凶而无终，必矣。万国朝禹而防风独后，诸侯朝齐而谭子不至，其凶何如哉！虽然，君子之于时，其从违岂一而足哉！光武兴而冯衍不至，弃而不为愚；高祖兴而尧君素不从，死而不为凶。岂可尽以比之上六咎之哉！学者谨之。

小畜

☴ 巽上
☰ 乾下

小畜，亨。

乾下巽上为小畜，乾下艮上为大畜。"畜"，止也。乾进而上，物止之于前，二卦均也，何别乎小大？力有小大也。天下之有力者，莫劲乎风，莫重乎山。二者之力亦均也，而风行天上为《小畜》，天在山中为《大畜》，何也？制动以静，不以动；制行以止，不以行。乾欲进而山遏之，真能以止止动矣。风自动自行，安能止乾之进？能止之者，仅能巽顺以柔之尔。曰"小畜亨"者，小有所止而有所亨也。"亨"谓乾。公孙弘能止武帝西南夷之役，而不能止其匈奴之师；李绩能守黎阳之节，而不能守立武后之问。此小畜之臣也。法孝直若在，必能止伐吴之举；魏徵若在，必能止征辽之行。此大畜之臣也。人臣非有大畜如山之力，其能回人主如天之威乎？

密云不雨，自我西郊。

乾为天。云者，天之气。云之为物，散则霁，密则雨。今"密而不雨"，何也？"自西"故也。云自西则曷为"不雨"？乾西北、巽东南故也。云兴乎西而风起乎东，霍然散矣，何雨之望？大抵风从云则阴阳和，而雨云避风则阴阳戾而暵。而韩愈《讼风伯》曰"云屏屏兮，吹使醨之"，此其验也。"畜"，止也，亦聚也，故为"密云"。

象曰：小畜，柔得位而上下应之，曰小畜。

六四以一阴居上位，而五阳皆应，故能以柔止刚。然以一弱当众强，故所止者小。

健而巽，刚中而志行，乃亨。密云不雨，尚往也。自我西郊，施未行也。

以巽之顺止乾之健，故乾不争而暂止。以二五之德皆刚而居中，以五刚之志皆欲进而上行，故乾得进而终亨。此人臣止其君之不善，而不能止者也。若公孙弘、李绩是也。云欲雨，风散之，云可以止矣，而云意尚往而未已。此人臣止其君之善，而不能止者也。何谓止其君之善？壅上之泽、蠹上之心，是谓止善。雨伤稼，而杨国忠取善稼以献，欺其君以不伤；天大旱，而李实督赋敛愈急，告其君以不旱，此能止其君之善者也。李吉甫请峻威刑，而宪宗以为欲朕失人心；刘藻言苗不损，而代宗谓不损犹应言损，此止其君之善而不能者也。止其君之不善而不能，君子憾其臣学力之浅；止其君之善而不能，君子嘉其君圣质之坚。

象曰：风行天上，小畜。君子以懿文德。

以风止天，是以动济动也。君子欲止其君之不善，而反顾在我之德未能无不善，是以不善止不善也。大人正己而物正，推而格君心之非，焉往而不止？故君子于此，不尤其君，而尤其身，曰：是我之文德有未懿也。我德之进十之，则君德之进千之，故文帝曰："吾久不见贾生，自以为过之，今不及也。""不及"之语一出，而帝自此远矣，贾生自崖而反矣！见贾生且然，而况小畜"懿文德"之君子乎！彼曰：五帝其臣不及其圣，此不惟不知皋、夔，亦不知尧、舜。

初九，复自道，何其咎，吉。
象曰：复自道，其义吉也。

启君之善在初，止君之不善亦在初，故伊尹告太甲以"谨厥初"，召公告成王以"若生子"。纵于初，禁于末，晚矣。故小畜必畜于初九。初与四为应，四止初而初受之，有不善未尝不止，止而复，复而归于道。是虽曰彼之所止，而吾实自复于道也。成王与周召居，故成王化而为周召；鲁侯与哀骀它居，故鲁侯化而为哀骀它。其德义之吉，又何过咎之有？虽然，自道可也，自圣不可也。自道日益，自圣日损。

九二，牵复，吉。
象曰：牵复在中，亦不自失也。

复于初，善之善也。不复于初而复于二，善也，非善之善也。何也？初安于复，故为"自复"；二勉于复，故为"牵复"。"牵"者，勉强之谓。曷为其能勉于复也？二虽刚而犹居中，故能勉于复。虽不及初之"自复"，岂不愈于过刚而不受止者乎？故亦许其"不自失"。然视何其咎之吉，则不侔矣。若过刚而不受止，则为商纣拒谏之强，晋惠公愎谏之狠矣。

九三，舆说辐，夫妻反目。
象曰：夫妻反目，不能正室也。

九三过中则不正，过刚则不和。不正而昵于六四，愈不正也。昵于彼必制于彼，愈不和也。不正则不可行，故有"舆说辐"之象。身之不正，则不可行于妻子，故有"夫妻反目"之象。九三，夫道也；六四，妻道也。丧其夫之刚，而昵于妻之爱，其始相昵，其终必受制。盖身之不正，则不能正其家也，非家罪也。汉成帝嬖赵后而制于赵后，始于腐柱之僭；唐高宗嬖武后而制于武后，始于聚麀之污。岂惟夫妇，君臣亦然。二世之于赵高，明皇之于禄山是已。

六四，有孚。血去惕出，无咎。
象曰：有孚惕出，上合志也。

以一柔而止五刚之进，以小臣而止大君之欲，祸之道也。故为"血"而伤，为"惕"而惧，为"咎"而害。六四以柔止刚，以臣止君，而能使其伤之，去而不至；惕之，免而不遭；咎之，除而不作。此独何道也？以至诚爱君之志，合乎九五至诚纳谏之志，上下同志故也，六四、九五皆"有孚"故也。此六四之贤与？抑九五之贤与？九五之贤而已。盖茅焦非贤于比干，而秦皇贤于纣。"惕出"，如知罃如实出己之出是也。

九五，有孚挛如，富以其邻。

象曰：有孚挛如，不独富也。

九五，巽体而乾德，故九五之止众刚，乃健于六四之力。九五之"有孚"，乃广于六四之孚。以六四柔顺之臣，而上欲止其君，下欲止其群阳，仅不伤而已。九五以刚明中正之君，而行巽顺柔克之政，故至诚一孚于上，群阳皆听于下。以巽止健，实以健止健，故众阳皆聚而听其所止，靡然为善，而幡然不为不善。"挛"，聚也；"富"，善也；"邻"，众阳也。尧舜行德而民不犯，周民逊畔而讼自释，皆"富以其邻"，"不独富"之义也。四、五阴阳皆不失位，故"孚"。

上九，既雨既处，尚德载，妇贞厉，月几望，君子征凶。

象曰：既雨既处，德积载也。君子征凶，有所疑也。

乾之一阳欲进，而六四止之，故"密云不雨"。然六四之力既衰，则群阴之类复进，所谓尚往而未已，终亦必雨而后已。至于上九，阴阳和而"既雨"，则可以止矣。故曰"既雨""既处"。至于"既处"，则阳亦穷，而阴终胜。彼五阳者，不期止而止矣。以一阴而止五阳，非止之以力也，止之以德也。何谓德？巽顺有孚之谓德。穆宗欲幸东都，以张权舆之谏则不止，以裴度之谏则止。度之言巽顺有孚，故曰"尚德载"，又曰"德积载"。"载"者，积之充也，言巽顺孚诚之德非一朝一夕之积也。诚之积，积之充犹感之难，况诚之不积，积之不充，乃欲以语之末而止其君之大欲乎！虽然以柔止刚，以人止天，以臣止君，止之可也，过于止不可也。妇盛亢夫，月盛敌日，阴盛则疑于阳，臣盛则侵于君，故曰"妇贞厉"，言虽正亦危也。曰"月几望"，言月勿令至于望也。曰"君子征凶"，言可止而征不已，君子亦凶也。曰"有所疑"，言阴疑于阳，臣疑于君也。臣疑于君，君子犹凶，况小人乎！故鬻拳之谏至于兵，赵盾之谏至于逆，岂人臣之愿哉！岂人臣之愿哉！

履

䷉ 乾上
兑下

履虎尾，不咥人，亨。

物畜，而后有礼。"履"者，礼也。又"履"，不处也。不处者，行之谓也。行天下而不御者，莫若礼。凡有血气者，皆有争心。故天下之刚暴，莫惨乎争心，而虎为下。礼一行焉，慢斯恭，悖斯顺，争斯逊矣。若蹈虎尾而亦不噬人矣。岂惟不噬，又且亨焉？大哉礼乎！故曰：以礼制心，虎岂在外哉。然其象自六三、九四出。

彖曰：履，柔履刚也。说而应乎乾，是以履虎尾，不咥人，亨。
刚中正，履帝位而不疚，光明也。

六三以一柔而行五刚，九五以纯刚而宅中正，此下以礼而正上，上以礼而自正也。下以礼而正上，故柔顺以格其非心，和悦以平其威怒，君一正而臣不伤，上以礼而自正。故身履乎至尊，而不疚于利；德进乎光明，而增益其圣，臣不劳而君自正。陈敬仲以礼而敛齐侯，魏徵以礼而约太宗，岂俟其砧而后磨，疚而后药哉？九二、六三、九四合而为离，故"光明"。

象曰：上天下泽，履。君子以辨上下，定民志。

天高地下，天尊地卑，泽又下之下、卑之卑者，此天地之间粲然有象之礼也。君子则之而已。天下之祸莫大于人欲，人欲肆则下皆有为上之心。故君子徐行后长者,而民犹有紾其兄之臂,君子不敢齿路马^①,而民犹有犯属车^②之尘。礼作而后上下分,上下分而后民心息,民心息而后天下定。故辨上下者,非私其上也,安其上也。非安其上也,安其下也。上下相安于纲常之中,而不至于犯上作乱。大哉礼乎!而或曰起伪,又曰忠信之薄彼,未见礼亡之祸尔。

> 初九,素履,往无咎。
> 象曰:素履之往,独行愿也。

象、彖言礼之可行,爻辞言行而不处,其复于礼,一也。君子之在天下,非出则处。幼而学,壮而行。初九,履之初也。必有平生雅素之学,然后可以有行,故往而无咎。何也?非利其身也,行其志也。无其素而欲行,欺也;不于其志而于其身,污也。故古者学而后行,后世行而后学。颜子陋巷之禹稷,仲舒下帷之伊吕,孔明草庐之管乐,不如是不为"素履"。"愿",志愿也。

> 九二,履道坦坦,幽人贞吉。
> 象曰:幽人贞吉,中不自乱也。

九二以阳刚之才,居下卦之中,可以进为而行其道,盖坦然而无难矣。然犹守之以山林幽独之操,可谓能正固而不以外物自乱其中者也。居宗庙朝廷之上,而不改箪瓢捽茹^③之气;在冠冕佩玉之列,而不忘黄冠野服之心,世之富贵得而乱之哉?张良近之矣!

> 六三,眇能视,跛能履。履虎尾,咥人凶。武人为于大君。
> 象曰:眇能视,不足以有明也。跛能履,不足以与行也。咥人之凶,位不当也。武人为于大君,志刚也。

---

① 齿路马:语出《礼记·曲礼上》:"齿路马,有诛。"孔颖达疏:"若论量君马岁数,亦为不敬,亦被责罚。"后指议论宫廷内部事务的嫌疑。

② 属车:帝王出行时的侍从车,亦指帝王。

③ 捽茹:捽,通"啐",小饮也。茹,吃也。"捽茹"即饮食,吃喝。

圣人之于六三，怜其志而恨其才。曷怜乎其志也？以阴居阳，其志非不刚也。曷恨乎其才也？阴柔而不足与有为也。若眇而自任以能视，若跛而自任以能履，以跛眇之质、柔懦之才介乎五刚之间，而欲履天下之至危，以求立天下之大功，其祸败也必矣。所谓"履虎尾"而逢"咥"也，凶孰大焉？圣人所以恨其才而惜其居位之不当也。若夫其志刚，则可怜矣。甚武而欲有为于吾君，甚刚而欲有立于当世，夫何罪哉！故前言其"凶"，而后止言"志刚"而已，亦不深咎之也。殷浩不出，房琯不相，晋唐君臣之訾，庸有既乎？世之君子欲出而有为，其亦量己之才，而勿冒其位也哉。象与六三，以一卦言也；爻不与六三，以一爻言也。上三阳者，虎也。九四虎尾，六三履之。《易》以在下为尾，故《遁》之初六、《既济》之初九、《未济》之初六皆为尾，而《履》以九四为尾。

九四，履虎尾，愬愬，终吉。
象曰：愬愬终吉，志行也。

九四近刚决之君，履危之道也，然能"终吉"者，九虽体刚而四则志柔，"愬愬"而祗惧，所以"吉"也。然柔顺以承刚暴之君，免祸而"终吉"，可也，而能行其志者，何也？志乎忠爱而纯乎天理，自有以潜感而默悟也。故三老之悟武帝，不如田千秋之一言；五王之复唐嗣，不如王方庆之一对。柔顺之服刚暴，速于刚暴服刚暴矣。

九五，夬履，贞厉。
象曰：夬履贞厉，位正当也。

五以乾刚之德，既有能行之资，宅天位之尊，又有得行之势，德与位相当者也，可以必行矣！而圣人戒其刚决之太过，则虽正而亦危，故去四凶非舜之刚，而莫刚于班有苗之师；伐匈奴非武帝之勇，而莫决于弃轮台之地，得此爻之戒矣！

上九，视履考祥，其旋元吉。
象曰：元吉在上，大有庆也。

上九居履之极，当履之成。行而不止，其行必跌；成而不去，其成必缺。盖视其行而不明，成其福而不毁，功成身退，而复反其素履幽贞之初，庆孰大焉？故伊尹相汤之功，不高于告归之节；子房兴汉之策，不警于弃事之智，皆反其初之义也。"旋"，反；"考"，成也。"履"，主于行者也。然初尚"素履"，二尚"幽贞"，勇于行而三凶，惧于行而四吉，五决于行则厉，上反其初则庆。然则履不处也，而未尝忘于处也。

卷四

泰

坤上
乾下

泰，小往大来，吉，亨。

泰，其上古之极治与，不惟后世不可复也，中古其庶乎尔。盖自有天地以来，非一圣人之力至是而后有就也。乾、坤，天地之太初；屯、蒙，人物之太初。有物此有养，故需以养之。养者，生之原，亦争之端。争一生焉，小者讼，大者战。师以除其恶，比以附其善，畜以生聚，履以辨治，而后至于泰，岂一手一足之力哉！故曰：古之无圣人，人之类灭久矣。《乾》《坤》，开辟之世乎；《屯》《蒙》，鸿荒之世乎；《需》《颐》，结绳之世乎；《讼》《师》，阪泉涿鹿之世乎；《畜》《履》，书契大法之世乎；《泰》，通尧舜雍熙之世乎。过是而后，泰而否，否而泰，一治一乱，治少乱多，泰岂可复哉！故曰：泰，其上古之极治与？"小往"，阴往而外；"大来"，阳来而内。否泰吉凶之道无他，阴阳邪正，外内消长而已。

象曰：泰，小往大来，吉，亨，则是天地交而万物通也，上下交而其志同也，内阳而外阴，内健而外顺，内君子而外小人。君子道长，小人道消也。

泰之时，"天地交而万物通"，天地之极治也。"上下交而其志同"，天下人物之极治也。极治之功，幽至于天地，明至于人物，无不泰而通焉。孰为此者？圣人也。圣人何道而臻此？一言以蔽之，曰：进君子，退小人而已。消长在彼，内之外之在此，大哉，泰之治乎！要哉，致泰之道乎！或曰：小人有才，可终废乎？独不可参而用之，御之以君子，且化之为君子乎？曰：《易》曰"内君子而外小人"，又曰"小人勿用，必乱邦也"。圣人之言如是而止尔。若曰参而用之，御而化之，圣人未之言也。

象曰：天地交，泰。后以财成天地之道，辅相天地之宜，以左右民。

天下之理，大和生于通，大戾生于隔。天本乎上，而其气下降；地本乎下，而其气上腾，天地交通，所以为泰也。圣人所以辅天地助民人，不过裁成天地之道，还以补其不及，合其自然而已。岂更驾而外取哉！天地之道，何道也？一言而尽，曰"交"而已。君民之情交，故鳏寡达乎旒纩；君臣之志交，故幽侧发乎梦卜；天人之心交，故言行感乎日星。大哉，交之为道乎！

初九，拔茅茹，以其汇，征吉。
象曰：拔茅征吉，志在外也。

一茅拔，众根随；一贤举，众俊归。泰之初，惟一阳首进，则三阳类进矣。欲退群小，固非一君子之力；欲进群贤，固不可无一君子之力。尧举一舜，乃得十六舜；舜举一禹，乃得九禹。吉孰大焉！君子之志在天下，不在一身，故曰"志在外"也。

九二，包荒，用冯河，不遐遗。朋亡，得尚于中行。
象曰：包荒得尚于中行，以光大也。

六五以柔中之君，专任九二刚中之大臣，此所以致泰之极治也。九二将何以答六五之知，尽致泰之道？其纲一，其目三。何谓一？曰"包荒"，以宏其度。何谓三？曰：用人之际，不以全责偏，不以近忘远，不以群间孤。刚果之才偏于勇，责其不全则天下有废才；幽远之士壅于简，搜之不博则天下有逸士；孤立之贤塞于朋，主之不力则天下有厄贤。是三人者，有一不能兼容，岂"包荒"用人之度也哉！九二体其一以行其三，此其所以能合于六五中行之君，而致泰亨光大之治也。"尚"之为言，配合也。如西汉以"列侯尚主"之"尚"。其尧舜野无遗贤之世乎？

　　九三，无平不陂，无往不复，艰贞无咎。勿恤其孚，于食有福。
　　象曰：无往不复，天地际也。

　　"平"与"陂"相推，"往"与"复"相移。居泰之世者，勿谓时平，其险将萌；勿谓阴往，其复反掌。九三阳盛极矣，阴将复、泰将否矣，可不惧乎？君臣克艰而守正，庶乎其无咎。倘或不恤此理之必信，则将自食其福而永终矣。"食"，如"食言"之"食"，没而尽之之谓也。何也？天地交际，阴阳往来，在九三、六四之间也。开元之末，天宝之初，其《泰》之九三乎？

　　六四，翩翩，不富以其邻，不戒以孚。
　　象曰：翩翩不富，皆失实也。不戒以孚，中心愿也。

　　天下之理，屈之甚者，伸必烈；伏之久者，飞必决。阴以处下为位之实也，今也三阴升而居上，失位久矣。九三阳盛而衰，六四乘其衰而求复，帅其类而下集，群飞而来者，翩翩然矣。此其愿欲之所同者，故不待结之以富，而其邻从之者甚于从富；不待戒之以令，而其类信之者速于信令。萧傅陨而恭显荐，贡禹、王章诛而钦、永贺，王氏、九龄罢而林甫引仙客、国忠。其《泰》之六四乎？呜呼！九三之时，犹可为也；六四之时，不可为也。

　　六五，帝乙归妹，以祉元吉。
　　象曰：以祉元吉，中以行愿也。

　　王姬之贵，不有其贵，而贵其夫君；人之尊，不居其尊，而尊其贤。此六五以柔中之君，而下从九二刚中之臣也。言莫予违者，主之蔽；从谏如流者，君之明。至于如妇之从夫，则有百从而无一违矣，岂特如流而已？此"予唯克迈乃训，尔交修予，罔予弃"，①高宗所以从谏之圣也。"以祉元吉，中以行愿"者，君任其臣以致泰之治，则泰之福溥乎天下，君之愿欲孰大于是？六五，坤之主，故为"帝妹"。

上六，城复于隍，勿用师。自邑告命，贞吝。
象曰：城复于隍，其命乱也。

泰至于上六，则阴盛而阳微，君子消而小人长，泰往而否来，如城之颓而为隍。于是治化而乱，存化而亡，国化而家，辟化而庶，有不忍言者矣。《诗》曰"高岸为谷，深谷为陵"是也。天命靡常，至此极乱矣。虽欲用师，孰为之用；虽欲告邑，孰为之听；虽出于正，孰免于吝。其怀愍刘、石之世乎？呜呼，圣人之戒亦不缓矣，而犹有不惧者，何也？

否

乾上
坤下

否之匪人，不利，君子贞，大往小来。

《泰》之卦辞约，曰"泰，小往大来，吉，亨"而已，喜君子进而天下治也。《否》之卦辞详，曰"否之匪人"，又曰"不利"，又曰"君子贞"，又曰"大往小来"，痛小人进而天下乱也。元亨利贞，卦之四德。《泰》得其一，曰"亨"，而又曰"吉亨"，亨之至也。《否》得其二，不曰"利"而必曰"不利"。曷为"不利"也？用匪其人，小人之利，天下之不利也。曰"贞"而必曰"君子贞"，曷为君子独贞也？君子之贞，天下之不贞也。泰之君子，以一身之亨，亨天下；否之君子，以天下之正，正一身。非不欲正天下也，时不可也，故曰

---

① 语出《尚书·说命下》："尔交修予，罔予弃，予惟克迈乃训。"孔颖达疏曰："令其交更修治己也。"后用为天子要求臣下匡助之词。

"君子贞"。言贞固自守而已。

　　象曰：否之匪人，不利，君子贞，大往小来，则是天地不交而万物不通也，上下不交而天下无邦也。

　　《易》中极乱之辞，未有痛于《否》之象者。"匪人"一用，何遽至于"天地不交而万物不通，上下不交而天下无邦"乎？"万物不通"，则举天下而为墟；"天下无邦"，则举国家而为墟，小人之祸何若是烈也？盖秦亡于李斯上书之日，汉替于张禹谈经之时；咸阳之煨烬，始皇之涂炭，何必见而后悟哉！

　　内阴而外阳，内柔而外刚，内小人而外君子，小人道长，君子道消也。

　　阴阳刚柔，不惟君子小人而已，亦气类应感而自至也。主德不断，亦阴柔也；女谒通行，亦阴柔也；近习用事，亦阴柔也。是三者有一焉，小人乘而入之矣。故"内小人而外君子，小人道长，君子道消"。圣人必先之以内阴而外阳，内柔而外刚，惟阴命阴，惟柔召柔，气类然也。

　　象曰：天地不交，否。君子以俭德辟难，不可荣以禄。

　　"不交"者，湮而不流，隔而不达之谓。"不交"之病，岂一端而已？天不下济，地不上行，此一不交也。虽然，此天地不交之幽者也，至有泽不下流，情不上通，此一不交也。是亦显矣，岂幽乎哉？虽然，此君民不交之远者也，至有君猜而不孚其臣，臣忌而不格其君，此一不交也。是已近矣，岂远乎哉？虽然此上下不交之外者也，至有一身之中，上炕而阴不沂，下冰而阳不注，此一不交也，是已内矣，岂外乎哉？虽然，此一身不交之隐者也，至有耳不交乎目，目不交乎耳者，唐德宗"人言卢杞奸邪，朕殊不觉"，耳不达乎目也。秦二世笑赵高以鹿为马之误，而信其言以关东之盗无能为，目不达乎耳也。一身之中，耳目不交是愈显矣，岂隐乎哉？是一身之否也？非一身之否也，一心之否也。一心之天地已否矣，而欲上下之情通，天地之气交，可乎？否至于此，不可为矣。此扁鹊望见桓侯而走之时矣。君子当此之时，"俭德辟难"而已。"辟难"可也，何必"俭德"？非能忍天下不可忍之穷，不能辟天下不可辟之难。穷之不忍，而难之是辟。辟之未几，而诱之者至。诱之所投，祸之所随也。惟"不可荣以禄"，庶乎免矣。

初六，拔茅茹，以其汇。贞吉，亨。

象曰：拔茅贞吉，志在君也。

一君子进，小人未必退；一小人进，君子必退。非畏一小人也，知群小必以类至也。是故《泰》之初九，一君子进而有"拔茅"之象，此其所拔者，兰也。《否》初六，以一小人进而亦有"拔茅"之象，此其所拔者，莠也。拔兰者其根不盈掬，拔莠者其根可束。小人之类进，甚于君子之类进也。驩兜①入而四凶集，贾充不留而群小忧。故初六一阴方长，而君子已知其三阴之类从矣，已有引身而退，贞固自守之心矣。曰"贞吉，亨"者，以退为吉于进，以穷为亨于亨也。自君子以退为吉，以穷为亨，而天下惧矣。虽然，此岂君子之本心哉？彼"拔茅汇进"，而此"贞吉"之志未尝不在君也，畎亩不忘之义也。

六二，包承，小人吉，大人否亨。

象曰：大人否亨，不乱群也。

六二以柔谄之资，居大臣之位，下则并包群小而为之宗，如林甫得仙客、国忠之助；上则顺承于一君，以坚其权，如林甫纵明皇逸欲之乐。当是之时，群心相庆，可谓"小人吉"矣。为"大人""君子"者，宜若之何？以否处否，以独处独，则身愈否，道愈亨，贞愈独，群愈远矣。"群"谓群小也。

六三，包羞。

象曰：包羞，位不当也。

初六，小人之媒，许史是也。六二，小人之魁，石显是也。六三，小人之朋，郑朋、五鹿是也。然小人锐于初，壮于二，穷于三，群小用事，三斯盈，

---

① 驩兜：相传为上古时唐尧时人，因与共工、三苗、鲧作乱，被舜流放到崇山。

盈斯穷矣。九四一阳在外者，将复进矣，六三之势安得而不穷？虽然，君子见几于未穷之先，小人乐祸于已穷之后，包羞忍耻以苟富贵而不忍去，不知其位之不当而身之将危也。思上蔡之犬，悔华亭之鹤而后已。

> 九四，有命无咎，畴离祉。
> 象曰：有命无咎，志行也。

济否在君子，主济否不在君子，而在君。君子有济否之才，有济否之心，而其君无济否之命，则为陈蕃，为曹爽，为建宁王佚。其君有济否之命，而君非刚阳之君，则为鲁昭公，为高贵乡公。上无刚阳之君，下无刚阳之臣，而君有济否之命，则为文宗，为训、注。九四以刚阳之臣，受九五刚阳大君之命，以此清群小而济否世，岂惟"无咎"？又且畴类皆蒙福焉，可以行其志矣。此志即初六之时，怀在君之志，乃今得君而行其志耳。非一日之暂，非一旦之骤也。

> 九五，休否，大人吉。其亡其亡，系于苞桑。
> 象曰：大人之吉，位正当也。

济否之君不可以有轻心，心轻无成；不可以有汰心，心汰无终。欲济否有成而能终，其惟有儆心者乎？九五以刚阳之资，宅中正之位，当否极之世，又得九四、上九群阳之助，可以休息天下之否，无难矣。虽然，圣人有忧之，忧之者何？忧其无儆也。惟勿恃其否之可休，勿安其休之为吉，而常有危亡之虑，则"休否"之吉可以固如桑本而不拔矣。光武日谨一日，以十年为远，审黄石，存苞桑，所以能身济大业，延祚四百也。曰"其亡"，又曰"其亡"，儆之至也。不然，如梁武帝、唐庄宗，身得天下，身失天下，"休否"可恃乎？"大人"谓三阳。

> 上九，倾否，先否后喜。
> 象曰：否终则倾，何可长也。

上九以刚阳之才，佐九五刚阳之君，得九四刚阳同列之僚友，拨乱而反之正，倾否而复于泰，可以喜矣。上九犹有惧心焉，以倾否为先，以喜泰为后，刚制其喜，而不敢先焉。如此，则否终必泰，否不长否矣。君有"其亡其亡"之戒，臣有"先否后喜"之心。冯异谓愿陛下无忘在河北时，小臣不敢忘巾车之恩。郭崇韬谓无忘战于河上之时，当使烦暑生清凉。得《否》之九五、上九之义矣。

同人

乾上
离下

同人于野，亨。利涉大川，利君子贞。

人与人群居天地中，能高飞远走，不在人间乎？而独与人为异，何也？人异乎人者，物之弃；人同乎人者，物之归。然同而隘，则其同不大；同而昵，则其同不公。"同人于野"，公而大也。同乎人者公而大，则天下归之，故"亨"。天下归之，何险不济，故"利涉大川"。然则当无所不同乎？曰：不然。利在君子，以正道相同而已。君子与小人为同，则君子为小人；小人与小人为同，则小人害君子。岂正也哉？故九五可同六二，而九四不可同九三。

象曰：同人，柔得位得中，而应乎乾，曰同人。

六二以阴居阴，故曰"得位"；下卦正中，故曰"得中"。二与五应，故曰"应乾"。

同人曰：同人于野，亨。利涉大川，乾行也。

一柔应五刚，下应上也；五刚应一柔，而九五正应，上应下也。上下相应，其同大而公矣。"乾行"，上应下之谓。"同人曰"三字衍。

文明以健，中正而应，君子正也。唯君子，为能通天下之志。

两武相战，两邪相倾，安能同哉？以乾之刚健，而离以文明下之，非两武也；以五之中正，而二以中正应之，非两邪也，所以为君子之正同也。君子以正相同，则天下之志正者感而通，不正者化而通，焉往而不大同哉？

象曰：天与火，同人。君子以类族辨物。

天与火，其性俱上，故为同人。天火相同于上，万物相见于下，粲然有辨矣！故君子以之"类族辨物"。既曰"同人"，又曰"类辨"，无乃为异乎？同其不得不同，异其不得不异，所以为同之大，所以为利君子。

初九，同人于门，无咎。
象曰：出门同人，又谁咎也？

门，室之始；初九，同人之始。吾与人曷常不同？隔之者，门也。吾一出门，则天地四方孰不吾同者，何咎之有？此颜子克己之学。

六二，同人于宗，吝。
象曰：同人于宗，吝道也。

象辞赞六二"得中而应乎乾"，赞其德之中正也。爻辞吝六二同人而同于宗，吝其才之柔弱也。以同于宗族为同，则宗族之外皆筑而封之于同之外矣。此楚王亡弓，楚人得之之心也。吝啬甚矣！

九三，伏戎于莽，升其高陵，三岁不兴。
象曰：伏戎于莽，敌刚也。三岁不兴，安行也。

九三挟初九同刚暴之德，覆之于六二之下，伏戎于林莽之中也。据下卦之极而居其上，升于高陵也。九三何为而然也？忌六二应乎九五之君，而欲劫之以同己也。使六二肯同己，则九三奸雄之心济矣。其如九五之刚而不可敌，何是以久而不能兴也？桓温忌王谢之忠，璧人以图之而不能，此"伏戎"者也。欲得九锡以升高，而王谢缓其事，未几死焉。此"升于高陵，三岁不兴"者也。"安行"者，安得而行哉！

九四，乘其墉，弗克攻，吉。
象曰：乘其墉，义弗克也。其吉，则困而反则也。

九三、九四，同利相趋、同害相死之人也。二人者，皆有觊其上之利而有牵其下之害，是故九三恃初九以为"戎"，九四恃九三以为"墉"。一伏戎于下，一乘墉于上，以仰逼九五之尊，其志皆不利六二之应九五，而有牵于己也。六二肯我同，而后九五之势孤，九五孤而后九三、九四之援合。今六二秉大臣中正之德，坚与君同心之操凛不可夺，则九三有兵，九四有城，将何施焉？陶侃握重兵据上流，此九四乘墉之势也。外则惮温峤之忠，内则创八天之梦。欲攻其上，疑其不克；欲干天命，知其不可，岂真畏天下之大义，而自反君臣之天则哉？知困而仅保其吉尔。嗟乎，六二以一柔弱之君子，而能抗九三、九四两刚强之小人，阴消其一而使之不兴，深愧其一而使之自反者，中正而已矣。人臣苟中正矣，何强之不弱，何弱之不强哉！

九五，同人先号咷而后笑，大师克相遇。
象曰：同人之先，以中直也。大师相遇，言相克也。

九三、九四之谋，下欲夺六二之上应，上欲间九五之下应，岂惟六二忠而不贰，微九五中直而不疑，臣亦岂能自信于君哉？管、蔡毁旦，燕、盖谮霍，先悲而号也；群小之党既歼，周、霍之忠益明，后喜而笑也。惟成王、昭帝之中直，然后能力主君子而力胜小人。"大师"，刚而力之谓。故师莫大乎君心，而兵革为小；克莫难于小人，而敌国为易。君臣同，则人毕同矣。

上九，同人于郊，无悔。
象曰：同人于郊，志未得也。

郊、野，一也。"同人于野"，为"亨"，为"利"。"同人于郊"，止于"无悔"。其未得志者，上九居一卦之外而无位，虽欲同人，而人皆同乎九五矣，谁我同者？此项羽之众一散而不再合，李密之众再合而卒不能济，故曰"志未得也"。君子之于人，异勿处先，同勿处后。

大有

离上
乾下

大有，元亨。

程子谓，离乾合而为卦之才，故能元而亨。又曰"大有"，盛大丰有也。

彖曰：大有，柔得尊位，大中而上下应之，曰大有。其德刚健
而文明，应乎天而时行，是以元亨。

《同人》《大有》，一柔五刚，均也。柔在下者曰"得位"，曰"得中"，曰
"应乎乾"而为《同人》，我同乎彼之辞。柔在上者曰"尊位"，曰"大中"，曰
"上下应"而为《大有》，我有其大之辞。"德刚健而文明，应乎天而时行"，皆
所以有其大。乾，健；离，明。

象曰：火在天上，大有。君子以遏恶扬善，顺天休命。

离为火，为日。卦之德有日之明，今也处明不以盈而以虚。乾为天，为
健，卦之德有天之健，今也处健不自高而自下，此大舜舍己从人，不有其大
也。以日之明，行天之健，则天下之善恶，内无遗照，外无遗决。然亦岂自用
哉？天讨有罪，吾遏之以天；天命有德，吾扬之亦以天，吾何与焉？此舜、禹
有天下而不与也，故曰"顺天休命"。《同人》明在下而不敢专，故止于类而辨；
《大有》明在上而由己出，故极于遏而扬。

初九，无交害，匪咎。艰则无咎。
象曰：大有初九，无交害也。

初九禀刚阳之资，不曰"无德"；逢大有之世，不曰"无时"。上有六五之主，不曰"无君"；下有众阳之贤，不曰"无类"。然以无交而害者，孤远在下故也。贾生明王道而黜于文帝好贤之代，仲舒首群儒而废于武帝用儒之朝，绛、灌、公孙[1]非其交也。此非君子之咎也，咎有所在也。愈难进，君子愈无咎矣。故圣人伤之曰"大有，初九，无交害"也。非伤初九也，伤大有之世，犹有此遗恨也。虽然，使大有之世孤远皆不遇，则钓筑[2]终不遇矣。

九二，大车以载，有攸往。无咎。
象曰：大车以载，积中不败也。

盖轸轮辐之器，不厚不良者非大车；文武常变之用，不运不博者非大才。惟大车为能轻天下之至重，迩天下之至遐，夷天下之至险，大才亦然。不然，安有重积于中而不败于外哉？九二以中正之德、刚健之才，为大臣、任大事、当大安危、大治乱，而能无往而或咎者，有大才如大车也。故辞聘、受聘，事夏、事商，相成汤，相太甲，有往必正者，初非二伊尹。出征入辅，作都制礼，相武王，相成王，有往必集者，亦非两周公。

九三，公用亨于天子，小人弗克。
象曰：公用亨于天子，小人害也。

九二大臣，九四迩臣。九三位虽高，而非大臣之任，君尚远而非迩臣之亲，盖诸侯君公之职也。诸侯之于天子，何以验其忠与否哉？此心通塞而已。迹远而情迩，身疏而心亲，此通于天子也。不然，源源而贡于外，趑趄而萌于内，可谓忠乎？此所谓"小人弗克"也。尔身在外，而心王室，朕心朕德，而惟乃知周之诸侯所以忠贤也。"亨"者，通也。

九四，匪其彭，无咎。

---

[1] 汉绛侯周勃，颍阴侯灌婴，丞相公孙弘。

[2] 钓筑：渔钓和版筑。用周吕尚钓于磻溪和傅说举于版筑的故事，比喻君臣遇合。

象曰：匪其彭，无咎。明辨晢也。

初九，《大有》之寒士。九二，《大有》之大臣。九三，《大有》之诸侯。九四，迩臣也。孰为迩臣？殆周之世，外之左右诸大夫，内之侍御仆从。其是与知政守藩，迩臣不如大臣、诸侯；近君用事，大臣诸侯不如迩臣。近君者，势不震而盛；用事者，权不招而集。权势所归，祸败所随也。惟明足以辨祸福之机，则能不有其盛，庶乎无咎矣。"彭"者，盛之至。"晢"者，明之极。不然，为主父偃，为董贤，为弘恭、石显，为李训、郑注。祸败可胜言哉！卫青之不荐士，张安世之远权势，可谓有"匪其彭"之明矣。九四，离之初，故"明晢"；以阳处阴，故"匪其彭"。

六五，厥孚交如，威如，吉。
象曰：厥孚交如，信以发志也。威如之吉，易而无备也。

六五为大有盛治之君，离明而晦之以阴，虚中而执之以柔，专任诚信，故能感发其下之志，愧服其下之心。下感发则君臣之孚不约而自交，下愧服则道德之威不猛而自治。"信以发志"，以我之诚信，发彼之诚信也。"易而无备"，以我之和易，彻彼之周防也。武帝信霍光，托以周公之事；昭烈信孔明，至有"君自取之"之语。然二臣者，终身不忍负二主之托，又焉用周防也哉！然必如大有之群贤，然后可。始皇信斯、高，顺帝信梁冀，"易而无备"，可乎？

上九，自天佑之，吉无不利。
象曰：大有上吉，自天佑也。

上九以刚阳之德，居一卦之外，而能安然退处于无位之地，澹然不撄于势利之场，此伊尹告归、子房弃事之徒与？保其名节而终其福禄，"自天佑之"，吉孰大焉！嗟乎，八卦《乾》为尊，六十四卦《泰》为盛。然《乾》之上九悔于亢，《泰》之上六吝而乱，盛治备福，孰若《大有》者？六爻亨一，吉二，无咎三，明主在上，群贤毕集，无一败治之小人，无一害治之匪德。生斯时，虽如初九无交而难进，组袍华于佩玉，饮水甘于列鼎，而况九二之大臣，九三之诸侯，九四之迩臣，上九功成身退之耆旧乎！呜呼，盛哉！

谦

坤上
艮下

谦，亨，君子有终。

彖曰：谦，亨。天道下济而光明，地道卑而上行。天道亏盈而益谦，地道变盈而流谦。鬼神害盈而福谦，人道恶盈而好谦。

自"天道下济而光明"以下，言谦之亨也。自"天道亏盈而益谦"以下，言盈之损也。九三以乾下坤，故下济；一阳，故光明。坤本居下，故卑。今居上，故"上行"。山高而降于地，谦之尤也；地卑而蕴夫山，谦之益也。旧说谓山能下为山之谦，郭氏谓非山之谦，地之谦。皆偏也。非山之谦，何以能降于地？非地之谦，何以能蕴夫山？乾自亏而下济，乃有光明之益；坤自卑而变上，乃有流行之通。曰"亏"，曰"变"，谦也。曰"益"，曰"流"，亨也。何必中昃盈食？岸为谷，谷为陵，然后为亏益变流之证哉？神人之道亦若是尔，害也，福也，恶也，好也，果自外乎？

谦，尊而光，卑而不可逾，君子之终也。

君子德弥尊而心弥卑，以保其德乎？非保其德也，进其德也。保者，惜其既足；进者，歉而未止。惟其歉而未止，故"德尊"而益"光"。卑而益尊，以此始，以此终，其进德也，庸有既乎？故谦者，君子进德，无既之壑也。

象曰：地中有山，谦。君子以哀多益寡，称物平施。

山不能有天地，而地能有天山，君子观此而得天之理。多或哀之，寡或益之，不称则愠，不平则忿，君子观此而得物之理。大取诸天，小取诸物，君子观此而得谦之理。

初六，谦谦君子，用涉大川，吉。
象曰：谦谦君子，卑以自牧也。

初六以至柔处至下，谦之谦也。谦之谦，其过谦乎？曰：盈患过，谦不患过。至柔，谦也。至下，养夫谦也。"牧"，养也。谦何俟夫养？曰：盈日锄日不除，谦日养日不长。此颜子若无若虚之谦。

六二，鸣谦，贞吉。
象曰：鸣谦贞吉，中心得也。

位以德跻，德以位衰。二以柔顺之德，居大臣之位，此君子所甚惧也。是故号鸣咨询，以讲求谦之道。"鸣"者，讲求之切也。柔顺，谦之资；讲习，谦之学。所以谦而正，正而吉也。非中心之自得，鲜不为贵位所移矣。此禹拜昌言之谦。

九三，劳谦君子，有终，吉。
象曰：劳谦君子，万民服也。

九三以一阳主五阴，禀刚阳之才，任天下之重，以有大勋劳于天下。劳而不谦，其劳必夺；谦而不诚，其盈必废。所以有终则吉也。万民服者，非服其劳也，服其劳而谦，谦而终也。大哉，谦乎！大哉，谦之有终乎！周公、公孙硕肤，上也，^①子仪功盖天下而主不疑，其庶乎？

  六四，无不利，㧑谦。
  象曰：无不利，㧑谦，不违则也。

  爻之利，有利于承上，有利于乘下。六四近六五之君，居九三之右，上承谦德之君，非谦则傲。傲者，违承上之则，下乘勋劳之臣，非谦则忌。忌者，违乘下之则。违其则者，乖其宜也。惟谦则施之上下，无不利矣。"㧑"，施也。此皋陶"予未有知"之谦。勃骄主，傲也；浑排潘，^②忌也。

  六五，不富，以其邻。利用侵伐，无不利。
  象曰：利用侵伐，征不服也。

  五以君上之尊，体谦柔之德，歉然不有其崇高富贵之势。此一卦，谦德之盛也。推"不富"之心，纳天下之善，则其臣邻翕然举众善以归之矣。高帝不如三子，故能有三子，兼天下之智，合天下之勇，焉往不利哉！"利用侵伐"，姑举其大者。虽然，谦无不利，遂挟之以靡不为乎？圣人戒之曰"征不服也"。不服而征，不得已耳。舜征苗，不得已也；武征匈奴，岂不得已乎？

  上六，鸣谦，利用行师，征邑国。
  象曰：鸣谦，志未得也。可用行师，征邑国也。

  上六位愈高，志愈下，亦如六二号鸣以求谦之益，则众善毕赴，焉往不利哉？众人以居高为得志，上六以居高为未得志，此善之所赴也。卫武享国百年，而作抑诗以自警，且曰"勿以我耄而舍我，其教戒我"。此上六之鸣者与？

----

  ① 语出《诗·豳风·狼跋》："狼跋其胡，载疐其尾。公孙硕肤，赤舄几几。狼疐其尾，载跋其胡。公孙硕肤，德音不瑕。"朱熹《诗集传》言，周公虽遭疑谤，然所以处之不失其常。
  ② 事见《晋书·列传第十二》，王浑，字玄冲，太原晋阳人也。父昶，魏司空……以其父之故，每排王濬，时议讥焉。

豫

䷏ 震上
坤下

豫，利建侯行师。

"建侯"，天下祸福之始；"行师"，天下祸福之终。天下事有大于二者乎？然动而顺天下之理，举而顺天下之心，理动而人心顺，心顺而人心说，则二大事一小事，其焉往不利，而况小于二事乎？"豫"，说也。

象曰：豫，刚应而志行，顺以动，豫。豫顺以动，故天地如之，而况建侯行师乎？天地以顺动，故日月不过，而四时不忒。圣人以顺动，则刑罚清而民服。豫之时义大矣哉！

"顺"言理，"豫"言心。何以知理之当然哉？心之同然是也。观人心则见天理，盖人心天理之集也。循其所当然，斯得天下之大说，故曰"顺以动，豫"，理先心而得也。合其所同然，斯行天下之大顺，故曰"豫顺以动"，理后心而行也。豫矣，顺矣，天地亦如之，而于"建侯行师乎"何有？何以知天地亦如之乎？天地能顺昼夜，而不能以夜为昼；能顺寒暑，而不能以暑为寒。顺之，故三光全而寒暑时；违之，则薄食兴而愆伏起。圣人得此，不言而信，不怒而威，天下信于动先，说于动后，尚何事刑罚哉！而况建侯行师乎？不然，逆尾大之势而建侯，必为汉之吴楚；违举国之谏而行师，必为秦之淮泄，何利之有？坤顺震动，九四刚，五阴应。《书》曰"永清四海"，言兵寝也。《易》曰"刑罚清"，言刑措也。

象曰：雷出地奋，豫。先王以作乐崇德，殷荐之上帝，以配祖考。

顺以动者，天理；出而奋者，天声。师其理以"建侯行师"，师其声以

"作乐崇德"。圣人何为哉？天而已矣。

  初六，鸣豫，凶。
  象曰：初六鸣豫，志穷凶也。

  九四，豫之主，初、六四之应。当逸乐说豫之时，以阴柔居下之资，而有上下交应之嬖，挟口才以济狡志，利其身亦凶其身，凶其身亦凶其国，曰"鸣豫"。小人有口才者也，曰"志穷"。狡志，极其欲者也。故暴公以谗鸣，伊戾以谀鸣，仪秦以说鸣，髡衍以辩鸣，晁错、主父偃以谋鸣，江充、息夫躬以讦鸣，王叔文以治道鸣，李训以大言鸣。鸣乎下，应乎上，凶在其中矣，而况极其志者乎！初六，地之初；九四，雷之初。二者交应，雷声初出地也，故为"鸣豫"。"鸣谦"则吉，"鸣豫"则凶，何也？谦可鸣也，豫不可鸣也。

  六二，介于石，不终日，贞吉。
  象曰：不终日贞吉，以中正也。

  二以阴处阴，静而贞也；位乎中爻，中而正也。是岂升盘乐之堂，跻怀安之域者哉！故其处豫如介石，其去豫如脱兔，何俟终日，吉孰大焉？盖袗衣^①不能易舜之陶渔，赤舄^②不能萌旦之骄吝。

  六三，盱豫，悔，迟有悔。
  象曰：盱豫有悔，位不当也。

  有人主之近幸，有人臣之近幸。六三，人臣之近幸也。以阴邪居阳位，据下卦之极高，九四之大臣进则盱而仰视其上之豫，方且位已逼而进不厌，此悔之道。故阳虎幸于季氏则图季氏，上官桀幸于霍氏则图霍氏，季、霍几危，虎、桀亦败。所谓"盱豫悔"，圣人不许其盱也。退则迟而固恋其豫之宠，方

———————

  ① 袗衣：绘绣有文采的华服，指天子所穿的盛服。
  ② 赤舄：语出《诗经·豳风·狼跋》："赤舄几几。"毛传："赤舄，人君之盛履也。"即古代天子祭天之履。

且患将及而退不速，此亦悔之道。故潘岳知负阿母而不能离贾谧，萧至忠知善宋璟而不能去公主，客主同诛，交相为累。所谓"迟有悔"，圣人非幸其迟也，不许其盱，折其萌也；非幸其迟，哀其成也。长祸之萌而不悟，乐祸之成而不去，何也？人不称位，位不当望而已。吁，小人亦何利于位哉！

九四，由豫，大有得。勿疑，朋盍簪。
象曰：由豫大有得，志大行也。

动天下之大举，以规天下之大功，其难有五：有志无位，志则不伸；有位无主，位则不定；有主无助，主则不坚；有助无才，助则不立。九四为动大举之主，致天下之豫，我之由也，非兼五得以超五难，吾未见其动之有济也。小动犹难，况大动乎！九四以刚阳大有为之志、果决不疑之才，而居近君大臣之位，主之以六五柔顺之君，助之以众阴上下之朋，小动小得，大动大得，何五难之有？大禹兴治水之大役，伊尹任伐夏之大事，周公决东征之大议是也。故"得"曰"大有得"，"志"曰"大行"，皆大动也。"朋盍簪"，五阴合聚而助之也。"盍"，合也；"簪"，聚也。

六五，贞疾，恒不死。
象曰：六五贞疾，乘刚也。恒不死，中未亡也。

六五以柔弱之资，居逸豫之时，耽宴安之酖，所以"疾"也。有九四刚正之臣以正之，所以"贞"也。一正君而国定，然其效止于恒疾而不死，终不能去疾为全人，何也？弱也。元帝有望之，望之不能使之为孝宣；安帝有杨震，杨震不能使之为光武。正而不死，中而未亡，九四之力已不少矣。自正者，挺而速；见正者，揉而复。

上六，冥豫，成有渝，无咎。
象曰：冥豫在上，何可长也？

上六以资之柔，居豫之极，昏冥于逸豫之乐，其咎成矣。而无咎者，极而能变，故也知逸豫之不可长，幡然而能变，安知逸豫之主不为忧勤之主乎？

"渝"，变也。豫而能变，则为太甲，为齐威王；不变者，小则汉成帝、唐明皇，大则太康、唐庄宗。

随

兑上
震下

随，元亨利贞，无咎。

"元亨"，亨之大。"利贞"，贞则利。随而不正，咎必至焉，何亨之有？故圣人有随之随，有不随之随。尧俞禹拜，随之随也。害有在于象恭，则吁僝功之荐；[1]利有在于迁国，则违胥怨之咨，[2]不随之随也。惟贞之随，惟大亨无咎之归。兑，少女；震，长男，男行女随。

象曰：随，刚来而下柔，动而说，随。大亨贞，无咎，而天下随时。随时之义大矣哉！

刚陵柔则离，柔乘刚则争，刚下柔则说，说则随。初九以乾之刚，下于坤之二爻，九四、九五以乾之刚，下于坤之一爻，三刚自外而来，以下于三柔，故"动而说，随"也。曰"大亨贞，无咎"，动而贞也。曰"天下随时"，孰为"时"也？圣人也。不曰"天下随圣人"，而曰"随时"，随其动而贞之时也。贞者，道之体；动者，道之用；时者，道之迹。圣人以用随体，天下以迹随用。故时出于圣人，天下随圣人；时成于天下，圣人随天下。大哉，时乎！大哉，随时之义乎！震，动；兑，说。

---

① 语出《尚书·虞书·尧典》：驩兜曰："都，共工方鸠僝功。"帝曰："吁，静言庸违，象恭滔天。"鸠，聚也。僝，见也。孔颖达疏曰："此人于所在之方，能立事业，聚见其功。"

② 语出《尚书·商书·盘庚上》："盘庚五迁，将治亳殷，民咨胥怨。"胥怨，多指百姓对上的怨恨。

象曰：泽中有雷，随。君子以向晦入宴息。

兑，正秋也，收雷之时也。君子观象，而得息之义。日入而息，君子独能违而不随乎？而况静作因革，仕止久速之时乎？然则仲尼终夜不寝，周公夜以继日，非与？曰：《易》之随时，天也；圣人之竞辰，人也。"向晦"，日将夕也。

初九，官有渝，贞吉，出门交有功。
象曰：官有渝，从正吉也。出门交有功，不失也。

主是事，之谓"官"。随以动而说为义也。孰主是动？非《震》之初九乎？天下之事不动于常，而动于变。"渝"者，变也。初九主一卦之动，当事变之始，其古之发大难、当大变、决大议者乎？主是变也，非有以仗天下之至正，开天下之大公，未见其济也，故正则吉，公则不失。贞者，正也；出门者，公也。董公进发丧之议而名项为贼，故王。晁错决削地之议而汉有其地，故乱。正则吉，不正则凶也。舍御事艰大之言，而从十夫之谋，故成东征之功。用训、注小人之策，而舍裴度、李德裕之贤，故稔甘露之祸。公则有功，私则无功也。为初九者，其动可轻乎哉？"出门"而"交"，谓震出而交兑也。吾动而彼说随，斯有功而不失矣！

六二，系小子，失丈夫。
象曰：系小子，弗兼与也。

以六二视三、四，则六三小子，九四丈夫。六二居大臣之位，偏系于六三，则必失九四。非九四不我即也。随于昵则远者不麾而自去，从于邪则正士不间而自疏，势不兼也。故蔍子冯初嬖八人，而巫臣退避以远罪；郭子仪初信张昙，而幕僚相率以求去，而况不为蔍、郭者乎？牵于彼而吾随之，曰"系"。

六三，系丈夫，失小子。随有求得，利居贞。

象曰：系丈夫，志舍下也。

以六三视二、四，则六二小子，九四丈夫。六三之志舍六二，从九四，惟不失其所随，故有求而必得。非求在外而可必也，求在我而可必也。求道得道，求仁得仁，孰能御之？"利居贞"之"贞"者，求在我者也。陈相舍陈良而从许行，六二以之；夷子舍墨氏而见孟子，六三以之。

九四，随有获，贞凶。有孚在道以明，何咎？
象曰：随有获，其义凶也，有孚在道，明功也。

得天下之心，致天下之随，君道也。九四处大臣之极，逼君位之近，而得人之随，虽正亦凶，况不正乎？惟中有爱君之诚，外尽为臣之道，又全之以明哲之节，可以保其功名而免危疑之凶矣。程子谓：非圣人大贤则不能，伊、周、孔明是也。其次则郭子仪。渊哉，程子之言也！不然，正则为徐偃王、霍光，不正则为莽、卓，虽不凶犹凶也。

九五，孚于嘉，吉。
象曰：孚于嘉吉，位正中也。

九五以乾之阳刚，居兑之中正，为一卦说随之主，应六二正中之臣。此圣君至诚，乐从天下之善者也，吉孰大焉？"孚"，诚也；"嘉"，善也。尧之舍己从人，舜之闻见一善，上也；高祖从谏转圜，太宗导人使谏，次也。尧、舜，圣之随；高祖、太宗，贤之随。

上六，拘系之，乃从维之。王用亨于西山。
象曰：拘系之，上穷也。

上六以柔顺之德，居说随之极，得民心之随，固结而不可解。亡以为喻，若有以拘而系之者喻之，不足；若又从而縶之维之者，是虽逃之有不脱。辞之有不听，而况可得间而离之乎？二程以为太王居岐，龟山杨氏 ① 以为文王居西山之事。"上穷"，上之极。

蛊

艮上
巽下

蛊，元亨，利涉大川。先甲三日，后甲三日。

彖曰：蛊，刚上而柔下，巽而止，蛊。蛊，元亨，而天下治也。

利涉大川，往有事也。先甲三日，后甲三日，终则有始，天行也。

《蛊》，《泰》之变。《泰》之初九上而为《蛊》之上九，《泰》之上六下而为《蛊》之初六，故《蛊》亦《泰》之坏。阳上而不降，阴下而不升，则上下之情两隔而不通；巽顺而不健，艮止而不行，则上下之才两弱而不立。天下之事焉得而不坏乎？蛊，事之坏也。蛊坏矣，而曰"元亨"，曰"天下治"，何也？盖桓以无知兴，文以里丕霸，故乱为治根，蛊为饬源。虽然，乱不自治，蛊不自饬，不植不立，不振不起，故利于济大难，往有事也。然则其遂径涉而徒往乎？曰"否"，举事之始，逆虑其败，当在事先；追爱其成，当在事后，庶乎其可。甲，始也。先后各三日，思之详也。终则有始者，尤以"后甲"为重也。"后甲"，终也。能谨其终，则能保其有始矣。

象曰：山下有风，蛊。君子以振民育德。

无事而不动，山也。山下有风，则风薄山而事生，风落山而事坏。君子当有事而坏之时，起而饬之，则将奚先？饬坏在振民，振民在育德。"振"者，作而起；"育"者，养而施。风言"振"，山言"育"。

---

① 杨时：北宋末、南宋初人，为二程弟子。晚年隐居龟山，人称龟山先生。

初六，干父之蛊，有子，考无咎，厉终吉。

象曰：干父之蛊，意承考也。

初六弱于才而卑于位，然当坏之时，为子而辞其干乎？能干，则其父有子，有子则其父无咎。然弱于才矣，何以能干？尽惕厉之意，以承其父之意，则"吉"矣。曰"考"则非存，曰"意"则继志。不然，弱才而强决，卑位而高步。涉佗之诛，欲尊晋也；南蒯之叛，欲强鲁也。知干而不知厉者也。

九二，干母之蛊，不可贞。

象曰：干母之蛊，得中道也。

初六"承考"，九二"干母"，譬之家，其父亡而母存乎？家有父则一子而易治，家无父而有母则众子而难立。然则九二其孰为母？六五是也。六五才既弱，体又止，则君非大有为之主。九二德虽阳刚，资则巽顺，则臣非大有为之佐。事坏于考，主于母，干于众子。母倚子者也，众子倚长子者也，九二是也。而长子又以柔顺之资佐其母，此时为何时也？其幽王之末造，平王之初政乎？故晋文侯非中兴之佐，平王非中兴之主，东迁之业就而文武成业微矣。曰"不可贞"，不可反之正也。曰"得中道"，仅得为中才之事也。虽然，六五吾有憾也，九二吾无憾焉。使九二而非顺，则为田常，为意如，为莽、卓，为王敦、桓温矣。求为文侯，可得乎？岂惟无憾于九二，吾犹为六五贺也。

九三，干父之蛊，小有悔，无大咎。

象曰：干父之蛊，终无咎也。

革弊者，非刚则革不力，过刚则祸必亟。过刚而祸不亟者，九三其庶乎？然亦危矣。九三以刚处刚，过刚也；见天下之弊，不胜其愤，欲一决而去之，此其祸不为晁错，则为景延广。然能"小有悔"而"无咎"者，九三处巽之极，以极顺行过刚，故过而不过。"小有悔"，过刚也。"无大咎"，极顺也。子房之安太子，仁杰之存唐嗣，其蛊之九三乎！

六四，裕父之蛊，往见吝。

象曰：裕父之蛊，往未得也。

天下之坏，有大坏之坏，有补而未全之坏。大坏，革之可也；补而未全，徐之可也。补坏之才，有革而补之之才，有徐而补之之才。革而补之，强于才者也；徐而补之，弱于才者也。六四居下卦之上、上卦之初，当初六、九二、九三干蛊之后，事之坏者，亦少饬矣，其未饬者，皆补而未全者也。六四以阴柔之才，居近君之位，此大臣之弱于才而膺补坏未全之任者也。可以徐，不可以亟；可以宽，不可以迫，故曰"裕父之蛊"，劝以宽也。又曰"往见吝"，曰"往未得"，戒其迫也。高帝革秦为汉，汉不秦矣，亦未三代也，补而未全者也。惠帝欲有为，曹参欲无为，非不为也，自量其不如萧何而不敢为也，故能成清静宁一之治。此《蛊》之六四宽裕而不敢勇往者？

六五，干父之蛊，用誉。
象曰：干父用誉，承以德也。

六五以柔德居君位、继父业，乃能成干蛊之治者，用其誉髦[1]之臣，承以众贤之德也。初六之小臣倡其干，九二之大臣柄其干，九三之近臣勇于干，六四之大臣致其裕，六五何为哉？恭己正南面而已。众贤所辅，君无阴柔，而况刚明之君乎？然则阉之弊，文宗曷为不能革？曰：文宗有六五之柔，无六五之辅。非无辅也，有一裴度而不能用也。

上九，不事王侯，高尚其事。
象曰：不事王侯，志可则也。

臣事君，子事父，一也。上九，臣也，而不事王侯，然则为子而不事父与？盖上九之不事其君有三：当天下蛊坏之时，君子皆有振而饬之之心，今也有初六、九二、九三以干之，又有六四以裕之，又有六五之君兼群贤之干裕者而用之，则上九不必为。上九之与九二、九三，其德同，其位殊，则上九不得

---

① 誉髦：语出《诗经·大雅·思齐》："古之人无斁，誉髦斯士。"后指有名望的英杰之士。

为。若夫天下大坏，尽群贤之力佐阴柔之主，万一不振，一木独能支倾厦乎？则上九不可为。然则上九之不事王侯，非志也，时也。志在我，时在天。君子不以我违天，亦不以天丧我。舍之则藏，不可则止，时也。于是不事王侯，非不事也，不得事也。非以为高尚也，人高尚其事也。故曰：不以我违天。虽然，畎亩不忘君，江湖存魏阙，志也曷尝去于心乎？故曰：不以天丧我。此其事虽外为天下之所高，而其志实为天下之可法。巢、许、夷、齐、四皓、严光，其人也，与荷蓧、晨门异矣。

卷六

临

坤上
兑下

临，元亨利贞。至于八月，有凶。

《临》之"元亨利贞"，非乾之四德也，"亨贞"而已。故《彖》曰"大亨以正"。至于"八月"，非必至《遁》而后为"八月"也。阳进上穷，阴生下反，反而再进，然后为《遁》，则犹隔之以《泰》《大壮》《夬》《乾》《姤》也。阳未消而曰"消不久"，何也？盖消不在《遁》，而在《临》。《临》之消不在初九，而在九二。自《坤》之初六为《复》之初九，与《坤》之六爻而七，故曰"七日"。"日"，阳也，七与初皆阳也。曰"来复"者，圣人喜一阳之来归也。自《坤》之六二为《临》之九二，与《坤》之六爻而八，故曰"八月"。"月"，阴也。八与二皆阴也。曰"有凶"者，圣人戒四阴之犹盛也。九二以二阳之进，逢四阴之阻，不曰"凶"乎？六三一阴已在前矣，迫切近矣，不曰"消不久"乎？二君子方来而四小人未去，君子可不戒乎？若俟至于遁而有凶，则自郢及我九百里，焉能害我？①舜以一临四，周公以一临三，孔子以一临一，故舜之流放，周公之东征，视孔子两观之役为难。自一卦言，则二阳对四阴，为君子寡而小人众。自六爻言，则六三一爻为小人。

---

① 典出《左传·僖公十二年》：黄人恃诸侯之睦于齐也，不共楚职，曰："自郢及我九百里，焉能害我？"夏，楚灭黄。

象曰：临，刚浸而长，说而顺，刚中而应，大亨以正，天之道也。至于八月有凶，消不久也。

"浸而长，说而顺"，君子之亨也。"刚中而应"，君子之正也。刚以骤而长，长必易消；刚以狠而进，进必不顺；刚以过而忤，忤必不应。浸而长则莫之忌，说而进则莫之拒，中而和则莫之违。能此三者，则"大亨"矣。然必正而后可，是三者有一不正，浸则奸，说则谄，和则流。盖正者，天之道也。"浸"谓二阳未大盛，"刚中"谓九二，"应"谓六五。

象曰：泽上有地，临。君子以教思无穷，容保民无疆。

"泽上有地"，以地临水、以上临下之象也。泽之润万物，有与而无竭，君子以之教人而不倦。地之容万物，有受而不隔，君子以之保民而无外。

初九，咸临，贞吉。
象曰：咸临贞吉，志行正也。

君子之学，岂不欲有临哉？臣之临事、临民，君之临天下，均临也。初九当阳长之初，处位下之极，而其名实气志已足以感动六四近君之臣，此必有不介而合、不沽而售者。初九宜起而从之，不可失也。方且守贞固以为吉者，盖士之从人，患不在审而在于果。近臣贤且正乎，四皓从子房；近臣不贤且不正乎，两生拒叔孙。不然有从无审，如固从宪，融从冀，邕从卓，刘柳从叔文，吉乎？故曰"志行正也"。非不欲行志也，恶不正也。"咸"，感也。

九二，咸临，吉，无不利。
象曰：咸临，吉，无不利，未顺命也。

初九居下而不轻从近臣，宜也。九二当刚长之运，感六五之君，得大臣之位，吉矣，无不利矣。何嫌何疑，而未顺君命乎？盖君之于臣，非致敬尽礼，道合志同，则不足与有为也。可以顺命，则赴之如决流，如转规；未可以顺命，则守之如介石，如移山。故武丁一君，甘盘、傅说异去就；武王一圣，太公、伯夷异显晦；伊尹、孔明一身，于成汤、先主异后前。九二之于六五，何必汲汲于合哉？且六五中顺之君，虚心以俟九二，而不能必其从，而况强愎之君乎？二阳方长，千载一时也，而初九守贞固，九二未顺命，则众阴可得而忌之乎？忌且不得而忌，而况得而害之乎？

　　六三，甘临，无攸利。既忧之，无咎。
　　象曰：甘临，位不当也。既忧之，咎不长也。

　　刚长之世，将泰之世也。故初九，升闻之君子；九二，得位之君子；六四，好贤之近臣；六五，任贤之大君；上六，厚德乐善之长者。小人在位者，六三而已。以阴柔之资，据二阳之上，自知其位之不当，自疑夫二阳之见逼，然孤而无与，亦何能为哉？挟兑说之行、甘诣之言以取容而已。然君子可不忧乎？彼虽甘诣而不获利也，吾亦忧之而后咎不长也。不然，子西昵白胜，死于白胜；五王轻三思，死于三思。甘可信乎？故曰：言甘，诱我也，防诱者昌。

　　六四，至临，无咎。
　　象曰：至临无咎，位当也。

　　刚多善，亦不必偏善；柔多不善，亦不必偏不善。士君子何必资禀之同哉！六四之"至临"，以己之至柔临初九之至刚，而能以柔应刚，相与应感，而惟恐初九之不我从，此其所以柔而"无咎"。宜圣人赞以位之当，而非窃位蔽贤者与？师德荐仁杰，萧嵩荐韩休，庶乎《临》之六四矣。师德，容仁杰者也，嵩非容休者也，师德贤而嵩难。

　　六五，知临。大君之宜，吉。
　　象曰：大君之宜，行中之谓也。

　　六五以柔中之君，临九二刚中之臣，未尝自任其聪明睿知也，是宜为君者也，而曰"知临"，何也？惟不自任其知而兼众智，是以大其智，故曰"知临"。又曰"大君"，二帝三王之圣，一也。舜曰"大舜"，禹曰"大禹"，好问、拜昌言而已。

上六，敦临，吉，无咎。
象曰：敦临之吉，志在内也。

君子有志不得行，无位也。盖有有位而不能行其志者矣，窃位之徒是也。
然则勿病无位，病无志。有志矣，有位可行也，无位亦可行也，《临》之上六
是也。上六无位，而能以厚德乐善之志，从二阳之君子，吉孰大焉，又何咎矣？
故祁奚之免叔向，在于请老之后，非有位也；吕强之庇党人，乃无宠任之柄，
非有力也。君子病无志耳。嗟乎！临之世，二阳方长，而六五之君主之，六四
之近臣应之，上六无位之贤者亦厚之。君子之逢斯世，何其幸哉！下卦为内，
"志在内"，从二阳也。上六何以从二阳？曰：阴从阳，上反下。敦，厚也。

观

䷓ 巽上
坤下

观，盥而不荐，有孚颙若。

上示下瞻，之谓观。下之观上，其犹观祭乎？观祭者，不于其荐，于其
盥。当盥酌，必躬之。初不以万物易一诚，及荐献多品之后，乃以一诚托万
物。以诚托物，诚始衰矣。上之化下为"盥"，而不为"荐"，则孚诚有诸中而
颙肃应于下矣。

象曰：大观在上，顺而巽，中正以观天下，观。盥而不荐，有
孚颙若，下观而化也。观天之神道，而四时不忒。圣人以神道设教，
而天下服矣。

教莫大于观感，而政令为下，故曰"大观"。孰能"大观"？九五是也。

何大乎九五？以"中正"也。九五之圣人以刚阳之资，体中正之德，形于上，观于下，而天下之不中者中，不正者正矣。孰不内顺而外巽，心服而身化哉！何其神也？"观天之神道"，而法之耳。"天之神道"安在哉？中正而已。"四时不忒"，是天之中正也。运四时而无形者莫如风，此天之神也，谓巽也；感天下而无形者莫如诚，此圣人之神也，谓九五之中实也。惟天下之至诚，为能立天下之中正；惟天下之中正，为能化天下之不中不正。故既曰"中正以观天下"，又曰"有孚颙若"。"孚"，诚也。《中庸》曰"至诚如神"，故曰：圣人以神道设教，而天下服。

象曰：风行地上，观。先王以省方、观民、设教。

风行地上而无不周，故万物曰见天；王省天下而无不至，故天下曰见圣人。随其地、观其俗、因其情、设其教，此"省方"之本意也。虞周时巡是也。穆王之游，始皇之巡，武宣之行幸，本意乎？

初六，童观，小人无咎，君子吝。
象曰：初六童观，小人道也。

九五大观在上而初六远之，兹谓"童观"。"童观"者，蒙而无见也。蒙而无见，在凡民为可恕，故"无咎"；在君子为可责，故"吝"。驩兜之荐共工，四岳之荐鲧，一也，而人不吝驩兜。越人之弯弓，兄之弯弓，一也，而人不怨越人。所谓"小人无咎，君子吝"也，非无咎也，不足咎也。

六二，窥观，利女贞。
象曰：窥观女贞，亦可丑也。

蒙而无见曰"童"，有见而小曰"窥"。有见固愈于无见也，有见而小，其愈于无见几何？六二之与九五，正应也，非如初六之远于五也。然六二以阴暗之资，亦安能观九五之大观哉？不过小有所见而已。故御事以东征为艰，子路以正名为迂，斯见也，在女则"贞"，在士则"丑"。

六三，观我生，进退。

象曰：观我生进退，未失道也。

必进忘其身，必退忘其君，皆失其道也。欲进退不失其道，其惟观我生乎？"生"，出也，才德自我出者也。我之才德可以进而不进，是使赤子不得乳其母也；未可以进而进，是未能操刀而制锦也。六三以柔居刚，其位非正，必进不可也；以顺应上，其势有牵，必退不可也。量己而为进退，庶乎"未失道"也。"未失"者，非深许之辞也，此亦学者事也。若夫圣人，仕止久速，惟其可而已，何必量己哉！六三、九五皆曰"观我生"，辞同而德异。六三察己以从人，九五察人以修己。

六四，观国之光，利用宾于王。

象曰：观国之光，尚宾也。

九五有刚明之德，而四近之，故愿仕而观其光。六四俟明德之君而后进，故其君尊尚之而宾其人。下不轻一身，则上不轻一士矣。箕子近天子之光，"观国"也。王访于箕子，"尚宾"也。

九五，观我生，君子无咎。

象曰：观我生，观民也。

民之善恶生于君，君之善恶形于民。九五欲观己之所生，观于民之君子、小人而已。天下皆君子邪，我庶乎无咎矣；天下有一小人邪，其咎将谁归？故观尧舜者以比屋[①]，观文武者以群黎。

上九，观其生，君子无咎。

象曰：观其生，志未平也。

君子身有用舍，志无用舍。上九以刚阳之德而居一卦之极，当无位之地而

---

① 比屋：原指所居屋舍相邻，后借称百姓。

负达尊之望，故其志未尝一日不反观其德之出于己者。吾之德，其皆君子邪，乃无过咎，何也？吾之身不为天下之所用，而吾之德为天下之所仰，岂以身之约而志之安乎？故曰"志未平"也。子思之在鲁，子方之在魏，裴晋公之在绿野，其身弥退，其忧弥重，故君子无位而有忧，小人有位而无忧。

噬嗑

震上
震下

噬嗑，亨，利用狱。

食有梗，治亦有梗。梗食者啮，梗治者决。不啮则味不合，不决则治不通。"嗑"，合也。"亨"，通也。曰"利用狱"，"狱"，刑人之事也，何利乎用狱也？狱废则梗存矣。

象曰：颐中有物，曰噬嗑。噬嗑而亨，刚柔分，动而明，雷电合而章，柔得中而上行，虽不当位，利用狱也。

卦形，颐之象；九四，颐中有物之象。三刚三柔，分而不杂，明而辨也。震动离明，雷震电耀，明而威也。六五以柔居五，虽不当位，然利在用狱，不过刚也。然则治狱者，明以察情，非矜其明；威以惩恶，非尚其威；一听于六五仁厚中和之君而已。此先王治狱之本意。

象曰：雷电，噬嗑。先王以明罚敕法。

威取诸雷，明取诸电。然曷尝黩刑哉？以此明罚敕法而已。罚者，刑之薄；法者，刑之先。先，故知而不敢犯；薄，故怀而不忍犯。金作赎刑，"明罚"也。象以典刑，"敕法"也。

初九，屦校灭趾，无咎。

象曰：屦校灭趾，不行也。

屦校不惩，必至荷校而械其首；灭趾不诚，必至灭耳而献其馘。初九之小人能惩于薄刑，止其恶而不行，则不贻上九恶积罪大之凶祸矣。故庶顽以挞而格，王骀以兀而贤，[①] 朝为小人，暮为君子，岂特无咎而已？

六二，噬肤灭鼻，无咎。

象曰：噬肤灭鼻，乘刚也。

自二至五皆曰"噬"，何也？三臣分去恶之任，一君当去恶之主也。然六二之去恶则为差易，何易乎六二也？及初九之浅也，初与四为应，四于卦为校，二能绝其应而不通，则四自孤而无与矣。故吴澓非楚则反不决，燕旦非上宫则谋不发。"肤"者，患之浅；"鼻"者，气之通。岂惟六二以中之德而去恶哉？亦居臣之位，乘初九之上也，故曰"乘刚"。德与位偕，又何咎矣？六二、六三、六五，有众齿上下噬啮之象。

六三，噬腊肉，遇毒。小吝，无咎。

象曰：遇毒，位不当也。

六三之去恶，视六二则难矣。何难乎六三也？九四为一卦之梗，若腊之坚而难噬也。噬之则遇毒而伤齿矣，而况齿之弱者乎？六三以柔弱之才，居刚决之位，此弱于齿而噬夫坚者也，能不遇毒乎？故曰"位不当"也。然则欲去恶者，可使才不称位乎？百揆非舜，则去四凶以安民，祇以危民；司寇非仲尼，则诛正卯以治鲁，祇以乱鲁。然"小吝"而"无咎"者，能度其才而噬其小者，庶乎吝而不至于咎矣。

九四，噬干肺，得金矢。利艰贞，吉。

① 典出《庄子·内篇·德充符第五》："鲁有兀者王骀，从之游者与仲尼相若。"兀者，指受刖刑而被断了足的人。

象曰：利艰贞吉，未光也。

九四，一卦之梗也。"干胏"，有骨之肉，一味之梗也。九四自为梗而曰"噬干胏"，噬之者谁也？以九四噬九四也。曷为以九四噬九四也？以九四刚直之大臣，噬九四强梗之大臣也。居大臣之位而近君者，岂一人而已哉？舜与共、驩杂处尧朝，周公与管、蔡并居周位，去共、驩、管、蔡之强梗也。故"得金矢"以钻"干胏"，则骨去而肉可噬；得刚直以去强梗，则恶去而治可通。"金"言刚，"矢"言直。刚恶者为"干胏"，刚善者为"金矢"，然犹曰"利艰贞，吉"，盖去恶实难，非正固则必败于怯、漏于疏。训色变，怯也；蕃宣①章，疏也。然有强梗者，天下之不幸；去强梗者，圣人之不得已，故曰"未光"。

六五，噬干肉，得黄金。贞厉，无咎。
象曰：贞厉无咎，得当也。

《屯》之九五，阳刚之君，而大正则凶；《噬嗑》之六五，阴柔之君，而噬强梗则无咎，何也？彼无助，此有助也。曷为有助也？噬嗑之强梗有三，而六五以离明之君，体中正之德，又得三、二刚正之助，则去恶何难焉？而况初九，强梗之浅；上九，强梗之衰，又皆无位而无势，其近君而逼者，九四一臣而已。而九四同位之刚直者，自足以噬之，至于六三，亦协力以噬之。若夫初九之强梗，则六二已折其萌而噬其浅矣，则六五之君何为哉？惟一上九恶积罪大之小人无位已衰者尔。主之以六五中正之君，辅之以九四同位刚直之臣，加之以六二、六三协力决嗑之助，则上九之干肉何难于噬哉？故曰"得当"，言胜其任也。霍禹之兵权已解，李辅国之过恶已极，故宣帝、代宗除之不难也，然犹曰"贞固""危厉"，谨之至也。去强梗，除元恶，岂可忽哉！"黄"言中，"金"言刚。

上九，何校灭耳，凶。

---

① 蕃宣：语出《诗·大雅·崧高》："四国于蕃，四方于宣。""蕃"通"藩"，"宣"通"垣"。本指藩篱与垣墙，引申为藩屏护卫。

象曰：何校灭耳，聪不明也。

初九"灭趾"，故恶不行；上九"灭耳"，以聪不明。使耳而聪，聪而明，则闻过而改久矣，何至于恶积罪大而受大戮之凶乎？商鞅不听赵良之言，萧至忠不受宋璟之谏，故及。

贲

艮上
离下

贲，亨。小利有攸往。

象曰：贲，亨。柔来而文刚，故亨。分刚上而文柔，故小利有攸往，天文也；文明以止，人文也。观乎天文，以察时变；观乎人文，以化成天下。

上卦本坤，而上六之柔来文九二之刚，文虽柔而质刚，又中正，故"亨"。下卦本乾，而九二之刚上文上六之柔，文虽刚而质柔，又非中正，故"小利有攸往"。乾下于坤而中爻升于坤之上，故为"天文"，以乾坤之变言也。离明炎上而艮止之，则火之气焰郁积光华而成文，故为"人文"，以离艮之体言也。天文之著者，三辰五行之象，观之可以察四时之变；人文之著者，三纲五常之典，观之可以成天下之化。大抵质者，物之辩；文者，物之杂。周官画绘之事，杂五色，曰"玄与黄相次"，又曰"青与赤谓之文"。贲，天玄地黄，火赤山青。

象曰：山下有火，贲。君子以明庶政，无敢折狱。

"山下有火，贲"，解已见上。《贲》，文明之卦，而大象言明不及远，言政不及狱。明用于政则文不蔽，明不及狱则明不矜。"明庶政"，离也；"无敢折狱"，艮也。

初九，贲其趾，舍车而徒。
象曰：舍车而徒，义弗乘也。

君子，斯文之所在也，达则振斯文以饰天下，穷则卷斯文以饰一身。初九以刚正之资，秉文明之德，而在下无位，斯文其废乎？亦还以饰天下者，饰一身而已？斯文未废也，贲其趾、饰其身之所行也。何以饰其所行？惟义所在而已。义在仕，舍徒而车；义在止，舍车而徒。仕患无其时，今居贲饰文明之时；时患无所主，今近六二文明之佐。然初九舍乘车而从徒行者，何也？二，吾近而非吾应也；四，吾应而吾远也。远者不得从，近者不强从，何也？义也。夫以初九之贤也，六二又贤也，然初九犹不强从于六二，非其与也。贤而非其与且不从，而况非其贤者乎！故太公非不贤，而伯夷不从之以谅武王；侯霸非顺指，而严光不从之以事光武。初九，贲世之放民也，亦贲世之荣光也。斯世而有斯人，非荣乎？

六二，贲其须。
象曰：贲其须，与上兴也。

士有待而后发，未有不待而发；士有求而不应，未有不求而应。非珍身也，珍道也。珍吾道，犹污吾道，而况贬吾道乎！六二主一代文明之大臣也，远自坤之上六，惠然而来，以佐兴文明之治者也。然非六五文明以止之君，有化成天下之文，秉中正柔顺之志，以求六二之饰也，六二肯轻就乎？故曰"贲其须"。"须"，来也，亦待也。意兴于上，吾与于下而已。"与"，许也，故曰"与上兴也"。下有礼乐之文而上未遑，君子惜其不待求而发；上有礼乐之问而下无对，君子耻其求而不能应。虽然，宁取房、杜，毋惜贾谊，房、杜不能，必有能者矣。至曰未遑，举吾道而委沟矣。惜也！谊知易之贲，未知贲之须也。

九三，贲如濡如，永贞吉。
象曰：永贞之吉，终莫之陵也。

贲德盛在九三，其千载一时乎？其当尧之文章，周之礼乐之世乎？盖九三处文明之任，聚刚柔之文，二与四以柔而文三之刚，三以刚而文二、四之柔，制作备矣，文物著矣。譬之于物，光华润泽，其如沃而湿之乎？《诗》曰"六辔如濡"，言光润之至也。夫立君臣父子之分，以为礼乐法度之文。鸿荒之世，其理具，其法隐；伏羲之世，其法立，其文粗；尧舜、成周之世，其法备，其文著。既备矣，既著矣，又何加焉？曰：守之。自天高地下之象，至廉远堂高之势，此百圣之功，千载之积，岂一手一足之力哉？文之始难成，而文之成易坏。今贲饰之文如濡之著，夫何为哉？永贞固以守之，则下不陵上，卑不陵尊，而万民定、天下安矣。故周礼存则鲁安，周籍去则周衰。

六四，贲如皤如，白马翰如，匪寇婚媾。
象曰：六四，当位疑也。匪寇婚媾，终无尤也。

上九以乾文坤，以刚文柔。六四之柔，从上九之刚，可谓有白受采之质矣，然隔于六五而不得亲受饰也。"贲如皤如"，其质可受上九之贲也。"白马翰如"，其志愿从上九之急也。质美而受饰，志急于从饰，可也。然隔于六五之君，间而忧疑怨尤，则不可也。何也？六五与六四，其德同于柔顺而相亲，非寇雠也。故圣人释其疑，解其尤，而曰位虽若隔而可疑，德则相亲而终无尤也。故许行能使陈相不识陈良，而徐辟能使夷之见孟子。许行，相之寇也。辟，非夷之之寇也，婚媾之亲也。

六五，贲于丘园，束帛戋戋。吝，终吉。
象曰：六五之吉，有喜也。

六五文明以止之君，兼群臣藻饰之业，成天下文明之化，六五其遂足乎？曰：未也。方且垂云汉昭回之光，下饰丘园高蹈之士，将以币帛厚意之礼招而致之，不使天下有一贤之遗，文治有一毫之缺，此贲之至盛也。然圣人犹曰"吝，终吉"者，币有所宜施，亦有所宜吝。吝之于非其人，然后施之惟其人矣。吝故荣，荣故喜，喜故吉，贤者荣之而毕赴，喜孰大焉？百里入而秦喜，乐克用而轲喜，喜孰大焉？然贲之时犹有士之隐于丘园，非六五之耻乎？且隐丘园者孰哉？初九义不乘六二之车，舍之而徒行者是也。六二不能致初九，而六五之君乃能致之。六二异乎子房，而六五之贤于高祖，可以为六二，歉而为六五贺矣，六五何耻焉？故曰：六五，贲之至盛也。六五坤体，坤为吝啬，故曰"贲，终吉"。呜呼！六五之贲丘园，其汤之莘，高宗之岩，文王之渭乎？

上九，白贲，无咎。

象曰：白贲无咎，上得志也。

易穷则变，文穷则质。上九居贲饰之极，文之穷也。救文之穷，其惟质乎？故曰"白贲"。"白"者，质素而无色也。上九居贲之世，自下卦之二分而文上六之柔，志在成贲也。不成贲以"咨"，而成贲以"白"，然后贲之治成，而贲之敝不作。不敝故"无咎"，无咎故"得志"。布被于穷奢之时者未为矫，而齐诈非其人；瓦器于美新之俗者未为陋，而闰仕非其世，固有似白贲而非者矣。

卷七

剥

䷖ 艮上
坤下

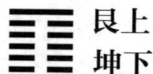

剥，不利有攸往。

彖曰：剥，剥也，柔变刚也。不利有攸往，小人长也。顺而止之，观象也。君子尚消息盈虚，天行也。

"剥"，落也。自一阴之姤生而愈长，进而愈上，至于五阳为五阴矣。五阴盛而外一阳，小人众而外一君子，故君子不利有所往，此君子处剥之道也。然则不利有所往，其遂听天下之自乱乎？圣人固曰：盍观诸剥之象乎？坤顺艮止，止乱以顺，止小人亦以顺。故解党祸者，陈寔之临；延唐祚者，方庆之对；皆顺而止之，非逆而激之也，此君子治剥之道也。然天亦岂忍天下之久剥乎？五阳消矣，消极必息；五阴盈矣，盈极必虚。故剥极而"七日来复"，是以君子尚之也。于是乎知有天道，盖天道已行矣。

象曰：山附于地，剥。上以厚下安宅。

五阴盛而剥一阳，为小人剥君子，言刚柔也；高山摧而附下地，为下民剥君上，言坤艮也。厚其地，山不摧；厚其民，上不危。

初六，剥床以足，蔑贞凶。

象曰：剥床以足，以灭下也。

天下之势若处屋，屋上庇，床下承，人中处者也。害人者先坏其床之足，害国者先坏其国之足。君子者，人主之股肱也，非国之足乎？小人之灭正道、消君子，剥床之足者也。正道灭，而后凶于而国者随之。王章不诛，汉不亡；任恺不去，晋不乱。故剥始于灭下，其流及上。一柔自下首变一刚，故有剥足之象。

六二，剥床以辨，蔑贞凶。

象曰：剥床以辨，未有与也。

"辨"，床之干也。床有干，国亦有干，大臣，国之干。二，大臣之位，今二柔进而变二刚，此小人进为大臣，而退君子之大臣也。其当罢九龄、相林甫之日也与？五阴一阳，阳孤且外，孰为之与？故曰"未有与也"。"未有"者，圣人犹待其有也乎？

六三，剥之，无咎。

象曰：剥之无咎，失上下也。

六三阴类，不应其类，而独应上九之阳，内则失上下群阴之心，外亦未能为一君子之助。然许其"无咎"者，劝之之辞也。程子以吕强当之。

六四，剥床以肤，凶。

象曰：剥床以肤，切近灾也。

五，君位也，其象身也。剥床及肤，灾近于身；小人近尊，灾切于君。四阴自下而进，党日众，势日成，灾其君必矣。其当莽、卓、宪、冀、林甫、国忠权盛之日乎？

六五，贯鱼以宫人宠，无不利。

象曰：以宫人宠，终无尤也。

六五，群阴之类，亦群阴之主，能总群阴以听命而止其害正，能调群阴以恩幸而止其弄权，乃六五柔得尊位，顺而止之之道也。"鱼""宫人"，阴类也，谓下四阴也。"贯"者，听而总之也；"宠"者，心以幸之也。如是，庶乎群小不为害矣。"无不利"者，言不为害而已，非盛世之大利也，其唐之代宗乎？使文宗忍录过，甘露何由而作？

上九，硕果不食，君子得舆，小人剥庐。
象曰：君子得舆，民所载也。小人剥庐，终不可用也。

上九当五阴并进之日，众阳剥落之余，一阳独存，其犹岁寒百果摇落之后，尚余一硕大之果而不为所食耶，亦危矣。当是时，君子至孤矣，而犹曰"得舆"而"民所载"；小人极盛矣，而犹曰"剥庐"而"终不可用"，何也？阴极生阳，乱极思治。白公之乱，楚几亡矣，而国人望子高之来，卒安楚者，子高也。此君子得人而民所载之效。群小剥正道以覆邦家，如"剥床"焉，自足及干，自干及肤，犹不已，必剥其室庐，此大厦将颠之时也，有国者亦可以少悟矣。恶来亡商，尹氏亡周，椒、兰亡楚，斯、高亡秦，张禹、胡广亡汉，贾充亡晋，守澄、令孜亡唐，此"小人剥庐，终不可用"之效也。曰"终不可用"，徼之之至也。五阴载一阳，庶民载一舆之象。一阳庇五阴，庐之象。坤为大舆。

复

坤上
震下

复，亨，出入无疾，朋来无咎。反复其道，七日来复，利有攸往。

象曰：复，亨，刚反，动而以顺行，是以出入无疾，朋来无咎。反复其道，七日来复，天行也。利有攸往，刚长也。复，其见天地之心乎？

复何以"亨"？曰"刚反"。何以"出入无疾，朋来无咎"？曰"动而以顺行"。何以"反复其道，七日来复"？曰"天行"。何以"利有攸往"？曰"刚长"。阳穷于剥之上，必反于复之下。"反"，归也。阳归为主，阴去为客，主安得不亨？故复之亨以刚之反，喜之之辞也。震，一阳动而进；坤，群阴顺而退，阳既入而处于下，又将出而进于上，何？必欲速。"疾"，速也。复而临，临而泰，三阳朋来，则复不孤，何患有咎？故"动而以顺行"，则自然"出入无疾"。"朋来无咎"，俟之之辞也。天道之行，消则息，终则始。观息之出入，物之荣枯，日之朝夕，月之晦朔，岁之冬春，逝者如斯，不舍昼夜，曷尝顷刻而息哉？故天行则自然"反复其道"。"七日来复"，慰之之辞也。"七日"者，自《坤》之初六，一阴生于午，至《复》之初九，一阳生于子。七月而曰"七日"，犹《诗》"一之日""二之日"也。阳长则万物望生息之功，君子长则天下望平治之福，岂得止而不行哉？故刚长则"利有攸往"，勉之之辞也。圣人极言复之"亨"矣，"无咎"矣，"利"矣，又一言断之曰"复，其见天地之心乎"，然则孰为"天地之心"？动而生物，是天地之心；贵阳贱阴，是天地之心；长君子消小人，是天地之心。天地之心不可见也，圣人观于复而见之，又提之以示人。有天下者，可不求彼之心为此之心乎？体之圣，失之愚，履之治，舍之乱。圣愚治乱，此心而已。

象曰：雷在地中，复。先王以至日闭关，商旅不行，后不省方。

"雷"，阳也。"地"，阴也。冬至之日，涸阴虽冰于地上，一阳已萌于地中，故万物皆寒，井水独温。自"闭关"以下，皆圣人顺天时之一端也，如后世月令是已。

> 初九，不远复，无祗悔，元吉。
> 象曰：不远之复，以修身也。

卦义为君子道长，象义为承顺天时，爻义为反复于善，易之道无不含罗也。吉凶悔吝生乎动，下卦震而动之初，初九动而复之初，动而过，过而忘反，反而已远，凶之道也，岂特有悔而已？初九动而即复，不远而复也。动生于心，复亦生于心。复心一生，动心自寂。君子以此修身，吉之大也，何悔之有？故仲尼以颜子当之，谓其有不善未尝不知，知之未尝复行。几者动之微，知者复之微，大哉知乎！故《大学》在致知，人心之知至即天地之阳生，阳一生，天地复；知一至，君子复。

> 六二，休复，吉。
> 象曰：休复之吉，以下仁也。

初九"不远复"，复未形之过也；六二"休复"，复已形之过也。何以知六二为复已形之过也？初而即复，一过亦无，何形之有？二而后复，已一过矣。动而一过，过而后求休息，以补剟而息黥①，非二过而何？虽然，不有初九克己之仁人，则六二无辅仁之友；不有六二降心于仁人，则六二无下仁之益。故微曾子、子夏，不闻丧明之罪；微子游、曾子，不察袭裘之过。故初九己复，六二人复。

> 六三，频复，厉，无咎。
> 象曰：频复之厉，义无咎也。

① 补剟息黥：谓修正面容残缺，恢复本来面目。后喻改过自新。

初九无一过，六二二过，六三三过，是屡过屡复也，故为"频复，厉"。"厉"，危也，非"频复"之危也。危而"无咎"者，复于义则"无咎"也。圣人危其频过，故曰"厉"以儆之；开其"频复"，故曰"无咎"以劝之。蘧伯玉行年五十而知四十九非，而其使人亦告仲尼以欲寡其过而未能。伯玉且然，而况不为伯玉者乎？故曾子一日三省其身，伯玉岁省，曾子日省，学者时省，其庶乎？

六四，中行，独复。
象曰：中行独复，以从道也。

六四居上下四阴之间，而处其中，故为"中行"。不从四阴而独应初九之一阳，故为"独复"。居中得正者，道也；应一阳之君子，亦道也，故曰"从道"。此如夷之焉，因徐辟而见孟子，视陈相则优，不可以为公孙丑、万章，故未许之以吉、无咎、无悔。

六五，敦复，无悔。
象曰：敦复无悔，中以自考也。

六五当阳长之时，居君尊之位，危可复于安，乱可复于治，亡可复于存，犹运之掌也。然仅能"敦复无悔"者，柔而已。惟其柔，故一阳疏远而不能援也，四阴强盛而不警也，则亦仅能成中材之主而已。其周襄王、汉元帝之徒与？"考"，成也。"敦"，厚也。六五，坤之中，坤厚，故曰"敦复"。然犹与其复者，襄王出而复，元帝摇而复。

上六，迷复，凶，有灾眚。用行师，终有大败。以其国君，凶。至于十年不克征。
象曰：迷复之凶，反君道也。

上六以阴柔小人之极，居亢满大臣之位，遂其奸而不改，迷于邪而不复，故凶于而身，则天灾人眚之毕集；凶于而国，则师败君凶而不振。卢杞是也。害真卿，沮怀光，天下皆以为奸邪，而德宗独不觉其奸邪。伐叛之师未反而朱泚之变已作，奉天之围未解而梁州之幸已严。自是而后，姑息之政行，强藩之势成矣。至于元和，乃始克征，何啻"十年"而已乎？《乾》之上九为君之亢，《复》之上六以其国君凶，则国君者，六五也；以之者，上六也。《传》曰"凡师能左右之曰以"。曰反君道者，君道在复，今六五之君道乃为上六所左右，至于迷而违之，何复之有？象曰"刚反"，"反"言归也。寇退，曾子反是也。上六曰"反君道"，"反"言违也，文质相反是也。

无妄

乾上
震下

无妄，元亨利贞。其匪正有眚，不利有攸往。

程子曰：动以天，故无妄；动以人欲，则妄。此得圣人本意矣！诚者，天之道；妄者，人之欲。无一毫之妄，诚之至也。无妄所以"元亨"者，利在贞而已。正则诚，邪则妄，若匪正而动，则动必有眚，而"不利有攸往"矣。非无妄之不利于往也，不正而妄则不利于往也。若尧舜之禅，汤武之师，禹之治水，动以天也；子哙之逊，苻坚之师，鲧之治水，动以人也。

彖曰：无妄，刚自外来，而为主于内，动而健，刚中而应，大亨以正，天之命也。其匪正有眚，不利有攸往，无妄之往，何之矣？天命不佑，行矣哉。

下震本坤体。初九自坤之上而来居坤之下，为震，故曰"刚自外来"。卦之成以震为主，震之卦以阳为主，下卦为内，故曰"为主于内"。震动乾健，动以天也，故曰"动而健"。九五之君以刚健中正倡于上，六二之臣以柔顺中正应于下，其动岂有妄乎？故曰"刚中而应"。此其所以动而"大亨"也。何为动而亨也？动以正也。何为而能动以正也？动以天也。何为而能动以天也？天实命吾动也，故武王誓师曰"天命文考，肃将天威"。天命文武以动，文武其得不动乎？然则天命文王，而武王何自知之？民之所欲，天必从之。故也，八百国，三千臣，亿兆人，以天之命诏武王，而武王乃伐商，是谓动以天。举国之谏，亦以天之命止苻坚，而坚必伐晋，是谓动以人欲。当坚之时，内外无事，可为小康，是亦无妄之世也。而坚匪正妄动，往将何之？宜其败亡而"天命不佑"也。非天不佑也，天亦不能佑也。"行矣哉"，言必不行也。

象曰：天下雷行，物与无妄。先王以茂对时、育万物。

行于天之下，而鼓于物之上者，其雷乎？雷以时行而不妄行，物与雷俱出而不妄出。盖雷宜收而行，则物稽于藏；雷宜行而收，则物滞于达。物之无妄，视雷之无妄，故曰"物与无妄"。先王之育万物，亦体雷行及时之义，对越而茂勉之尔。董仲舒引《书》曰：茂哉，茂哉！古"茂""懋"通。

初九，无妄，往吉。
象曰：无妄之往，得志也。

九本乾之体，初居震之始，所谓动以天者也。动以天而无妄，焉往而不吉，不得志哉？雷动于初，而不妄万物一岁之盛福也；圣人动于初，而不妄万民一世之盛福也。故伊尹戒太甲以"谨厥初"，周公戒成王以"在厥初"。然则高宗三年不言，威王三年不飞，何邪？非不动也，谨于初动也。是惟无动，动而得志矣。

六二，不耕获，不菑畬，则利有攸往。
象曰：不耕获，未富也。

初九动之始，六二动之继，是故初耕之，二获之；初菑之，二畬之。为二者，何必矜其能耕且菑而妄动以变初之成哉？一矜而动，即动以人欲。子玉变子文之政，参遵何之法，子玉为能，参为不能矣。然能者败，不能者安。六二顺而中不矜能，则焉往而不利？虽不耕不菑不求，富贵在其中矣。"未富"者，实富而名未富。

六三，无妄之灾，或系之牛。行人之得，邑人之灾。

象曰：行人得牛，邑人灾也。

六三震终而近乾，动以天也，无妄之至也。震卦而坤爻，以静处动也，动而未尝动也。吉凶生乎动，今六三未尝动而灾，是谓"无妄之灾"。灾自我来，自我得，此有妄之灾。非我来而我得，此"无妄之灾"。既"无妄"，奚而"灾"？曰：事固有不相及而相遭者。城失火，池鱼殃；鲁酒薄，邯郸围。① 今有牛系于斯，问主之者谁，莫知也；问系之者谁，莫知也，故称"或"焉。然牛之系于斯，惟其存于斯，使涂之人夜半取之而去，则主之者与系之者出而讼之矣。当是时，涂之人不可得而讼，可讼者邑居而已。居者奚罪焉？盖不幸罹灾耳。此非"无妄之灾"乎？故仲尼被围，貌偶似阳虎也。不疑偿金，偶与亡金者同舍也。六三无妄而灾，六三可无愧矣。故灾至无愧者，圣贤君子之所能也；无妄免灾者，非圣贤君子之所能也。灾非无妄之所能免，而小人行险妄动以求免，不亦远乎！

九四，可贞，无咎。

象曰：可贞无咎，固有之也。

九四以刚居柔，此岂妄动者哉？故许之曰可。以贞固而守此道，则无咎矣。又坚之曰：能贞固而守之，则可以有之而不失矣。此回之择乎中庸而不失，所以异于不能期月守者也。

九五，无妄之疾，勿药有喜。

象曰：无妄之药，不可试也。

五以刚健中正而居尊，二以柔顺中正而正应，此无妄之至也。无妄之至而

① 典出《庄子·胠箧》："鲁酒薄而邯郸围。"陆德明《经典释文》：许慎注《淮南》云："楚会诸侯，鲁、赵俱献酒于楚王。鲁酒薄而赵酒厚，楚之主酒吏求酒于赵，赵不与。吏怒，乃以赵厚酒易鲁薄酒奏之。楚王以赵酒薄，故围邯郸也。"比喻事情的展转相因，互相牵连。

犹有疾，则如之何？听其自作，信其自愈而已。然则有疾而不治，可乎？曰：有有妄之疾，有无妄之疾。犯寒暑、荒酒色，如是而得疾，有妄之疾也，不治者死。耳目聪明、血气和平，如是而偶疾，无妄之疾也，治者亦死。不治有妄之疾而死者，晋景公、齐桓侯是也；不治无妄之疾而不死者，仲尼、蘧子冯是也。故无妄之疾不药，无妄之药不试，则疾自愈而有喜矣。“无妄之疾”，无疾之疾也，勿药可也。“无妄之药”，无害之药也，亦不可试。何哉？盖善养生者，主粱肉而寇药石。药固无害矣，吾无疾，焉用药？药无害犹不可试，而况有害者乎！故孔子曰：某未达，不敢尝。圣人不试无妄之药，而秦人以未富强为疾，补之以商鞅之乌喙[1]；晋人以未清虚为疾，下之以王衍之甘遂[2]，药之初何如哉？故有苗疾虞，而禹班师，泰和自此充；越人非疾汉，而武帝兴师，虚耗自此痼。

上九，无妄，行有眚，无攸利。
象曰：无妄之行，穷之灾也。

无妄之世，六爻皆无妄也，故至上九，圣人亦许之以“无妄”。然许之未几，而戒之以“行有眚，无攸利”者，何也？《无妄》之为卦，动卦也，然必动而不妄，乃许其动。动万物者，莫迅乎雷；宰万物者，莫尊乎天。雷动乎下，而非天宰之于上，则雷不发，而震物必有札伤者矣。天下雷行，雷制于天也。初九发造化之始，六二成造化之终，有必不可不动者，是为动而无妄，故圣人许其往吉、往利，造化成矣。譬之农焉，初九耕之，六二获之。至于六三，处顺以廪之而已；九四，安富以守之而已，九五之主人高拱以飨之而已，上九入此室处，曰为改岁而已。使上九居无妄之极，而复欲动而有行，几何不贻穷之灾乎？唐太宗高丽之师，明皇云南之师是已。故二之前有动而无妄，三之后无妄而无动。然则《无妄》虽曰动卦，吾必谓之静卦矣。

---

① 乌喙：中药附子的别称，以其块茎形似而得名。
② 甘遂：中药名。其根苦、寒、有毒。

大畜

艮上
乾下

大畜，利贞。不家食，吉。利涉大川。

"畜"，聚也，止也。山韫天者，聚之大也；山止天者，止之大也。臣止君以不为，不若止君以耻为，吾惟正心以及身，正身以及君，虽不止之以不为，而君自耻为矣，故"大畜，利贞"。"贞"，正也。"利贞"，臣能贤也。"不家食"，君用贤也。君臣相逢，吉孰大焉？虽当险难之世，犹济也，况治平之世乎？

> 象曰：大畜，刚健笃实，辉光日新。其德刚上而尚贤，能止健，
> 大正也。不家食，吉，养贤也。利涉大川，应乎天也。

君德刚健则有进而无息，君德笃实则有韫而无竭。韫而进，进而韫，韫于中者充实，则溢于外者辉光。辉光而进，进无息，则辉光者日新其辉光矣。日月常见而终古常新，运而无息故也。吾君之德何为而臻兹？能尚贤故也。其孰为贤？上九是也。其孰能尚贤？六五之君是也。上九以阳刚之贤，六五以柔顺之资，上上九而己下之，不曰"刚上而尚贤"乎？然则上九，臣也，居尊位之上，可乎？上之者，非上其位也，上其德也。武尊望曰"尚父"，康尊毕[①]曰"父师"是也。"尚"亦上也。以五上二位言，为君尚臣；以艮乾二体言，为臣止君。乾为君，艮为少男。乾健欲上进，而艮止之于下，此臣之止其君之不善者也。曷为能止君之不善？有大人正己之德，而潜格其非心也。凡天下之不善，吾皆止而不为，则不必止其君也，盖有不止之止者矣，故曰"能止健，大正也"。故袖中之鹞，耻魏徵之见；苑中之游，畏韩休之闻，夫岂待面折禽荒、

---

① 毕：指毕公高。文王第十五子，名高，封于毕国，因此称毕公高。与召公等辅佐康王，成就"成康之治"。

章交盘游哉？不然，三归之卿能禁六璧之霸，赍贪之宰能杜穷奢之主乎？乾刚健，艮笃实，初、二、三、上皆阳明，故"辉光"。天夕则晨，山落则荣，故"日新"。五应二，故"应天"。

象曰：天在山中，大畜。君子以多识前言往行，以畜其德。

山之体小于天，而能韫天道；人之心灵于山，而能聚天德。君子之畜其德，聚天德也。何以聚之？诵尧、舜、禹、汤、文、武、周、孔之言，行尧、舜、禹、汤、文、武、周、孔之行，多闻多见而默识心通焉。识其在彼，体之在此。贤一变至于圣，圣一变至于天。

初九，有厉，利已。
象曰：有厉，利已，不犯灾也。

臣止君在初，君受止亦在初。初九阳躁，欲上进之初也。六四以山压而止之，其必有危言难受、大欲难夺者矣。初九能易其所至，虽知其拂乎吾心，而利乎天下国家，从而已之，则可以不犯天下之灾咎矣。舜、禹以益之一言而班征苗之师，受止而能已之也；苻坚以举国之谏而不回伐晋之役，"犯灾"也。

九二，舆说輹。
象曰：舆说輹，中无尤也。

"舆"所以行也，"说輹"所以不行也。二居中得正，而受六五之止，故中而无尤。太宗欲幸东都，畏魏徵之谏而止，"舆说輹"之义也。凡卦，二为臣，此九二乾为君。

九三，良马逐，利艰贞。日闲舆卫，利有攸往。
象曰：利有攸往，上合志也。

志乎进者，乾之性；止其进者，艮之力。乾为马，志乎进者也。如君子之畜德者，亦志乎进以行道也。九三居健之极，上九居止之极，健极则塞者通，止极则严者宽，而况九三有初九、九二迫其进于下，有上九引其进于上乎？上九艮体而阳德，艮体则止九三者也，阳德则其志合九三者也。前一马以导之，后二马以驱之，是良马四之而相逐者也，其进而不可止也，孰御焉？而况于有车舆之坚，有兵卫之众哉？宜其"利有攸往"也。然圣人必戒之曰"利艰贞"者，言必难进，而进必以正也。又曰"闲舆卫"者，言必为之防闲也。初喜其往，卒忧其妄，惟艰惟闲，贞在其间。畜德君子行中有止，九二为舆，众阳为卫。

> 六四，童牛之牿，元吉。
> 象曰：六四元吉，有喜也。

"童牛"，初九之象也。牿牛在幼，止恶在微。六四居大臣之位，当止健之任，及初九阳之微而止之，则大吉而有喜矣。盖旨酒糟丘之滥觞，漆器象箸之履霜。

> 六五，豶豕之牙，吉。
> 象曰：六五之吉，有庆也。

豕牙伤物而性躁欲，求其牙之不伤，不若使其躁欲之不萌。豶其躁欲之源，则消其伤物之具矣。尧以心惟危，故逸乐慢游之过绝；汤以礼制心，故声色货利之念消，皆"豶豕之牙"之义也。吉而有庆，孰加于尧汤乎？

> 上九，何天之衢，亨。
> 象曰：何天之衢，道大行也。

以艮止乾，则为以臣止君之不善；以二阴止三阳，则为阴柔止阳刚之群贤。止君恶者，始必止；止群贤者，终必通，而况上九之一阳与九三合忠、与三阳同类乎！良马相逐而衢路大通，贤之所以并进，道之所以大行，善类之所以光亨也。止恶而不止善，是大畜之义也。有一舜在上，有十六相在下，共、骓其能止之乎？

卷八

颐

䷚ 艮上
震下

颐，贞吉。观颐，自求口实。

彖曰：颐，贞吉，养正则吉也。观颐，观其所养也。自求口实，观其自养也。天地养万物，圣人养贤以及万民。颐之时大矣哉！

上覆下承，众口森然，卦之形也。上止下动，卦之用也，皆颊齿饮食之象。故颐，养也。颐之时，圣人养贤，君子可仕之时也。然圣人之所养，君子之自养，贞则吉，邪则凶，故上不可轻施其养，下不可轻就其养。上之所施，必观其所养之邪正。所养者贤而正，则万民均得其所养。下之所就，必反观自养之邪正。自养者实而正，则圣人不失其所养，是养一人而福天下，不曰"养正则吉"乎？尧忧不得舜，舜忧不得禹、皋是也。天地养万物，万物以天地为天地；尧舜养贤以及万民，万民以尧舜为天地，吉孰大焉？斯时岂易逢哉？故圣人喜之曰："颐之时大矣哉。""自求口实"，实而非伪也。

象曰：山下有雷，颐。君子以慎言语，节饮食。

雷生之，山成之，此天地之养万物也。言出于口，鸣其身，亦寇其身，故欲慎其出；食入于口，腴其体，亦酖其体，故欲节其入；此君子之自养也。然慎言非默，当其可则谏死不羡括囊；节食非矫，当其不可则采薇不羡林肉。

> 初九，舍尔灵龟，观我朵颐，凶。
> 象曰：观我朵颐，亦不足贵也。

下卦三爻，皆下之自养。初九，未粹之君子也，有贤智之资而浅于自养者也。故以阳明之智，如龟之灵，非无其资也，然见六四之贵臣，则动颐而求养，其智安在？圣人惜之，未绝之也。故既责其舍己而徇欲，又戒之以必凶，又耻之以"不足贵"，庶其有改乎？子夏之悦纷华，子路之愿裘马，几是与。"朵"，动也，震动初应四。

> 六二，颠颐，拂经于丘颐，征凶。
> 象曰：六二征凶，行失类也。

六二，君子小人之杂也，居下卦之中，有中人之资而可善可恶者也。恶从善，贱从贵，犹阴从阳也。六二下近于初之贤，既欲下比从之以养其德，而初非其应；上观于上九之贵，又欲上比从之以养其禄，而上亦非其应。于是猖狂妄行，陷于非僻而不自反。"征凶"者，妄行而凶也。所以妄行者，善与贵两从而不择，下与上两比而不应，故"失其类"也。吴起始师曾子，卒弃其母以求仕；李斯始师荀卿，卒弃其学以灭宗，皆失其守而不能自养，两从而妄行之祸也。自上下下曰"颠"，言从初九而倒置也；自下上上曰"拂"，言从上九而违常也。"邱"，上九也，艮为山。

> 六三，拂颐，贞凶。十年勿用，无攸利。
> 象曰：十年勿用，道大悖也。

六三，小人之粹也，上无初九之灵龟，次无六二之两从，盖明然拂违自养之正道，而公然敢肆大悖以干利者也。资本阴柔，一也；居不中正，二也；躁欲之极，三也。挟三不正，不知自养而躁于求养，其伾文八司马之徒与？故温死于衡，宗元死于柳。"十年勿用"，未为久废也。六三之所以至此者，干利而已。圣人断然晓之曰"凶"，又曰"无攸利"，拔其本也。

六四，颠颐，吉。虎视眈眈，其欲逐逐，无咎。

象曰：颠颐之吉，上施光也。

上卦三爻，皆上之所养。六二"颠颐"而"凶"，初九不应也；六四"颠颐"而"吉"，初九应之也。六四以近君之大臣，而下求于初九无位之贤者，是倒置也。而初九阳刚严正之德，如虎视焉，六四下而亲之，亦望而畏之，非心邪意，不待初九之切磋而自消，其欲进德何如哉？"逐逐"，言消去也。以此养德而佐六五之君以养天下，又何咎矣？"上施光也"，言六四在上而所施者光大也。周公下白屋，上也；卫青有揖客，薛宣不敢吏朱云，次也。初九之于六四，有"朵颐"之戒；六四之于初九，有"虎视"之畏。下不轻其就，上不轻其礼也。

六五，拂经，居贞吉。不可涉大川。

象曰：居贞之吉，顺以从上也。

六五，养天下之君也。阴柔之才不足以养天下，而反求上九之养己，拂其经常者也。上九位臣而德师，六五安居于贞固而无为，顺从于上九而不违，而天下自得其养矣。此真圣人养贤以及万民之事也，何必涉险有为而后为圣哉？程子以成王赖周公当之，尽矣。艮止，故"不可涉大川"。六二"拂经"而"凶"，以利动也；六五"拂经"而"吉"，以道来也。

上九，由颐，厉吉。利涉大川。

象曰：由颐厉吉，大有庆也。

一卦二阳而初九在下，在上而居师臣之位者，上九而已。六五之君所倚信，而众阴臣民所毕听者，故颐养天下皆由己出，故曰"由颐"。然位高德重，必惕厉而后吉，果能惕厉而不自盈，以上九之才犯险犹必济，况平世乎？故"大有庆也"。程子以伊周当之。艮止而"利涉大川"，何也？止极必动。

大过

兑上
巽下

大过，栋桡，利有攸往，亨。

彖曰：大过，大者过也。栋桡，本末弱也。刚过而中，巽而说
行，利有攸往，乃亨。大过之时大矣哉！

大过之时，何时也？大厦将倾之时也。下桡将蹶，其本弱矣；上桡将折，
其末弱矣。此不可为之时也，而曰"利有攸往，亨"，何也？非天下不可为之
事，无以施天下大过人之才。孰为天下大过人之才？九五之刚阳，君有斯才
矣。九二大臣又斯才矣，九四近臣又斯才也，九三群臣又斯才也。斯厦也，有
九五之梁以主之，有九二、九三、九四松柏杞梓之柱森然以支，吾之栋虽桡
也，厦其可颠乎？不惟不可颠也，又将扶其颠而起之也。而况四刚虽过于刚，
而二五乃得其中，为下者顺而从，为上者说而行，往安所不利而不亨乎？"本"
谓初六，"末"谓上六。上六居上，栋也。初六，础也，亦曰栋者，卦之反为
上六。四阳刚过，故为"大者过"。阳大阴小，小往大来是也。

象曰：泽灭木，大过。君子以独立不惧，遁世无闷。

木在泽下，木可没而不可仆，君子以之举大过人之事，则"独立而不惧"。
故东征之师，周人之艰，乃周公之易。水在木上，水可濡而不可入，君子以之
坚大过人之行，则"遁世而无闷"。故陋巷之穷，乃颜子之达。

初六，藉用白茅，无咎。

象曰：藉用白茅，柔在下也。

六，柔也；初，下也。君子当大过之世而在下，柔以顺承，洁以自淑而
已。林宗曰：大厦将颠，非一木之支。不忤群小，独免党祸，故无咎。"藉"，

承也。"茅"，柔也。"白"，洁也。柔故不忤群小，洁故亦不污群小。巽为白。

> 九二，枯杨生稊，老夫得其女妻，无不利。
> 象曰：老夫女妻，过以相与也。

九二以刚阳之才，居谦柔之地，以下比于初六，此大臣之能下士而得助者也。持是道以当大厦将颠之世，则废可兴，衰可扶矣。木枯而根生，废可兴也；身老而妻壮，衰可扶也。然则大厦之颠，何患于不起哉，故曰"无不利"。萧何必荐韩信，邓禹必荐寇恂，所谓大厦非一木之支，太平非一士之略也。巽，木也。九二刚过，故为"枯杨"，为"老夫"，又长女也，故初六为"女妻"。初六耦而敷，散根象也，故为"生稊"。"稊"，根也。

> 九三，栋桡，凶。
> 象曰：栋桡之凶，不可以有辅也，

"栋桡"者，上六、初六也，而于九三言"栋桡，凶"，何也？九三志过锐、力过勇，将欲辅上六之栋，而适以坏之者也。扶倾者倾必速，支厦者厦必覆，非扶持之罪也，过于扶持之罪也。九三以阳居阳，故不可以辅上六之栋。陈蕃、窦武以之。

> 九四，栋隆，吉。有它，吝。
> 象曰：栋隆之吉，不桡乎下也。

大过不厌于过，亦不过于过。以四刚振二弱，不厌于过也。以刚处刚，不为九三之凶，则为九五之不可久。扶倾拯桡之盛者，其惟四与二乎？皆以刚处柔之力也。上栋下宇，九四非栋也，而曰"栋隆"者，何也？穷上者必反下，栋折者必易材，九四非栋位也，而栋材也。上六折矣，兑反而巽，则上六自外下而为六四，九四自六上而为上九矣。大过之栋，其不巍巍乎其隆哉！退韦贤、千秋而相丙、魏，退张说、藏用而相姚、宋，退珣瑜、执谊而相黄裳，汉唐之兴也勃焉，此"栋隆，吉"之效也。然四与初应，有他志而桡于下之一阴，则吝也，戒之也。

九五，枯杨生华，老妇得其士夫，无咎无誉。

象曰：枯杨生华，何可久也。老妇士夫，亦可丑也。

振大过之世，患无刚阳之臣；有刚阳之臣，患无刚阳之君。九五，刚阳之君也，今乃仅能"无咎"而已，既"无誉"，又不可久，又"可丑"，何也？九二不应而比于初，九三有志而过于勇，九四有材而不居栋之位，九五以刚居刚，过于刚而轻于举，三阳不为之用，而独倚上六阴邪之小人以为助。鲁昭公欲去季氏而倚公衍、公为，邵陵厉公欲抑司马氏而倚曹爽，唐文宗欲除宦寺而倚训、注，"何可久"之验也。木枯而华，是速其枯也，故"何可久"。男未室曰"士"，女已嫁曰"妇"。"士夫"，九五无助也。"老妇"，上六居一卦老阴之极也。以已嫁之妇而失节，娶失节之妇而复老邪？无耻之甚，故"可丑"也。

上六，过涉灭顶，凶，无咎。

象曰：过涉之凶，不可咎也。

程子谓：上六以阴柔处过极，不恤危亡，履险蹈祸，是也。孔氏、杨氏以为龙逢、比干，非也。二子岂阴柔者哉？水溢而过于涉者，不足以济川，而徒没其顶；任重而过其才者，不足以济难，而徒灭其身。为衍、曹矣，训、注以之，其凶大矣。而曰"无咎"也，非无咎也，"不可咎"也，当自咎而已。

坎

坎上
坎下

习坎，有孚，维心亨，行有尚。

象曰：习坎，重险也。水流而不盈，行险而不失其信。维心亨，乃以刚中也。行有尚，往有功也。天险不可升也，地险山川丘陵也。王公设险以守其国，险之时用大矣哉。

坎本坤也，乾一阳交其中而生水，水内阳而外阴，故其明内景。离本乾也，坤一阴交其中而生火，火内阴而外阳，故其明外景。一阳交于二阴之中，亦陷于二阴之中，故水为坎。坎，陷也，险也。凿险而陷物曰"坎"。坎用牲是也。习，重也，习吉是也。上下重坎，故曰"习坎"。阳动故曰"水流"。陷于中而未出，故曰"不盈"。水惟险则行，故曰"行险"。中实故曰"孚信"。刚在中心象，故曰"心亨"。险惟行则济，故曰"往有尚"，又曰"有功"。"天险"，上卦。"地险"，下卦。"王"，九五。"公"，九二。法天之不可升，故设卑高贵贱之严；法地之不可逾，故设城郭沟池之固。有险之时不可不济，无险之用不可不设，故曰"大矣哉"。"习坎"之上疑脱一"坎"字。盖八卦无复名。

象曰：水洊至，习坎。君子以常德行，习教事。

水一至则易竭，再至则方增。君子法再至之水，以此进德，以此教民，皆方增无倦之意。"洊"，再也。

初六，习坎，入于坎窞，凶。
象曰：习坎入坎，失道凶也。

初六阴柔之小人，设险以陷君子，犹以为未，又设险中之险。"坎"，险也；"窞"，险中之险也。虞翻曰："坎中小穴曰窞。"以坎为未险而复穴其中，其陷君子不遗余巧矣。然阱人者必自阱，险人者必自险。绐道而陷善类，未有不自陷而凶者也。故宦者盛而党锢兴，党人死而宦者灭。初居坎之最下，故为"窞"。初一爻，穴之象。

九二，坎有险，求小得。
象曰：求小得，未出中也。

九二，其羑里之事邪？以刚毅之德，行中正之道，九二何罪焉？逢二阴之有险而陷其中，此君子之不幸也。惟以刚居柔，勿以刚竞，而以顺求，庶乎小济可，大济不可。"小得"，未出二阴之中故也。

> 六三，来之坎坎，险且枕。入于坎窞，勿用。
> 象曰：来之坎坎，终无功也。

六三以阴柔之资，处刚强之位，此小人欲为猖狂之举，妄意于见用而邀功者也。圣人则曰：斯人宜勿用，用之终无功。何也？欲有所来而退乎下，则入于险中；欲有所之而进乎上，则犯夫重险。进退皆险，故曰"坎坎"。遇险固欲济也，然倚奸险之人以求济险者，祗益其险也。"险且枕"之"枕"，倚也。"入于坎窞"，益其险也。训、注是已。

> 六四，樽酒，簋贰，用缶。纳约自牖，终无咎。
> 象曰：樽酒，簋贰，刚柔际也。

济险者，众则易，孤则难。九二求出险而未能出，盖内水所陷者深而不盈也。必外水洊至，则二水合而寝盈矣。六四，外水之再至者也，恃再至之势而不交于内水，则内无主；九二，内水之先至者也，恃先至之源而不纳夫外水，则外无援。六四之与九二，必也相交以礼，相示以质，相通以信，则庶乎险难之可济而终无咎矣。平交欢于勃而汉始安，峤自结于导而晋复振。"樽酒簋贰"，礼也。"用缶"，质也。"纳约"，信也。"自牖"，内外之通也。刚，九二。柔，六四。际，交际。六四、九二，非应也，而交际者，九二内水之主也，六四外水始至之客也。古语曰：同舟而遇风，则胡越相应如左右手。其九二、六四之谓与？"约"，如"约信盟誓"之"约"。

> 九五，坎不盈，祗既平，无咎。
> 象曰：坎不盈，中未大也。

险难之济否，视君子、小人之众寡。小人众而君子寡，则一君子不胜众小人；群臣皆小人而人主孤，则一贤君亦不胜群小。九五以刚中之德而履尊位，又有九二刚阳之大臣以佐下风，可以济险有余矣。然而仅能"无咎"者，如水之不盈而未平也。曷为其不盈而未平也？陷于上六、六四之中而未出也。唐之代宗、文宗是也。代宗陷于藩镇之险而未能出，惟郭子仪可以出之，然子仪自陷于朝恩、辅国谗波之中。文宗陷于宦寺之险而未能出，惟裴度可以出之，然度自陷于元稹、程异浸润之内。然则二君其如群小何？二臣其如二君何？"中未大也"，君虽有刚中之德，亦终不能成大功而已矣。九五、九二君臣皆陷于二阴。

上六，系用徽纆，置于丛棘。三岁不得，凶。
象曰：上六失道，凶三岁也。

君臣相正，国之肥；主圣臣贤，天下之盛福。上六安足以知此哉？挟阴邪之资，窃权势之重，而乘九五之上，立九五之前，此小人蔽君之明而制之者也。文宗曰："周赧、汉献受制于强诸侯，今朕受制于家奴，殆不如赧、献。"此《坎》之九五逢四阴之众，而又制于上六之强者与？然上六岂终免乎？宦寺诛而唐亦以亡，此"徽纆""丛棘"之祸也。三岁执之而不得者，强也；亦三岁而凶者，穷也。其暂虽强，其穷必凶。

离

≡ **离上**
离下

离，利贞，亨。畜牝牛，吉。

彖曰：离，丽也。日月丽乎天，百谷草木丽乎土，重明以丽乎正，乃化成天下。柔丽乎中正，故亨。是以畜牝牛吉也。

《离》者，明卦也，曰"利贞，亨。畜牝牛，吉"，何也？明蔽必察，明而养之以正，乃亨，故曰"利贞，亨"。明过必刚，明而养之以柔，乃吉，故曰"畜牝牛，吉"。"牛"，柔畜也。"牝牛"，柔之柔者也。离之义，丽也。火出于至无，生于至虚。丽于薪则无者有，虚者实，薪尽则复初。五在上，君也，天也；二在下，臣也，土也。君臣以明相重，各矜其明，而明无所丽，是犹日月不丽乎天，百谷草木不丽于土也，可乎？君之明丽乎正，即"日月丽乎天"。其明弥高，而不流于显宗、德宗之察。臣之明丽乎正，即"百谷草木丽乎土"，其明弥厚，而不堕于韩非、晁错之薄。此唐虞三代君臣之明也，其化成天下，宜哉！"柔中"谓六五，"柔正"谓六二，"牝牛"谓二阴皆坤，坤为母牛。"畜"，养也。

象曰：明两作，离。大人以继明照于四方。

明之奇者，其明孤而匮；明之两者，其明续而久。曷谓"明两"？六五不矜其明而续以六二之明，是日所不及而续以月，君所不及而续以贤也。故日月之明终古不忒，大人之明四方毕照。辨忠邪，知疾苦，烛幽侧，虑长久，皆照四方之谓。

初九，履错然。①敬之，无咎。

---

① 履错然：敬貌，犹云跛踖盘辟也。

象曰：履错之敬，以辟咎也。

初九以文明之德、刚阳之资，居离明之初，如火之始然，日之始旦。虽在下而未升，无位而未进，而其践履之实错然璀璨于天下，已不可掩矣。非晦其明则众之所忌，咎之所集。敬者，畏谨而晦其明也，故"无咎"。非无咎也，敬畏以避之也。夫子之少也，孟僖子已知其圣矣，然圣德彰而众忌兴，晏子、子西之贤，然且疑其害于国，于陈、蔡大夫乎何诛？曰：圣则吾不能，圣则吾岂敢？事君尽礼，为礼必敬，恂恂闾闾似不能言，故匡人不能杀，桓魋不能害。不然，何以避咎哉？

六二，黄离，元吉。
象曰：黄离元吉，得中道也。

六二当文明之世，居大臣之位，而能以谦柔之德，体中正之道，此其所以获甚大之吉，为一卦之盛也。周公、公孙硕肤以之。"黄"者，中之色。

九三，日昃之离，不鼓缶而歌，则大耋之嗟，凶。
象曰：日昃之离，何可久也？

君子哀乐必类。曹大子闻乐而叹，君子曰：非叹所也。故子于是日哭，则不歌。[1]九三歌未毕也，而嗟又继之，哀乐不类，何也？年过而耋，位过而昏，如日之昃也，其能久乎？免此者，其惟卫武公乎？九三，下卦之极，故为"日昃"，为"大耋"。离为日，九老阳，三不中，故"昃"。

九四，突如其来如，焚如，死如，弃如。
象曰：突如其来如，无所容也。

九四乘群下之上，逼近君之位，而席内外重火之气焰，故其兴暴然，其来

————————

① 事见《左氏春秋·桓公九年》："冬，曹大子来朝，宾之以上卿，礼也。享曹大子，初献，乐奏而叹。"

突然，如有纵焚之势而不可扑灭者。然下则九三，刚强而不可入；上则六五，中正而不可犯。此其火必至若烬而死，若灰而弃焉耳。何也？进退皆无所容也。管蔡、楚子围晋智伯以之。

六五，出涕沱若，戚嗟若，吉。
象曰：六五之吉，离王公也。

六五以文明之德，履至尊之位，而逼于九四之强臣，亦危矣。然能以柔居刚，晦之以柔，故明之以刚，始之以忧，故终之以吉。涕而嗟，忧之至也。然孰知沱若之涕，足以下焚如之威；嗟若之声，足以震突如之势哉！此成王《闵予小子》[①]，管、蔡难大之时也。宜卒平三监而吉与？曰"离王公"者，谓王公惟居离明之时，逢忧危之事，乃可吉尔。居昏世、遇危事，殆哉！

上九，王用出征，有嘉折首，获匪其丑，无咎。
象曰：王用出征，以正邦也。

上九以刚明之极而居上，此王者除元恶，以大正其国之事也。其成王显显令德、四征不庭之时乎？程子谓：去其首恶而非及其丑类，得之矣。

---

① 《闵予小子》:《毛诗序》云:"《闵予小子》,嗣王朝于庙也。"《郑笺》云:"嗣王者,谓成王也。除武王之丧,将始即政,朝于庙也。"

卷九

咸

䷞ 兑上
艮下

咸，亨，利贞，取女吉。

彖曰：咸，感也。柔上而刚下，二气感应以相与，止而说。男下女，是以亨，利贞，取女吉也。天地感而万物化生，圣人感人心而天下和平。观其所感，而天地万物之情可见矣。

《上经》首《乾》《坤》。《乾》《坤》，阴阳之辨。《下经》首《咸》《恒》。《咸》《恒》，阴阳之交。不辨分不严，不交情不通，故曰"咸，感也"。坤六三上而兑，乾上九下而艮，故曰"柔上而刚下"。坤之一柔上矣，二柔复下而艮；乾之一刚下矣，二刚复上而兑，故曰"二气感应以相与"。说斯感，感必止，感而不止必流，故利于贞而后吉。艮少男，兑少女，艮上兑而己下之，故曰"男下女"。天地、君臣、父子、兄弟、朋友、万物，皆以情相感而后通，姑举男女一端观之。然天气先降而后地气升，男先下女而后女德随，君先下臣而后臣志应。先主见孔明，得"男下女"之感矣。

象曰：山上有泽，咸。君子以虚受人。

山受泽，山之虚；心受人，君子之虚。虚故感，感故应。

初六，咸其拇。

象曰：咸其拇，志在外也。

易者，象也；象者，肖也。如《噬嗑》之象，则肖乎颐中有物；如《咸》之象，则肖乎人之一身。初与二肖乎足，三与四与五肖乎身，上则肖乎口，故初六为"咸其拇"。"拇"，大指也。举二大指，则足见矣。初六，拇也。咸而感之者谁也？九四也。九四之体，一身之心也、拇也、腓也、股也、脢也、辅颊舌也，听乎心而动静者也。九四说之初，初六止之初，初与四应者也。九四之感初六，欲行者也。而初六止而不行，是心行而足止也。鲁宣不能食叔肸，季氏不能宰子骞是也。九四说而不止，曰"志在外"者，欲外物而心不正也。初，内也；四，外也。

六二，咸其腓，凶。居吉。

象曰：虽凶居吉，顺不害也。

二与五应，二行五之感而应，可也。而二之体则腓也，股之下，拇之上，盖胫之肉，所谓足肚者也。其往无故而自动，不待感而动者也。钟不叩而鸣则妖，石非言之物而言则怪，有不感而动者乎？秦孝公三不听商鞅之说，而鞅三变其说以入之，非不感而动乎，故凶。使鞅顺义命而安居焉，安居而不妄动以求入焉，则亦吉而不害矣。伊尹、傅说、吕望、孔明，感之而不应者有矣，未有无感而应者也。六二，以阴居阴而顺者也，其位吉，其体凶。

九三，咸其股，执其随，往吝。

象曰：咸其股，亦不处也。志在随人，所执下也。

三为一卦之股，居足之上，身之下，不自动也，随人之身而动也。自动则妄，随人则牵，故九三之与六二，其动异，其失均也。九三孰感而孰随也？感于上六之说而随之也。上六，女之说、说之极、极而流者也，而九三刚躁以随之。所随者正，其敝犹不正；所随不正，其敝若何？如贡禹之从王凤，五鹿之从石显，志在随人，不择其人志之所执。每执愈下，岂惟"往吝"而已？

九四，贞吉，悔亡。憧憧往来，朋从尔思。

象曰：贞吉悔亡，未感害也。憧憧往来，未光大也。

九四在一卦之体，如一身之心也。不言心而言思，责其废心而任思也。心者，身之镜；思者，镜之翳。镜则虚而照，思则索而照。虚而照，无物也；索而照，有物矣。惟无物者见物，有物矣，安能见物哉？故虚而照则明，索而照则昏。仲尼系之曰"天下何思何虑"。盖此心何思何虑则虚，虚则贞，贞则吉，何悔之有？今也不然，憧憧焉役思于事物往来屈伸之变，故思未能感通于事物，而事物万绪，朋来从之，而不胜其扰且害矣。非如贞吉无思之时，未感而无害也。以思穷物，适以物穷思，安能穷神知化而成光大之盛德哉？唐德宗之猜忌以之。

九五，咸其脢，无悔。

象曰：咸其脢，志末也。

王弼云：脢者，心之上，口之下，其膺膈之间乎？此一身至虚无思之地也，九五当之。宜其为咸感之盛也，止曰"无悔"，何也？盖无思而神则明，无思而不神则昏。神者，心也；不神者，膈也。膈虽无思，昏懵而已，九五是也。系二说上，不忘其本而志其末。二与上皆阴柔不正之人也，而九五系之、说之，虽无思也，非昏懵乎！元帝之优柔不断，似至虚、似无思而非也，系、说恭、显故也。九五皆阳刚也，而其位在咸，如一身之脢也。脢也不柔，亦无用之刚而已。

上六，咸其辅颊舌。

象曰：咸其辅颊舌，滕口说也。

上六居说媚之极，有启口之象，是小人之在上，近君用事，以口才而感动九五之君者也。其公孙衍、张仪、淳于髡、陈贾之徒与？夫吾之一身，感之至易者也。感而非其道，虽一身不能相使，如咸之自拇、自颊是也。血气流通、精神洞达，则一身轻于一羽；血气壅阏、精神漂离，则一指重于百钧，而况天地之于万物，圣人之于万民，与夫父子夫妇、兄弟朋友之间乎？故《咸》之六爻有不感而应，有感而不应，有应感而失其应，有思感而不胜其应，有不感不应而为无用之感应，有非道之感而不许其应。然则，咸感之道岂易乎哉？

恒

震上
巽下

恒，亨，无咎，利贞，利有攸往。

象曰：恒，久也。刚上而柔下，雷风相与，巽而动，刚柔皆应，恒。恒，亨，无咎，利贞，久于其道也。天地之道，恒久而不已也。利有攸往，终则有始也。日月得天而能久照，四时变化而能久成。圣人久于其道，而天下化成。观其所恒，而天地万物之情可见矣。

《咸》以少男下少女，此男女之新婚；《恒》以长女下长男，此夫妇之偕老。男下女则女随，女下男则男尊，男尊女卑，尊卑定位，然后天地、日月、春秋、君臣、父子、长幼之常分正矣。正则可久，久则可恒，故曰"利贞"。"刚上"谓乾之初升而震，"柔下"谓坤之初下而巽。"终则有始"，荀爽谓乾气下终复升上，居四而为始；坤气上终复降下，居初而为始。程子谓动则终而复始，所以恒而不穷。若夫夫妻反目，父子相夷，君臣罔终，朋友隙末，皆失恒之道矣。

象曰：雷风，恒。君子以立不易方。

终始变化者，恒之道，所以久而不穷。"立不易方"者，恒之节，所以久而不变。

初六，浚恒，贞凶，无攸利。

象曰：浚恒之凶，始求深也。

四应初，理之常；初求四，亦理之常。然不安于义命，而躁于求，挟阴柔之资，持巽人之术，相求之始，不量其交之浅深，而遽深求于其上，虽正亦凶，何利之有？盖势利之涂犹万仞之渊，深则没，浅则出，君子疾趋而避之且恐不免，而又求深，可乎？贾捐之荐杨兴之为京兆，以杨兴之荐己于上前是也。不然，贾谊之说文帝，京房之说孝元，所谓虽正亦凶者与？

九二，悔亡。
象曰：九二悔亡，能久中也。

以阳居阳，常也；九二以阳居阴，非其常也，宜悔而亡者。二五相应，皆恒久于中道者也。人皆曰予知择乎中庸，而不能期月守也。三月不违，一善不失，其惟颜子。故择中庸，无祗悔。仲尼皆以许之。

九三，不恒其德，或承之羞，贞吝。
象曰：不恒其德，无所容也。

九三以刚躁之资，处上下之间，当雷风之交，动而无恒者也。其德无恒，不可以作巫医、为卜筮，难乎免于羞辱矣。盖忽忻骤忿，父不能以安其子；初正终谲，士不能以孚其朋。如郑朋之两从，吕布之屡叛，人谁纳我？宜其无所容身也。

九四，田无禽。
象曰：久非其位，安得禽也。

九四以阳居阴，以刚居柔，非其位也。然久居而不去，贪得而不止，如日猎而不反者，安得禽之获哉？扬雄久居莽贤之间，官不过侍郎、执戟是也。金门玉堂非其时，则有道者不处也。顾雄欲之而不得者，作《易》者其知雄之心者耶？

六五，恒其德贞，妇人吉，夫子凶。

象曰：妇人贞吉，从一而终也。夫子制义，从妇凶也。

夫强于妇，其敝犹弱；君强于臣，其敝犹柔。今也五，君位也；六五，长男之正体也。为君则柔弱而下从九二之强臣，为夫、子则柔弱而下从九二之强妇，以此为恒。此妇人之以顺为正，以一守顺则吉也。为君为夫，制义自我者也而用之，凶于而家，害于而国，必矣。其鲁哀、晋元之世乎？

上六，振恒，凶。
象曰：振恒在上，大无功也。

处静者如奉盈，惧其动也；处动者如操舟，愿其静也。处动者犹愿其静，处静而愿其动也，可乎？上六居守恒之世，当处静之时，为在上之臣，谓宜镇以安静之治，可也。今乃挟阴邪之资，居震动之极，必欲振而摇之者，志于要功而已。圣人探其志，而折之曰"大无功也"。桓温枋头之役，殷浩桑山之师是已。功安在哉？

遁

乾上
艮下

遁，亨，小利贞。
象曰：遁亨，遁而亨也。刚当位而应，与时行也。小利贞，浸而长也。遁之时义大矣哉！

吾读《易》至《遁》而叹曰：《遁》，其见圣人之心乎！圣心焉在？曰：在天下而不在一身，故曰"遁亨，遁而亨也"。"遁而亨"者，穷于进而通于退。虽然，圣人之退，圣人之通、天下之穷也，圣人岂悻悻然决于退哉？五以刚阳当君位，而与二为应，其时犹可与有行者乎？二阴虽长于内，然渐而未骤，四阳犹盛于外，其势犹可以小有所正，而未至于大坏也乎？孔子去鲁而行之迟，孟子三宿出昼①而犹曰速，圣人之心在天下如此，故曰“遁之时义大矣”。言其进退之时，去就之义甚大而未可躁也。故小人之于一身，微幸于万一；圣人之于天下，亦微幸于万一。

象曰：天下有山，遁。君子以远小人，不恶而严。

卦之名，有以象，有以义。“地中有山，谦”，象也；“天下有山，遁”，义也。何谓义？取二阴长于内，四阳将消于外，三变则为否也。其义为阳避阴，君子避小人，故曰“遁”。“遁”者，退而避也。退而避者，岂必江海山林然后为遁哉？大遁遁于朝，小遁遁于野。舜遁共、驩不于历山，旦遁管、蔡不于曲阜，孔子与阳货同国，孟子与王驩同事，故曰“君子以远小人，不恶而严”。孔子答货曰：“诺，吾将仕矣。”孟子与驩朝暮见，何疾恶之有？见货亦瞯亡，见驩未尝与言行事，何不严之有？惟不恶故不害，惟严故不污。

初六，遁尾，厉，勿用有攸往。
象曰：遁尾之厉，不往何灾也。

进处后则远利明，退处先则远害蚤。处遁之世，上九刚而知几，则最先遁。九五刚也，则又遁。九四刚也，则又遁。故上为“肥遁”，五为“嘉遁”，四为“好遁”，皆喜其蚤也。初六柔而不能决，止而不能行，又居遁之最后，故为“遁尾”，故危厉而灾。扬雄仕于莽，蔡邕仕于卓是已。曰“勿用有攸往”，又曰“不往何灾”，言其往之不蚤，今往无及也。程子曰：它卦以下为初，遁欲在前，故初乃为尾，尾在后。

六二，执之，用黄牛之革，莫之胜说。
象曰：执用黄牛，固志也。

六二不言遁者，二遁之主也，四阳为我而遁者也。以阴长之极，居大臣之位，圣人幸其柔顺、中人之资，不能为奸雄之魁也。又忧其执柔顺之不坚也，

---

① 昼：古地名。在今山东淄博市临淄西北。

则己未必能乱天下，而无固志以从乱者有矣。张禹从凤，孔光从莽，皆大臣之柔顺而无固志者。"黄"，中也；"牛"，顺也。"执"与"革"，皆坚也。坚执柔顺，则其顺不可胜言矣。

九三，系遁，有疾厉，畜臣妾吉。

象曰：系遁之厉，有疾惫也。畜臣妾吉，不可大事也。

九三非无刚明之质，而昵系于二，恋恋而不能遁，亦终于危害而已。此纪、唐之所以愧龚胜，[①] 机、云之所以愧张翰也。[②] 昵系非大人之事也，臣妾小人之事也。以己臣妾人则吉，以己臣妾于人则危。

九四，好遁，君子吉，小人否。

象曰：君子好遁，小人否也。

遁而诚为"好遁"，隐而伪为"素隐"。好遁者，如好好色。[③] 素隐者，如乡原，德之贼。[④] 隐而伪，不若不隐而诚也。九四以乾之初，当遁之世，知遁之早，味遁之腴，宜其好遁之笃也。故圣人许其为君子，赞其为吉，又叹其非小人之所能为也。微陋巷之颜，汶上之闵，舞雩之曾，其谁实当之？

九五，嘉遁，贞吉。

象曰：嘉遁贞吉，以正志也。

九五以天德宅君位，而当遁之世，其将焉遁？而亦曰"嘉遁，贞吉"，又

---

① 纪逡、唐林、唐尊等人皆屈身仕王莽，而龚胜耻事莽，被使者逼迫绝食而死，故有此言。

② 晋惠帝太安二年（303），陆机、陆云被成都王司马颖杀害。张翰则以思吴中莼菜羹、鲈鱼脍为由辞官得免。

③ 语出《大学》："所谓诚其意者，毋自欺也。如恶恶臭，如好好色，此之谓自谦。故君子必慎其独也。"

④ 语出《论语·阳货》:子曰："乡原，德之贼也。"乡原，也作"乡愿"，指貌似忠厚，实则与恶俗同流合污之人。

曰"以正志",何也？圣人，天也。天不能违时，况圣乎？故尧舜遁天历，伊周遁天经，孔孟遁天意，是六遁者，遁之至嘉、志之至正者与？

上九，肥遁，无不利。
象曰：肥遁无不利，无所疑也。

上九以刚断之极，居遁之世，在无位之地，处一卦之外，遁之最先者也。自非道德之丰肥，仁义之膏润，安能去之无不利，决之无所疑乎？此孔子不脱冕而行，孟子浩然有归志之事也。

大壮

震上
乾下

大壮，利贞。
象曰：大壮，大者壮也。刚以动，故壮。大壮利贞，大者正也，正大而天地之情可见矣。

惟正故大，惟大故正。正则举天下万物莫能加，不曰大乎？大则举天下不正无所事，不曰正乎？正而大，大而正，天地之情不过是也，而况人乎！天地之情不可见也，以正大而可见。学者求道，舍正、大何适矣？四阳盛强，二阴微灭，大者胜则小者衰，刚者动则柔者退，强者长则弱者消，理之自然也。《泰》曰"小往大来"是也。

象曰：雷在天上，大壮。君子以非礼弗履。

不有"雷在天上"之巨力，不能有"非礼弗履"之至行。盖以雷震之威震其私，以天讨之师讨乎己。

初九，壮于趾。征凶，有孚。

象曰：壮于趾，其孚穷也。

初九以阳刚之资，当阳盛之时，宜其可以强而征也，而征凶信穷，何也？在下故也。在下而用壮，此贾谊欲去绛、灌，南蒯欲去季氏，所以凶且穷也。有孚者，信其必然也。

九二，贞吉。

象曰：九二贞吉，以中也。

九二居大臣之位，为众阳之宗，当大壮之世，曷不举一世以大有为、以慰天下之望乎？而循循然以刚居柔，以中自守，仅能"贞"而"吉"者，阳既壮矣，壮既大矣，又振而矜之，岂不以过中失正，而败吾大壮之势乎？故四门穆穆之日，舜无复四罪之举；四海皇皇之后，周公无复三监之功。至魏元忠之再相依违，无所建明；裴度之晚节浮沉，为自安计，岂《大壮》九二之谓哉？

九三，小人用壮，君子用罔，贞厉。羝羊触藩，羸其角。

象曰：小人用壮，君子罔也。

九三，强之极也，其强可以果于勿用，不可以果于用。故圣人戒之曰：用之则为小人，勿用则为君子。小人如羝焉，喜于斗而狃于胜。喜于斗，故技止于一触之勇；狃于胜，故怒及于无心之藩。然藩无心而能系角，易往而难反，终羁累其角而后已。"羸"与"纍"，古字通也。故虽贞而亦厉，而况不贞乎！阳处父、灌夫之徒是已。"用罔"，无所用也。"羸其角"，郑玄作"纍"。

九四，贞吉，悔亡。藩决不羸，壮于大舆之輹。

象曰：藩决不羸，尚往也。

九四居近君之位，得众阳之助，而能以刚居柔，不用其壮，此其所以贞也，故"吉"而"悔亡"。九三触藩而羸，九四不触而决者，九三遇九四之藩，而九四之上皆阴爻也，岂惟藩之决，亦无羸角之忧；岂惟角不羸，亦有往进之喜。舆之大，可往而进也；輹之壮，尤可往而进也。三十辐俱壮而舆可往，四阳俱协而时可往。此陆贾调和平、勃，以安刘灭吕之事邪？程子云："輹"与"辐"同。

六五，丧羊于易，无悔。
象曰：丧羊于易，位不当也。

六五当众阳盛强于下之时，乃能使众阳帖然而自丧者，正以柔顺和易之德而调伏之也，故"无悔"。然则六五之才虽与位不相当，乃所以为相当也，德逾于位，位逾于才故也。"羊"即四阳也。唐代宗以之。

上六，羝羊触藩，不能退，不能遂，无攸利。艰则吉。
象曰：不能退，不能遂，不详也。艰则吉，咎不长也。

上六以壮之终，居动之极，故亦有"羝触藩"之象。不能退，居众爻之上也；不能遂，处一卦之穷也，故"无攸利"。然犹幸其柔也，故"艰则吉"。君子之进也，揖必以二；其退也，辞止于一。唯其思之详也，是以进之难也。进之易，则退必难矣。上六之"不能遂"，非病也；"不能退"，乃病也。以阴柔之人，超六位之上，眷眷焉而不能退，上不过为张华，其下商鞅、李斯矣。"艰则吉"，在初而进之难也。至于其终，譬诸乘虎，下则死，不下亦死，好进而上人者，可不惧乎？

晋

离上
坤下

晋，康侯用锡马蕃庶，昼日三接。

彖曰：晋，进也。明出地上，顺而丽乎大明，柔进而上行，是以康侯用锡马蕃庶，昼日三接也。

晋之世，上则天子进乎德，有不已之明；下则诸侯进乎顺，有不已之报。进乎德，如日之出于地，愈升愈明；进乎顺，如地之承于日，愈下愈高。下顺上而不已，故上烛下亦不已，是以"锡马蕃庶"而恩者丰，"昼日三接"而礼之频也。君进于明，可也；臣进于顺，可也。诸侯，非在廷之臣也，在外之臣也，在外而不进于顺，则尾大而跋鳌①矣。坤为马，离为日，日出于地为昼。"三接"，下三阴也。"柔进而上行"，谓六五也。"康侯"，天子镇抚诸侯以安之也。上下相安，则天下安。

象曰：明出地上，晋。君子以自昭明德。

日有掩则明者噎，心有掩则明者盲。"明出地上"，则孰掩夫日？"自昭明

① 跋鳌："跋"通"蹠"，脚掌也。"鳌"为"戾"的古字，有违反、错乱、关节扭折之义。"跋鳌"谓脚掌扭曲反折，比喻乖舛，谬误。

德",则孰掩夫心？禹之恶旨酒,汤之不迩声色,不殖货利,彻其掩以自昭也。"自昭"者,自用其力以莹之之谓,故曰出如跃,昭德如濯。

> 初六,晋如摧如,贞吉。罔孚,裕无咎。
> 象曰：晋如摧如,独行正也。裕无咎,未受命也。

屹然于进退之初者,不诒凶于身；怡然于疑信之间者,不见咎于人。初六处进为之初,未受命于上。当是之时,必进则躁,必退则激,未见信而必其见信则诒且愁。必也屹然而立,则躁激消；怡然而裕,则诒愁泯。惟初六顺而静者能之。"晋如",进也。"摧如",退也。"罔孚",未见信也。杨氏以孟子进退有余裕当之,得之矣。

> 六二,晋如愁如,贞吉。受兹介福,于其王母。
> 象曰：受兹介福,以中正也。

六二以柔顺之德,逢文明之君,当亨进之位,能居中守正,以进为忧,而不以进为喜。若此,可以得吉矣,可以受庶马三接之大福于其君矣。蘧子冯避令尹之位,蔡谟辞司徒之拜,皆以进为忧者。"王母",君之柔中者也,六五是也。

> 六三,众允,悔亡。
> 象曰：众允之志,上行也。

六三以阴居阳,下不为六二之大臣,上不为九四之近臣,盖身退而德进,位卑而望高者与？故其志上进,以顺丽乎大明之君。志发乎此,众信乎彼,而其志得行矣,宜其悔吝之亡也。大则如二老①归周而天下从,小则如一隗②入燕而群贤至是已。下二阴皆顺上,故曰"众允"。

---

① 二老：指伯夷、姜太公。
② 隗：指郭隗。

九四，晋如鼫鼠，贞厉。

象曰：鼫鼠贞厉，位不当也。

处遁恶后，处晋恶先。九四以刚狠之资，超贵近之地，处群下之上，躐三阴之前，以康侯则逼乎王室，如郑庄之逼周；以近臣则僭乎王权，如桓温之僭晋。故贪夫位而不思释，畏乎下而恐见夺，如鼫鼠然，虽正亦危，况不正乎！贪者将上僭于六五，畏者犹下忌于三阴。上僭而其进不遂，以其君之明而不可犯也；下忌则其进有牵，以其僚之顺而从上者众也。使上暗如二世，下散如高贵乡公，九四其孰御？虽然，以刚狠之强臣，居逼近之高位，九四处之固不当也。处九四于不当之位者谁乎？

六五，悔亡，失得勿恤。往吉，无不利。

象曰：失得勿恤，往有庆也。

六五，柔主也，宜不立者也。宜悔吝，宜忧恤，宜非吉，宜不利，而圣人断然许之以"悔亡"，以"勿恤"，以"往"必"吉"、必"无不利"，又劝之以"往"则"有庆"。且夫"悔"则"亡"矣，六五庆也；"恤"则"勿恤"矣，六五又庆也；"往"则"吉"矣，六五又庆也；"往"则"无不利"矣，六五又庆也。是四庆者，它卦或得其一二，已为卦之盛。今六五柔主乃兼此四庆而有之，然则王之不立者，其福固如是乎？曰：主德尚刚。惟《晋》之一卦，主德不尚刚。曷为《晋》之主德不尚刚？曰：《晋》之主德如日之出地，此朝日也，天下已服其明矣。初出之朝日，而遽若方中之烈日，天下其不旱熯暍死矣乎？惟柔，故明而不虐、烛而不察、淑而不烈。大抵日中非日之盛，而莫盛于朝日；刚明非晋之盛，而莫盛于柔明。盖日之为明，朝则升，中则倾；君之为明，柔则容，刚则穷。六五，晋之盛明之主也，宜其福之盛也，孰谓其柔而不立哉？大则如商高宗之不言，小则如齐威王之不鸣。《书》曰"柔而立"，又曰"高明柔克"，六五以之。"失得勿恤"，谓得与失皆勿忧恤。六五，离也，为日，为火，虽柔犹刚也。

上九，晋其角，维用伐邑，厉吉无咎，贞吝。

象曰：维用伐邑，道未光也。

上九以刚明之资，进而至于首，又进而至于角，刚之极也。明极者必穷物，刚极者必触物，故不胜其刚而无所用之，维思攻伐人而已。夫明不自照，而用之以穷物；刚不自攻，而用之以伐人。若反其刚明而有自危之心，圣人尚许其"吉无咎"也。或挟其刚明而自以为贞固，圣人知其吝未光也。子玉刚而无礼，阳处父刚而干时，所以败也。《晋》，明卦也。而四阴吉悔亡，二阳厉且吝，德宗以明强自任，其未有得于此乎？"厉"者，惕厉而自危也。

明夷

坤上
离下

明夷，利艰贞。

象曰：明入地中，明夷。内文明而外柔顺，以蒙大难，文王以之。利艰贞，晦其明也。内难而能正其志，箕子以之。

易之道，有时，有人。逢其时，顾其人，用之者何如耳？如明夷之时，明之伤也，孰伤乎明也？地掩夫日，所以伤夫明也。惟能掩而不伤，是明夷之道也。是时也，何时也？纣之时也。是道也，孰能用之？用一卦之道者，文王也；用一爻之道者，箕子也。文王用一卦，故内焉离之文明，我则用之，以不失其盛；外焉坤之柔顺，我则用之，以服事殷。用是二者，是故以此蒙犯羑里之大难，而纣无所施其虐，此文王掩而不伤之道也。箕子用一爻，故不惟利于居易，而亦利于处艰。艰而利，利而正，盖不晦其明，则以艰险而伤其生，何利之有？不正其志，则以艰险而伤其明，何贞之有？大难以天下言，内难以一家言。纣之难，大能及天下，而不能及文王；小能及一家，而不能及箕子；此用明夷之力也。然象辞、象辞同曰"明入地中，明夷"，《易》之例未有也，恐此"明入地中"四字为衍。

象曰：明入地中，明夷。君子以莅众，用晦而明。

变而不穷者，易之道；用而不穷者，易之人。如《明夷》一卦，用之以处险，则为文王与箕子，明而晦；用之以居易，则为莅众之君子，晦而明。明而晦，故全己；晦而明，故烛物，故曰：推而行之，存乎人。又曰：神而明之，存乎人。

初九，明夷于飞，垂其翼。君子于行，三日不食，有攸往，主人有言。

象曰：君子于行，义不食也。

飞者不愿不高，今乃垂其翼，知其不可不退也；行者不能不食，今乃三日不食，知其不可不速也。可以退则退，可以速则速。君子当明夷之初，知其伤之者将至，故决焉长往而不顾，或者见议而不恤，何也？晦己之明，避上之暗，义当去之之速也，何食之暇？杨氏谓接淅而行[①]是也。当纣之时，其伯夷、太公避居海滨之事乎？

六二，明夷，夷于左股，用拯马壮，吉。

象曰：六二之吉，顺以则也。

六二居明夷之时，最不幸者也，何也？当此之时，惟晦者可免于伤，而六二乃有文明之德，此暗主所甚忌也，惟去者乃免于伤。而六五乃居大臣之位，此昏世之所不得去也。以其位之不得去，故有"左股"之伤。股肱左右者，大臣之象也。以其德之文明，故有马壮之拯。初九、九三，乾马用壮之助也。助之者壮，处之者顺，所以吉也。非吉之吉也，凶之吉也。既伤股矣，非凶乎？伤而获拯，非凶之吉乎？当纣之时，此正文王之事也。见囚者，伤股也。伯夷、太公归之，闳夭之徒脱之者，马壮之拯也。柔而恭，渊而懿，臣罪当诛，而天王圣明者，"顺以则"也。"则"者，有君人之大德，而乃有事君之小心，顺乎君臣之天则也。故诗人歌之曰"顺帝之则"，而仲尼今赞之曰"顺

---

① 接淅：语出《孟子·万章下》："孔子之去齐，接淅而行。"朱熹注曰："接，犹承也；淅，渍米也。渍米将炊，而欲去之速，故以手承米而行，不及炊也。"后以"接淅"喻行色匆忙。

以则也"。诗人、仲尼其见文王之心乎?

> 九三,明夷于南狩,得其大首,不可疾贞。
> 象曰:南狩之志,乃大得也。

六五当箕子,六二当文王,然则孰当纣乎?当纣者,其上六乎?上六位之高、暗之极,此明夷之主也。非纣当之,其谁当之?然则孰当九三?程子以为汤武之事是也。程子混而言之婉也,试别而言之,九三其武王之事乎?九三居下卦之上,而体离明之极,膺南面之望,而应上六之敌,是惟无狩,狩一而获明夷大害之首矣。然则缓其狩而不疾者,昭其至正也;志于得其首,而非志于利其得者,昭其不私也。非武王伐纣之事,其何事乎?故恭行天罚,是"南狩"也;胜商杀纣,是"大首"也;须暇五年,是"不疾"也;克相上帝,宠绥四方,曷敢越志,是"志得"也。

> 六四,入于左腹,获明夷之心,于出门庭。
> 象曰:入于左腹,获心意也。

上六,明夷之君也;六四,明夷之佐也。明夷之时,有昏暗之君而无阴柔小人之佐,孰与逢昏主之恶而伤君子之明哉?惟六四以阴柔之奸,居近君之位,是故挟左道、用非僻,以中其君之欲,至于深入其腹心而坏其中,探得其伤害君子之志意而肆于外,于是圣贤有不免于伤者矣。且暗主之与小人,何仇于圣贤而必欲伤之乎?盖上暗下明,恶易以形,此邪彼正,势难以并,此其理也。然小人知伤君子以逢其君,不知伤君子以伤其君。故得大首者,九三也;大首之所以见获者,非九三也,六四也。当纣之世,所谓六四者,其飞廉、恶来之事乎?出门庭者,出而肆于外。六四,坤之初也。坤为腹。

> 六五,箕子之明夷,利贞。
> 象曰:箕子之贞,明不可息也。

五,君位也,而圣人以箕子当之者,明夷之时,六五以阴居阳,以柔居刚,得中守正,阳刚之君子也。纣不足以当之,当之者,舍箕子而谁也?又箕子与纣同姓之亲也，此孟子所谓"易位之卿"也。箕子既有此嫌，而又与微子皆疑于商家及王之制，意其当时天下之望，亦或以六五之德与位归箕子与？此纣所以疑之之深，所谓内难者也。非为之奴以深晦其明，则居艰而不利；非守其贞而不同其恶，则明灭而或息。晦其明故全于人，明不息故全于天。五，阳明也；六，阴晦也。以六晦五，故为箕子之明夷。

上六，不明晦，初登于天，后入于地。
象曰：初登于天，照四国也。后入于地，失则也。

上者，六位之至高，故"初登于天"，而四国望之照临。上六者，昏德之终极，故"后入于地"，而天下失其所法则。是以既曰"不明"，又曰"晦"者，甚其昏之辞也。纣之嗣位，闻见甚敏，材力过人，其"初登于天，照四国"之时乎？及其以昏弃失德而为独夫，其"后入于地"而"失则"之时乎？

家人

巽上
离下

家人，利女贞。
象曰：家人，女正位乎内，男正位乎外。男女正，天地之大义也。家人有严君焉，父母之谓也。父父，子子，兄兄，弟弟，夫夫，妇妇，而家道正，正家而天下定矣。

正莫易于天下，而莫难于一家；莫易于一家之父子兄弟，而莫难于一妇。一妇正，一家正；一家正，天下定矣。故《家人》之卦辞曰"利女贞"。大哉，女贞之利乎！"女正"者，女非自正也，盖有正之者。孰正之？男也。正女以男，正男以父之身，正身以言行。前之二正在象，后之二正在大象与上九。然家人之职二，其道一。妇职顺，父职严，合严顺之道存乎正。严而不正，独严不行；顺而不正，独顺不立，故曰"利女贞"，曰"正位"，曰"家道正"，曰

"男女正，天地之大义"。天地之义，以男女正为大，而况天下万事乎！故曰"正家而天下定"。"女内"谓六二，"男外"谓九五，"父母"谓上九、六四。尊而在上者，"兄"谓九三，"弟"谓初九。"利女贞"谓巽长女、离中女。"正位""内外"谓名分。若吕、武南面，则男女易矣，名分乱矣。

象曰：风自火出，家人。君子以言有物，而行有恒。

巽，木也，风也，今舍木取风。离，日也，火也，今舍日取火。盖火本生于木，木者，火之父；风还出于火，火者，风之母。如家人夫妇、父子相生无已也。物必有自出，风自火出，教自家出，家自身出，故君子正言行以严身，严身以家，严家以天下。言必有物，言而无物则欺；行必有常，行而无常则伪。欺乎言、伪乎行而能正家者，无之。

初九，闲有家，悔亡。
象曰：闲有家，志未变也。

妇训始至，子训始稚，及其志意纯一而未变也。初九处家人之始，初而用阳刚之严治，有防闲之远虑，一日之正，终身之正也，何悔之有？此舜之刑于二女，文之刑于寡妻也。鲁桓公、唐高宗反是。

六二，无攸遂，在中馈，贞吉。
象曰：六二之吉，顺以巽也。

妇无遂事，必有尊也，言有夫也；妇职馈祀，必有敬也，言有先也。妇而遂事则僭，僭则家不齐，时有牝鸡鸣晨之祸；妇而不职则傲，傲则家必隳，时则有腐木为柱之祸。六二以柔顺之令德，宅壶内之正位，退然无攸遂，以尊其夫；劬然羞馈祀，以事所职，正孰大焉，吉孰御焉。故圣人赞而誉之曰"顺以巽也"。顺则安而不僭，巽则卑而不傲。此二女之事舜，太姒之事文也。褒、妲反是。

九三，家人嗃嗃，悔厉吉。妇子嘻嘻，终吝。

象曰：家人嗃嗃，未失也。妇子嘻嘻，失家节也。

正家之道，严胜则厉，和胜则溺。"嗃嗃"而严，严胜也；"嘻嘻"而笑，和胜也。然严胜者，虽悔厉而终吉，故圣人劝之以"未失"；和胜者，虽悦怿而终吝，故圣人戒之以"失节"。九三刚而过中，严胜者也，正家之道，圣人取焉。自九五、上九、六四而降，九三亦家人之长也，其一家之兄与？周公之诛管蔡、训康叔，得"嗃嗃"之义矣。庄公之于段，文帝之于长[①]，景帝之于武[②]，其"嘻嘻"者与？

六四，富家，大吉。
象曰：富家大吉，顺在位也。

善富家者，不宝珠玉，而以父慈子孝为珠玉；不丰粟帛，而以夫义妇听为粟帛。故六四之富而吉，吉而大，圣人释之曰：六四之富，非以富而富也，父子夫妇各顺其位而不相逾越，是谓富矣。《易》之"富家"，即《记》之"家肥"也。六四以柔顺而居下卦之上、上卦之内，其家人之母与？思齐太任[③]是已，舜母反是。

九五，王假有家，勿恤吉。
象曰：王假有家，交相爱也。

正家在政，睦家在德，正人在法，感人在心。使我正人易，使我爱人难；使我爱人易，使人爱我难；使人爱我易，使人人交相爱难。非以德睦之，以心感之，安能使之交相爱乎！九五以乾德之刚明，居巽位之中正，为天下国家之至尊，而爱心感人，巽而入之，此所以感假其家人以及天下，莫不人人交相爱，勿忧天下之不忧而自吉也。以文王为君，以太姒为妃，以王季为父，以太任为母，以武王为子，以邑姜为妇，其不交相爱乎？故诗人歌之曰："刑于寡

---

① 长：指淮南王刘长。
② 武：梁王刘武。
③ 太任：周文王之母。

妻，至于兄弟，以御于家邦。"此"交相爱"也。仲尼颂之曰："无忧者，其惟文王。"此"勿恤吉"也。

　　上九，有孚威如，终吉。
　　象曰：威如之吉，反身之谓也。

　　人能不以恶于子者事父，则天下皆舜；人能不以检于身者自恕，则天下皆文王。诚意中充，则德教外孚也。上九以过刚之威而严其家，未至也；以严家之检而诚其身，斯至矣。此其所以成家而享正家之吉也。九五，君也；上九，君之上，其文王之王季与？故周家之正，有刑于太姒者，有刑于文王者。九乾刚，故威；上巽极，故孚。孚者，诚乎身。

睽

　　　　　离上
　　　　　兑下

　　睽，小事吉。
　　彖曰：睽，火动而上，泽动而下。二女同居，其志不同行。说而丽乎明，柔进而上行，得中而应乎刚，是以小事吉。天地睽而其事同也，男女睽而其志通也，万物睽而其事类也。睽之时用大矣哉！

　　易通则穷，穷则通。"睽"者，人物之散也。离之火，兑之水，燥湿俱动而异就，物之散也。离，仲女；兑，季女，仲季同居而殊姻，人之散也。物聚则朋，散则孤。孤矣，焉得而不穷？然睽孤而"小事吉"，何也？散不可聚，睽不可合，凶不可吉，则无为贵易矣。兑之说丽乎离之明，是合睽也；六五进而上行，是合睽也；六五得中而应乎九二，是合睽也，故曰：易穷则通。合睽之道，又有大者，天地之判而合，男女之别而耦，万物之分而聚，非合睽之大乎！故仲尼赞之曰"睽之时用大矣哉"。故曰：易穷则通。

象曰：上火下泽，睽。君子以同而异。

禹、颜同道而异趋，夷、惠同圣而异行，未足为"同而异"也。孔子一孔子，而齐鲁之去异迟速；孟子一孟子，而今昔之馈异辞受。此同而异之也，乃一人自为水火矣。君子亦何必好同而恶异乎？

初九，悔亡，丧马勿逐，自复。见恶人，无咎。
象曰：见恶人，以辟咎也。

此圣人合初九、九四之睽也。善合睽者，与其亟也，宁舒；与其褊也，宁宏。盖初九之与九四，上下异趋而相叛，水火异性而相贼。惟相叛，故初九动而下，固不与九四而为徒；九四动而上，亦舍初九而不与俱。彼舍我而去，故有"丧马"之象。初九能听其去而"勿逐"，须其定而"自复"，是以"悔亡"。此合睽以舒不以亟之道也。相如之感廉颇，子仪之安光弼是也。惟相贼，故九四之火值初九之水则熄，初九之水值九四之火则涸，彼爨我而我涸，故有"恶人"之象。且水在火上则涸，今火在水上，亦能涸初九，何也？盖水火相遭，有自下涸上者，鼎釜是也，有自上涸下者，实水于中，而盛之以上覆下承之器，环之以上下四方之火是也。又离，日也；常旸 [1]，能焦大泽者也。初九之于恶人，能不以避为避，而以见为避，是以"无咎"。此合睽以宏不以褊之道。孔子见南子，孟子解子敖，陈寔吊张让是也。若非避咎乎恶人，则无所事于见恶人。孔子不见阳货是也。且初九，刚也，而能舒且宏，何也？说故也。初与四偕乾体而同阳德，乾为马，同故复。初九降屈以下于九四，故为"见恶人"。水在火下，故为"辟咎"。

九二，遇主于巷，无咎。
象曰：遇主于巷，未失道也。

此圣人合九二、六五之睽也。《睽》之诸爻，皆睽之睽，惟九二、六五乃睽之合，故"遇主于巷"。曷谓"巷"？《诗》曰"诞寘之隘巷"。《传》曰"行

---

① 旸：音 yáng，指长期干旱不雨。

及弇中"。"一与一，谁能惧我"？"弇"，亦狭道。"巷"者，道路之隘径也。曷谓"遇"？《传》曰"不期而会曰遇"。"遇"者，邂逅之适然也。今有二人而东西行者，适相遇于隘巷之中，趾之外无他地，路之外无它歧。虽欲逃，犹将遭之；虽欲隔之，犹将觌之。是其遭也，孰得而并？是其觌也，孰得而分乎？"一与一"故也。今诸爻皆不遇六五，而九二刚正之大臣，乃得遇六五宽柔之明主，六五皆不应诸爻，而乃应九二，此应之专而莫之分，遇之独而莫之并者，故曰"得中而应乎刚"，又曰"遇主于巷"。君臣之相遇如此，而止曰"无咎"，何也？有三不幸也。当睽之时，一也；主弱，二也；诸爻皆睽而寡助，三也。其平王、晋文侯之事乎？此所谓"小事吉"也。不然，高宗得一傅说，武宗得一德裕，"无咎"而已乎？"未失道"，道亦路也，必相得而不相失也。

　　六三，见舆曳，其牛掣，其人天且劓，无初有终。
　　象曰：见舆曳，位不当也。无初有终，遇刚也。

　　此圣人合六三、上九之睽也。且六三之于上九，正应也，曷尝睽而不合哉？睽之者，九二、九四也。我欲行而合上九，则九二牵我舆于后；我欲进而遇上九，则九四掣我牛于前。六三以柔居刚，惟柔故下不能制九二，惟刚故上进而犯九四。彼阻我而不得进，我犯之而必进，彼在我上，其伤我必矣。"天"言上，"劓"言伤也。然六三以柔顺之德，和说之极，而居二阳之间，处重险之位，位不安而德足以调伏于二刚，又遇上九之应，九主之于上，故睽于初而合于终也。子产相郑之初，驷、良方争，南晰相攻，子产谓子皮曰：国小族大，不可为也。有欲攻子产者，有欲杀子产者，而子产能焚谤书，赂伯石，以和柔调伏之，子皮、子太叔又力主之，郑遂以治。得六三之义矣。六三坤体，为中，为舆。

　　九四，睽孤，遇元夫，交孚。厉，无咎。
　　象曰：交孚无咎，志行也。

　　睽者，乖之极；孤者，睽之极。九四以独阳处二阴之间，孤立而无与，危厉之不暇，乃能"无咎"，此已幸矣。又得行其志以合天下之睽，何也？与在下之善士，如初九之同德，相遇以诚，相交以信，是故孤者朋，睽者合，何志之不可行？何难之不可济哉？举朝皆武氏之臣，而狄仁杰以一身徇唐，非孤立于睽离之世乎？乃下荐洛州司马张柬之。荐一柬之而五柬之合，与仁杰而六，周复为唐，仁杰之志行矣，岂惟无咎？又何厉矣？"元夫"，善士也。

    六五，悔亡，厥宗噬肤，往何咎。
    象曰：厥宗噬肤，往有庆也。

创巨者，其愈迟；伤浅者，其合易。[①] 天下睽离之时，此亦创巨痛深之病也。六五乃以阴柔之资而君之，宜其悔，宜其咎，宜其合睽之难也。今也乃能合天下之睽，如伤肌之浅而合之之易者，何也？得九二阳刚之宗臣以佐之之力也，是以"悔亡"，是以"何咎"，是以"有庆"。大哉，佐乎！有其人，虽弱君且能合天下之离，而况得刚明之君乎！程子以成王、周公，刘禅、孔明当之，得之矣。"噬肤"，伤之浅也。

    上九，睽孤，见豕负涂，载鬼一车。先张之弧，后说之弧。匪
  寇，婚媾。往，遇雨则吉。
    象曰：遇雨之吉，群疑亡也。

上九有六三以为正应，非孤也，而云"睽孤"者，居离明之极，过于明也。过于明，故过于疑；过于疑，故无往而非疑。"见豕负涂"，疑其秽己；"载鬼一车"，又疑其祟己。"先张之弧"，疑其为寇而害己；"后说之弧"，又疑其可亲而非害己。疑心群起而若不可解者，为六三者安得而近之？此上九之所以孤也。然惟天下之至明，为能生天下之至疑；非天下之至明，亦不能释天下之至疑。其初杂然而疑，其后涣然而释。以上九之至阳，遇六三之至阴，阴阳相和而为雨，则群疑释然而俱亡矣。当其善疑也，似唐德宗之于萧复、姜公辅；及其疑之亡也，又似成王之于周公。要之，皆不及昭帝之于霍光，先主之于孔明矣。"先张之弧，后说之弧"，以画卦之象言也。解在下《系》，盖取诸《睽》章。

---

    ① 〔明〕胡广等《周易大全》于此句前有："厥宗者，五与二应，而二为宗臣也。"

卷十一

蹇

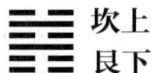

坎上
艮下

蹇，利西南，不利东北。利见大人，贞吉。

彖曰：蹇，难也，险在前也。见险而能止，知矣哉。蹇利西南，
往得中也；不利东北，其道穷也；利见大人，往有功也。当位贞吉，
以正邦也。蹇之时用大矣哉！

处蹇之道二，曰静，曰动。济蹇之道四，曰择，曰避，曰才，曰德。坎险
而艮能止，可谓智矣，此处险以静也；静而审则动而济，非终止也。静而终
止，是坐敝舟而不求涉者也。动而不审，是暴虎冯河者也。往而得中，此济险
以动也。坤位西南，平夷之地也，求平易而利者往焉，不曰择乎？艮位东北，
坎位正北，皆峻阻之地也，逢峻阻而不利则止焉，不曰避乎？天下无大事也，
天下有大事，不有大人往必无功，不曰才乎？有大才以经天下，无大正以正天
下，虽得之，必失之，不曰德乎？蹇之时，非小难之时；蹇之人，非小才小德
之所可用，故曰"时用大矣哉"。西南卦多坤。

象曰：山上有水，蹇。君子以反身修德。

地上有山，险也；山上有水，险之险也。君子当重险之世，非德不免，非德不济，反身修德以俟之而已。

初六，往蹇，来誉。
象曰：往蹇，来誉，宜待也。

初逢难之始作，不幸也；在下而无位，不幸而幸也。往而进则必罹其殃，来而退则犹保其誉，宜静退以待时之平而已。获誉于乱世，不若无誉之安也。然名可得闻，身不可得而见也。此申屠蟠、管宁之徒与？

六二，王臣蹇蹇，匪躬之故。
象曰：王臣蹇蹇，终无尤也。

初、上、三、四，圣人皆不许其往，惟六二、九五无不许其往之辞者，当蹇之世，六二为王者之大臣，九五履大君之正位，君臣复不往以济难，而谁当往乎？"蹇蹇"者，多难而非一难也。大臣犯天下之多难，而捐躯以求济，何尤之有？然则以六二之"匪躬"而不闻济难，非尤乎？曰：捐躯在志，济难在才。六二阴柔，短于才也。圣人不尤之者，嘉其志而恕其才也。程子以李固、周顗当之，得之矣。

九三，往蹇，来反。
象曰：往蹇，来反，内喜之也。

九三以阳刚之才，居艮止之极，逢坎险于前，锐欲往而济难也，而圣人止之曰：往进则必蹇，来归则众喜，何也？三与上为应，而上六阴柔，不能主三以共济也。此刘瑜、陈蕃劝窦武速断大计，而武不从之事也。二子往而不反，其济否何如也？"内"，二阴也。

六四，往蹇来连。
象曰：往蹇来连，当位实也。

初六无位，九二无援，其不可往，固也。六四近君而当位，又不可往。然则蹇终不可济乎？四居上卦之下，当坎险之初，乃以阴柔之资应之，往则上入于坎陷之中，来则下接于无位之初六；进则无才，退则无与，此其实不可强也。不量其无才、无与之实，而抱虚以进，以求济大难，祗以益难耳。此公果与郈孙接连以伐季氏而昭公出，训与注接连以去宦寺而唐室乱之事也，可轻往乎？"连"者，接也。"实"者，量其实也。

> 九五，大蹇朋来。
> 象曰：大蹇朋来，以中节也。

九五以刚阳中正之君，当天下大难之世，而得六二"朋来"之助，宜其济难，无疑也。然仅能施其中正之节者，君刚而臣柔也。上不过为晋明帝、唐宣宗，下则高贵乡公、皇泰主①而已。

> 上六，往蹇来硕，吉。利见大人。
> 象曰：往蹇来硕，志在内也。利见大人，以从贵也。

上六以阴柔之资，居蹇难之极，是安能济蹇哉？故往则蹇益其蹇，退则其吉乃大。硕吉，大吉也。盖能一退，内则有九三刚阳之助，贵则有九五大君之见，是以吉且利也。然象言"利见大人，往有功也"，而五爻终无济难之功，上六"利见大人"矣，亦无济难之功，何也？"大人"，上下之达称，如言行不必信果，如正己而物正，如能格君心之非，孟子皆曰"大人"，岂皆指君上而言哉？上六"利见大人"，谓九五也。上六有刚阳中正之大人以为君，而九五无刚阳中正之大人以为佐，则是上六"利见大人"，而九五未尝"利见大人"也。初、上、三、四，或以无才，或以无援，皆不可往，则九五所恃以自助者，六二之大臣而已。而二复阴柔而短于才，则非所谓刚阳中正之大人也，谁与成济难之大功乎？象之言，盖叹九五之无助也与？

---

① 皇泰主：指隋越王杨侗。618 年，宇文化及弑杀隋炀帝，王世充、元文都等人共同拥立杨侗为帝，改元皇泰，史称皇泰主或皇泰帝。

解

震上
坎下

解，利西南，无所往。其来复，吉。有攸往，夙吉。

彖曰：解，险以动，动而免乎险，解。"解，利西南"，往得众也。"其来复，吉"，乃得中也。"有攸往，夙吉"，往有功也。天地解而雷雨作，雷雨作而百果草木皆甲坼。解之时大矣哉！

天下有难，常过于为；天下无难，常不及为。过于为则扰，不及为则偷。蹇至解，则难散矣。如西南之坤，安而静矣，害已除而无所往，故宜"来复"，而不可以过于为。高帝已定天下而复伐匈奴，过于为也。利未兴而"有攸往"，故宜夙为，而不可以不及为。高帝幸于苟安，安于秦陋，而不求复二帝三王之法度，不及为也。当解之时，圣人甚喜之时也。如冬闭之久而忽逢春生，天地之凝者散，雷雨之静者作，万物之勾者达。大哉，解之时乎！喜哉，解之时乎！

象曰：雷雨作，解。君子以赦过宥罪。

天地与物为新，故雷雨作，君子与民为新，故赦宥行。

初六，无咎。
象曰：刚柔之际，义无咎也。

六当患难解散之初，以柔道处刚位，适刚柔之宜，得"来复"之义矣，何咎之有？此光武谢西域，礼匈奴，却臧宫、马武之请之事也。

九二，田获三狐，得黄矢，贞吉。
象曰：九二贞吉，得中道也。

多难既彻，有攸往，夙吉。九二以阳刚之才，佐六五阴柔之主，急于有为之时也，则宜何先？莫急于纪纲，而又有急于纪纲；莫先于法度，而又有先于法度，去小人是也。霍光、上官并受武之托，丙、魏、恭、显杂居宣之朝，则是无难多难之始也。故当解之世，九二欲其获狐，六三戒其致寇，九四欲其解拇，六五欲其退小人，上六欲其射隼。一卦六爻，而去小人者居其五，然则召天下之多难者，果谁乎？君人者而何利于天下之多难，而何乐于近小人以疏君子哉？夫狐者，小人之妖，恭、显是也；拇者，小人之贱，通、嫣①是也；隼者，小人之鸷，宪、冀是也；负乘者，小人之僭，莽、卓是也。一卦之中，圣人五致意焉。其防难也，不为不谨矣。三狐，三阴也。一卦四阴而指其三者，不指六五。五，君位也。田者，力而取之也；矢者，我直则壮也；黄者，中而不过也。去小人而不力，虽去必来；去小人而不直，虽行必格；去小人而不中，虽甚必乱。三者尽矣，又能贞固以守之，则吉矣。不然，郑朋得以入望之，封伦得以入太宗矣。

六三，负且乘，致寇至，贞吝。

象曰：负且乘，亦可丑也。自我致戎，又谁咎也？

六三以阴柔之资、险诈之极，而位乎大臣之上，是何异于市井负贩之小人，一旦乘公卿大夫之路车驾马，以行于大逵乎？此窃位僭上之甚者也，孰不羞薄而丑之？虽贞犹吝，况不贞乎！其致寇也，必矣。致寇者，六三也。寇至而受其难者，不惟六三也。赵高僭秦以致胜、广，胜、广至而高与秦偕亡；赵忠、张让擅汉以致董卓，卓至而二竖与汉俱灭。盗斯夺之，六三谁咎也？解之君臣，其免盗乎？可不大惧也哉？

九四，解而拇，朋至斯孚。

象曰：解而拇，未当位也。

四以阳刚之贤，居近君之位，当大臣之任，而下比六三微贱在下之小人，

_____

① 通、嫣：指邓通、韩嫣。邓通是汉文帝宠臣，韩嫣是汉武帝宠臣。

则君子之友望望然去之。维解散其小人，则君子信其忠正而朋至矣。故蘧子冯比八人者，而申叔时远之；郭子仪任吴曜，而僚佐去之。"拇"，体之微而在下者也，小人之象也。"而"，汝也。

六五，君子维有解，吉，有孚于小人。
象曰：君子有解，小人退也。

六五当解之世，为解之君，虽以中和柔顺之资，而有解散患难之功者，维得其解之之要而已。孰为解难之要？维用九二、九四，一二大臣阳刚之佐，以解散小人而已。然则天下无多难，有一难，小人者，多难之宗；解难不多术，有一术，君子者，解难之源。故洪水非尧之难，而四凶过于洪水；四裔非四凶之威，而一舜烈于四裔。曰"君子维有解，吉"，言解之吉者，维用君子一事而已。程子云：孚，验也。用君子之验，验之于小人退而已。

上六，公用射隼于高墉之上，获之，无不利。
象曰：公用射隼，以解悖也。

"隼"，六三也。"高墉"，六三之负乘而窃高位者也。射而获之者，上六也。"公"者，大臣之称，即上六也。六三之悖乱，遇上六射而获之，则天下之悖乱涣然解散而无余矣。此解之终也，其周公归自东山之时乎？

损

坤上
兑下

损，有孚，元吉，无咎，可贞，利有攸往，曷之用？二簋可用享。
象曰：损，损下益上，其道上行。损而有孚，元吉。无咎，可贞。利有攸往，曷之用？二簋可用享。二簋应有时，损刚益柔有时，损益盈虚，与时偕行。

损之为卦，以泽之深益山之高，此损下益上之道也。以《乾》之上九降而为六三，以《坤》之六三升而为上九，此损刚益柔之义也。然损之道，有损奢以从俭者，有损不善以从善者，有损己以益人者，有损己而取人之益者，有损之损者，有损之益者，有不损之损者。其损七，其所以损者一也。"二簋可享"，损奢以从俭也。大象之"惩忿窒欲"，六四之损其疾，此损不善以从善也。初九之益六四，九二之益六五，六三之益上九，此损己以益人者也。六五之虚己以从诸爻之益，此损己而取人之益也。初九以己益人，而又酌损，此损之损也。六三以一人之损而得友，六五为损之主而得益，此损之益也。九二、上九之弗损，此不损之损也。故曰其损七。然知损而不知其所以损，则损者伪也。汉文却千里马而终之以俭，得其所以损也。晋武焚雉头裘而终之以奢，不得其所以损也。曷谓所以损？曰诚是也。文王曰"损，有孚"，仲尼曰"损而有孚"，言损之不可不诚也，故曰所以损者一。然损下益上，是剥下以厚上也；损刚益柔，是消君子而长小人也，可乎？曰：非是之谓也。损下益上者，不于其货，于其德；损刚益柔者，不于其道，于其政。《记》曰："为人臣者，杀其身有益于君则为之。"此损下益上之义也。《传》曰："政猛则施之以宽。"又曰："宽以济猛。"此损刚益柔之义也。圣人之言岂一端而已哉？然圣人之所谓损，不出于圣人之意，而出于天下之时，圣人何容心焉？国奢示之以俭，国俭示之以礼，故曰"二簋应有时"。强弗友刚克，燮友柔克，故曰"损刚益柔有时"。不然，凶岁不祭肺，施之丰年则隘；平国用中典，施之乱国则弛，故曰"损益盈虚，与时偕行"。卦形顶踵实而腹虚，有二器上覆下承之象，故曰"二簋"。

象曰：山下有泽，损。君子以惩忿窒欲。

此所谓损不善以益其善也。观兑之说，君子得之以惩其忿；观艮之止，君子得之以窒其欲。人之一性，如山之静，如泽之清。其忿也，或触之；其欲也，或诱之，岂其性哉？深戒其触之之端，逆闭其诱之之隙，损之又损，则忿欲销而一性复矣。

初九，已事遄往，无咎，酌损之。
象曰：已事遄往，尚合志也。

此损己以益人，损下以益上之事也。六四以阴柔而居上，非初九阳刚之贤应而助之，而谁也？然必应之而不有其应之之迹，助之而不居其助之之功，损之损、善之善者也。故事已则速去之，又从而酌损之，则可以无咎，而上合六四之志矣。鲁连却秦而辞其封，四皓安汉而不居其位，庶几初九之义矣。若至于宣帝之背负芒刺，宣宗之毛发洒淅然后去，则无及矣，况不去乎？

　　九二，利贞，征凶。弗损，益之。
　　象曰：九二利贞，中以为志也。

此损下益上，而有不损之损也。九二以刚阳之贤，而佐六五阴柔之君，所以益于君也。然以兑说之资，而济刚阳之德，此非所以为中正也。若非复损其刚，则流于不正不中之域矣，故戒之以"利贞"，戒之以"征凶"，戒之以"中以为志"，皆使之不得损其刚也。不损其刚，斯足以益其君矣，故曰"弗损益之"。魏元忠再相而变其公清，裴度晚节而安于浮沉，皆损其刚者也。"征凶"，谓行之以兑说则凶也。

　　六三，三人行，则损一人；一人行，则得其友。
　　象曰：一人行，三则疑也。

此六三损下益上之事，圣人慰存六三以损中之益之辞也。天下之理，消与长聚门，损与益同根。六三本乾三之阳也，与初九、九二，三阳同行者也。而六三独损而为阴，所谓"三人行，则损一人"也。圣人则慰存之曰：尔谓天下有损而不益者乎？兑三爻而六三一阴，则所谓"一人行"矣。一人行必得其友而不孤，故上九应之，是"得其友"也。六三在下，能损己以益上九；上九在上，亦降心以交六三。君臣相得，咸有一德，而莫或二之者，此舜得尧之事也。孝于父母，不得于父母；弟于兄弟，不得于兄弟，非"三人行，则损一人"乎？然无邻于历山，而尧为之邻；无侣于河滨，而尧为之侣，非"一人行，则得其友"乎？三人同行，其众可喜也，而见疑于二人；一人独行，其孤可吊也，而得友于一人，岂惟损益无定形哉？亲疏众寡，亦无定与矣。圣人因一人之行，而得致一之理，故仲尼系之曰"言致一"也。天地之化醇，男女之化生，亦若是而已矣。

　　六四，损其疾，使遄有喜，无咎。
　　象曰：损其疾，亦可喜也。

　　此圣人劝六四损己以从人，损不善以益其善也。去病必医，去过必师。六四之有疾，不医之以初九之师，何能损乎？然改过去疾而不速，犹在吝与咎之域也，速改则可喜而无咎矣。然则六四何为而有疾也？六四以阴柔之资，居下卦之上，宅近君之位，富贵诱于前，忿欲动于中，此其膏肓也。不有初九刚方之师友，其孰从而切磋救之哉？子产容国人之议己以自药，而不毁乡校，可谓能损其疾而"惩忿"。魏献子听阎没、女宽之讽谏以自警，而辞梗阳人，[①] 可谓能损其疾而"窒欲"。然曰"亦可喜"者，亦之为言次之辞也。无疾，上也；有疾而损之，次矣。

　　六五，或益之十朋之龟，弗克违，元吉。
　　象曰：六五元吉，自上佑也。

　　此圣人赞六五之损己从人，有损中之益之盛德也。六五以山岳配天之德，宅大中至正之位，为损卦之君。而其中空洞宽广、谦柔挹损以从在下之群贤，天下之有善者，所以皆说而愿增益其高大也。"或益之"者，"或"之为言，非一人可指之谓也。一人益之，十人朋而从之，龟筮亦皆从而弗违之。"人谋鬼谋，百姓与能"，此所以为大吉而"自天佑之"与！此大舜舍己从人之盛德也。

　　上九，弗损益之，无咎，贞吉。利有攸往，得臣无家。
　　象曰：弗损益之，大得志也。

　　此圣人赞上九不损之损之盛德也。上九居损之终，位艮之极。居损之终则必变之以不损，位艮之极则必止之以不损。当节损之世，下皆损己以益其上，上又能不损其下以益其下，宜其"无咎"，宜其"正吉"，宜其"利有攸往"，

―――――――――
　　① 事见《国语·晋语·阎没、叔宽谏魏献子无受贿》。

宜其"得臣无家"。无往而不得志也，故曰"大得志也"。大禹菲食而天下无饥民，文王卑服而天下无冻老，汉文集书囊、罢露台而天下有烟火万里之富实，皆《损》之上九也。"得臣"，谓得天下臣民之心；"无家"，谓无自私其家之益。

益

䷩ 巽上
　 震下

益，利有攸往，利涉大川。

彖曰：益，损上益下，民说无疆。自上下下，其道大光。利有攸往，中正有庆。利涉大川，木道乃行。益动而巽，日进无疆。天施地生，其益无方。凡益之道，与时偕行。

益之为道，以损人者施诸己，则约而丰；以益己者施诸人，则散而聚。"民说无疆"，不曰丰且聚乎？以卑人者施诸己，则卑而不可逾；以尊己者施诸人，则谦而尊。"其道大光"，不曰不可逾而尊乎？得此道者，是惟无动，动罔不利矣。是故天下无事，则下令如流水，事焉往而不行，故曰"利有攸往"。天下有事，则涉险如夷涂，难何向而不济，故曰"利涉大川"。事必行而难必济，夫岂吾一人独能之乎？其行也，或先之；其济也，或左右之，何也？道光而民悦故也。何也？损己而益人，卑己而尊人故也。圣人以此道而示人，至矣，犹曰未也，又曰何以动而罔不利乎？卑巽以动故也。震以动者，动必沮；巽以动者，动必进，故曰"益动而巽，日进无疆"。岂惟人哉？天地且然。天气降而施诸地，然后地气腾而生夫物，天且损上而益下，自上而下下，而况于人乎？故夫益人之道，非人为也，与天时偕行而已矣。惟圣人以己益人，惟圣人以天益己。大哉，益乎！《乾》之四在上，乃损阳而为阴；《坤》之初在下，乃益阴而为阳，此卦之"损上益下"也。《乾》之初九在上，乃逊《坤》之初六于己上，而己下之，此卦之"自上下下"也。震能动，巽能巽，故为"益动而巽"。初九为"天施"，六四为"地生"。"中"谓九五，"正"谓六二。"木道"谓震、巽皆木。"施""生"谓天地生木。

象曰：风雷，益。君子以见善则迁，有过则改。

风与雷相资而相益，程子言之尽矣。君子体之，以风之长万物而长一己，故"见善则迁"；以雷之威万物而威一心，故"有过则改"。风以长之，则益一善而为万善；雷以威之，则损不善以益至善。然则君子损己以益人，未至也；损己以益己，斯至矣。颜子服膺于一善，见善而迁者也。有不善必知，知不善必不行，有过而改者也。改过故克己，迁善故复礼为仁。大哉，颜子！

初九，利用为大作，元吉，无咎。
象曰：元吉无咎，下不厚事也。

不有益天下之大才，不可以任益天下之大事；不有益天下之大德，不可御益天下之大才。初九以阳刚之才，为震动之主，得六四近臣之应，是故位一卦之最下，而利于作益天下之大事。然圣人喜其才而忧其心，何也？大事者，非常之事也。如唐、虞之禅，汤、武之革，伊、霍之废立，旦、息姑之摄是也。有"利用为大作"之才，而无至善之德，且挟专权自厚之心，是于天下国家能吉而无咎乎？"元者，善之长也"，夫惟有天德之人为众善之长，且有不自厚其事之心，斯可以作天下之大事，兴天下之大利，为天下之大益，吉而无咎矣。不然，子之即尧、舜，吴濞即汤、武，桓温即伊、霍，王莽即周公、鲁隐乎！

六二，或益之十朋之龟，弗克违，永贞吉。王用享于帝，吉。
象曰：或益之，自外来也。

"或益之十朋之龟，弗克违"，此《损》之六五之爻辞也，而《益》之六二亦云，皆致柔虚中，自损有受之益也。然六五曰"元吉"，而六二曰"永贞"者，程子谓六五以柔居刚，六二以柔居柔，故戒六二以常永贞固则吉也。夫惟六二能虚中以有受一或人益之矣，十人之众又朋而益之，龟筮鬼神又弗违而益之，宜其为吾王所用，与之享上帝，而天亦益之以吉也。《书》曰"惟尹躬暨汤，咸有一德，克享天心"，又曰"吁俊尊上帝"，皆"王用享于帝，吉"之谓也。曰"或益之，自外来"，中不虚，外敢来乎？

六三，益之用凶事，无咎。有孚中行，告公用圭。
象曰：益用凶事，固有之也。

六三，柔体也，然居下之上，处刚之位，据动之极，见有可以益天下之事，则决然自我而益之，果于益而忘其专也。故圣人戒之不一而足，曰"用凶事，无咎"者，惟危难，不得已而用之则无咎；非危难，则有咎矣。若穰苴之斩庄贾，用之平世则专；纪信之乘王车，用之治世则僭是也。曰"有孚"者，惟有爱君益国之诚则可，不然，则行诈以益乱矣。若王莽之居摄，而假周公之忠是也。曰"中行"者，惟果于为益而不为过甚则可，不然，则乱常以济奸矣。若王敦之疾刘隗，而举兵内向是也。曰"告公"者，吾力可为而必告之君。若孔子欲讨田常则不敢专，而请于哀公是也。曰"用圭"者，祭祀朝聘无不用圭，动必以礼也。不然，非礼而动，虽益而不许。若赵鞅入于晋阳以叛，天王狩于河阳是也。圣人之五戒，可不惧乎？曰"益用凶事，固有之也"，则又宽其四而严其一矣。若曰惟凶事则固有是举，不然则否，然则有可以益天下之事，君子皆坐视而不为乎？曰益之而益，则奚而不可为？益之而损，则奚而可为？故陈、窦之益汉，训、注之益唐，兹益也不如其已。

六四，中行，告公从。利用为依迁国。
象曰：告公从，以益志也。

六四以柔居柔，又巽之下，以顺居卑，必进之于中，乃可有行也。然柔顺之极者，懦不能以自行，必告于公上而见从，乃可行焉；弱不能以自立，必舍其故国而用迁，乃可立焉；力不能以自迁，必得其与国以相依，乃可迁焉。故周迁依晋，郑、邢迁依齐，许迁依楚，皆弱故也。若盘庚之迁亳，高祖之迁长安，光武之迁洛阳，何依人之有？"以益志"者，六四非无益人之志，才不足耳。

九五，有孚惠心，勿问，元吉。有孚惠我德。
象曰：有孚惠心，勿问之矣。惠我德，大得志也。

九五以刚阳之才、中正之德，居益之时，为益之君，惠萌于心，天下不问，而蒙其益之吉。益被于人，天下信之而怀其德之惠，九五何道而臻此哉？有至诚益人之心故也。"有孚惠心"，上之诚也；"有孚惠我德"，下之信也。上下交孚，而九五之志得矣，二帝三王至矣。以仁率天下，而民从之，成康、文景其庶乎？《损》之六五言益而不言损，损之至也。《益》之九五言惠而不言益，益之盛也。程子云："阳寔在中，有孚之象。"王辅嗣云："益莫大于信，惠莫大于心。"

> 上九，莫益之，或击之，立心勿恒，凶。
> 象曰：莫益之，偏辞也。或击之，自外来也。

以善益己，己益而人不损；以利益己，人损而己不益。上九居益之极，位益之亢，而刚以上人，此非以善益己也？利而已，利之所在，可均而不可偏。上九不均之以益人，而偏之以益己；偏之以益己，而争之者至矣，故人皆莫肯益之。岂惟莫肯益之，有击而夺之者矣。惟其立心之偏利，而不知均利之常理，此其所以凶"自外来"也。中不偏，外敢来乎？鹿台、郿坞①是已。

---

① 郿坞：典出《后汉书·董卓传》：东汉初平三年，董卓筑坞于郿，高厚七丈，号万岁坞，世称郿坞。坞中广聚珍宝，积谷为三十年储，自云："事成，雄据天下；不成，守此足以终老。"后卓败，坞毁。

卷十二

夬

兑上
乾下

夬，扬于王庭，孚号有厉。告自邑，不利即戎，利有攸往。

彖曰：夬，决也，刚决柔也。健而说，决而和。扬于王庭，柔乘五刚也。孚号有厉，其危乃光也。告自邑，不利即戎，所尚乃穷也。利有攸往，刚长乃终也。

《夬》以五阳而决去一阴，以五君子而决去一小人，此舜举十六相去四凶，周公与十夫去三监之时也，宜其甚易而无难矣。而圣人于此有惧心焉，谓勿专倚乾之健，必济以兑之说，然后小人可以决去，而天下、国家可以和平而无伤也。古者孰有不以存小人而伤君子，不以去小人而伤国哉？汉之去宦官以袁绍，而汉亡亦以绍；唐之去宦官以崔昌遐，而唐亡亦以昌遐，去小人可易言哉？故以其有"乘五刚"之大罪，我是以声其罪而扬之于王庭；以其有不可忽之危机，我是以信其令而警之以惕厉；以其有不可恃之刚武，我是以告其徒以尚武之必穷；以其有一阴之犹存，我是以勉其往以必至于纯乾，而乃终夫扬庭之未既。惕厉之已至，乃有勇中之怯，健而说，决而和也。尚武之方戒，利往之复进，又有怯中之勇，说而健，和而决也。圣人之去小人，岂一端而足哉？"告自邑"，犹言告我家也，言遍告五阳也。

象曰：泽上于天，夬。君子以施禄及下，居德则忌。

泽卑则钟而聚，高则溃而决。"泽上于天"，高矣，安得而不决？君子观其决而及物之象，故不专利于己，而必施之以"及下"。观其高而必溃之象，故不敢居其圣，而必戒之以为"忌"。"忌"，如"道家所忌"之"忌"。

初九，壮于前趾，往不胜，为咎。
象曰：不胜而往，咎也。

初九，阳壮之初，位乎四阳之下，趾之象也；而决然行乎四阳之先，"前趾"之象也。倚一阳之壮，而不待四阳之长，锐于行而躁于往，欲以孤力而决去小人。一小人虽微矣，其易胜乎？胜在往先者胜，往在胜先者负，况不胜在往先者乎？故周公言"往不胜"，而仲尼断之曰"不胜而往"，宜其"咎"也。此阳处父抑赵盾，宋义排项羽，所以皆为"咎"也。

九二，惕号莫夜，有戎勿恤。
象曰：有戎勿恤，得中道也。

九二以刚阳之才，当夬决之时，得大臣之位，遇同德之君，有众阳之助，可以决而无疑矣。而能居柔以晦其刚，得中而戒于过，虽与四阳之盛，而决一阴之衰，乃惕然若临大敌，谆然若警夕掫。有备如此，虽有兵戎之骤至，亦勿忧恤矣。此狄仁杰从容存唐之事也。不然，无仁杰之志，而窃仁杰之迹，则为张禹、孔光、胡广、赵戒，尊养时贼矣。"莫夜"句绝。

九三，壮于頄，有凶。君子夬夬，独行遇雨，若濡有愠，无咎。
象曰：君子夬夬，终无咎也。

"壮于頄"，王辅嗣谓上六是也。頄者，颊之骨也，体之在上者也。九三外列乎五阳众君子之林，而内为上六一小人之助，此小人之谍，而君子之家寇也。虽然，不可疾，而可晓也。圣人晓之曰：来，汝九三，取凶在汝，取无咎亦在汝。汝，君子徒也。舍君子从小人，凶之道也；舍小人从君子，无咎之道也。"壮于頄"，是从小人也。"独行遇雨"，是从小人也。"君子夬夬"，是从君子也。"若濡有愠"，是从君子也。居下而壮乎上，处阳而应乎阴，非"壮于頄"之象乎？舍群阳而孑与之同志，应一阴而任己以独行，不惟应之，又与之和合，若阴阳之和而雨焉，非"独行遇雨"之象乎？弃同而即异，叛正而附邪，天下其孰能说之？此其所以凶也。汝曷不决，而又决以绝上六之交；汝曷不决，而又决以协群阳之志。"夬夬"者，决而又决也。"若濡"者，若上六之濡己而污己也。"有愠"者，以上六为羞恶而愠见也。去污以自洁，舍故以自新，天下孰不与之？此其所以"无咎"也。段纪明助阉尹而害忠烈，"壮于頄"而"独行遇雨"者也。温太真舍王处仲而归朝廷，"君子夬夬"而"若濡有愠"者也。为九三者，其亦谨所择以从圣人之晓己哉？九三与九四皆有君子、小人两从之嫌，而九三独"无咎"者，九四"闻言不信"，而九三"君子夬夬"也，何也？九三以阳居阳，九四以阳居阴也。

　　九四，臀无肤，其行次且。牵羊悔亡，闻言不信。
　　象曰：其行次且，位不当也。闻言不信，聪不明也。

　　兑为羊。九四，兑之初也。"臀"，下体。九四，兑之下也。羊者，性之狠也。阳者，德之刚。九四以狠济刚，宜其与群阳并进，以夬去一阴。今乃不然。九则阳之质，四则阴之位，以阳处阴，以刚居柔，于是百炼为绕指，夬决为不断矣。欲止而不进，三阳进之于后而见伤，是以有"臀无肤"之象。欲进而不止，则不当刚夬之位而弗果，是以有"其行次且"之象。欲从九五之牵于前而有行，则不能忍狠愎之性而必违，是以有"不信""悔亡"之言之象。刘牢之既从朝廷，复背朝廷；既从灵宝，复背灵宝。从顺，顺者不纳；从逆，逆者疑之。既不得为君子，又不得为小人。哀哉！以阳处阴，九二、九四同之。所以异者，九二中正，九四媚说也。

　　九五，苋陆夬夬，中行无咎。
　　象曰：中行无咎，中未光也。

　　"苋陆"，草之脆。"夬夬"，决之强。"中行"，决之和。"无咎"，决之安。"未光"，决之憾。九五为决小人之主，合众阳君子之助，以决上六一阴之衰，如拔苋陆之草不啻也，而何至烦吾君夬夬之极力哉？既决之极力而不遗余力矣，而又行之以中，而又仅能无咎，而又有未足为光大之憾，何也？易中有难，夬中有牵故也。一阴易去，而去之何难？强君易决，而决之奚牵？曰：惟小人易近而难远。非难远也，近之则难远也。近则宠，宠则尊，尊则僭，僭则强，强则难远。李辅国者，其初一家奴，而其晚号"尚父"，贯盈罪大，而代宗不敢显戮之，至遣盗以窃其首焉。杀之者，"夬夬"也。遣盗者，"中行"也。诛一小人而无变者，"无咎"也。然阴窃杀之，而不明正邦刑，亦可羞矣，是足为光大乎？九五其初近上六，而其终不得不去上六。上六恃宠而上其君矣，可得而去乎？九五忍耻而以中道去之，幸于无咎，变而已矣，何光大之有？程子云：苋陆，马齿也，故至脆。

上六，无号，终有凶。

象曰：无号之凶，终不可长也。

《夬》之上六见圣人之仁心，如天之大也，何也？不惟庆君子，而深所以吊小人也。曷为吊小人也？小人亦受中于天，与我同类者也，特不能克其利心，以复其良心尔。上六以一阴而乘五阳之上，自以为得矣，不知五阳长而己必消，及其消亡而后号咷。圣人曰：汝至于此，其勿号咷乎？其终有凶，而不可久长也乎？庶其未至于此者，犹可有改乎？《诗》曰："啜其泣矣，何嗟及矣。"其《夬》之上六乎？李斯父子、潘岳友朋临刑之时，正如此尔。

姤

䷫乾上
　巽下

姤，女壮，勿用取女。

象曰：姤，遇也，柔遇刚也。勿用取女，不可与长也。天地相遇，品物咸章也。刚遇中正，天下大行也。姤之时义大矣哉！

阴阳之相为消长，如循环然。剥者，阳之消，然剥极为复，不旋踵而一阳生。夬者，阴之消，然夬极为姤，不旋踵而一阴生。当一阳之生也，圣人未敢为君子而喜，必曰"朋来无咎"，言一阳未易胜五阴也。当一阴之生也，圣人已为君子而忧，遽曰"女壮"，言一阴已有敌五阳之志也。既曰"女壮"，又曰"勿用取女"，申戒五阳以勿轻一阴之微而亲昵之也。远之且不免，而况亲昵之若同室之人乎！此圣人所深忧也。文王之卦辞云尔，而仲尼释之曰"姤，遇也，柔遇刚也"，言五刚不幸而与一柔相遇也。一阴方壮，而五阳遇之，其势岂可久长哉？壮而不已，必至于剥。姤遇之时若是其大，可不戒哉？然则相遇之道遂可废乎？曰：柔遇刚，不可长也。若天地相遇，刚且中正，何可废也？天地不相遇，则物不生；君臣不相遇，则道不行。五阳，乾也；一阴，坤也，故曰"天地"。二、五皆刚且中正，故曰"刚"，曰"中正"。姤遇之义若是其大，其可废哉？不以一柔五刚之相遇而不戒，不以一柔五刚相遇之可戒，而废天地、君臣之相遇，此易之贵于变也。

象曰：天下有风，姤。后以施命诰四方。

天以风诰物，后以命诰民。

初六，系于金柅，贞吉。有攸往，见凶。羸豕孚蹢躅。
象曰：系于金柅，柔道牵也。

初六一阴始生，如豕之弱者，人之所忽也，不知其中心未尝忘蹢躅而踊跃也。惟于其方弱之时，系之于大车之金柅。系之，则有牵而不得逞。系之于柅，系之固也。系之于金柅，固之固也，如是则一阴止而不得上进，贞正之君子可以安吉也。若不有以系而止之，或听其往而进，则凶矣。高祖之封濞，明皇之不杀禄山是矣。且"系于金柅"，系何物也？"羸豕"也。先言"金柅"，而后言"羸豕"，不先得其系之之地，则逸其系之之物矣。

九二，包有鱼，无咎，不利宾。
象曰：包有鱼，义不及宾也。

仲尼于象辞发明遇之时义甚大，今观之九二以后，则见其时义之大矣。九二，君民之相遇，得其时义者也。九三、九四，君民之不相遇，不得其时义者也。九五，君臣之相遇，得其时义者也。上九，君臣之不相遇，后其时义者也。大哉，遇之时义乎！人之与物相遇欲速，相遇而不欲速则失时；相有不欲速，相有而欲速则失义。"鱼"者，众渔之所利也。众渔求鱼，一渔先得鱼，喜遇之之蚤也。喜于遇之之蚤，而急于得而有之，则鱼不可得而有矣。何也？取之必有其器也。大则网，纤则笱，然后有以包而举之。不然，急于取而徒手以往，则亡具甚矣，鱼岂为我有乎！故必有以包之，斯得而有之。"包"者缓辞，"有"者坚辞。取之缓，则有之坚矣。后虽有他人善渔者至，利亦不彼及矣，何也？吾遇之之时蚤，而取之之义缓也。"宾"者，他人之谓也。高祖先得关中，遇之之蚤也。汉先得之，楚后至而夺之。不惟夺之，反王我于蜀。我徐起而定三秦，天下卒为汉，而不为楚。此"包有鱼"而利终"不及宾者"也，又何殊咎之有？初六阴而在下，民之象也。鱼亦阴类，古者以鱼比民。九二以刚阳中正之德，居下卦君主之位，而首与初六遇，此遇鱼之最蚤者也，其德足以包有之而无咎。九三、九四二宾，其至已晚矣，安得利以及之乎？

九三，臀无肤，其行次且。厉，无大咎。
象曰：其行次且，行未牵也。

一卦五阳而一阴，五阳必争赴于一阴；一水众渔而一鱼，众渔必争取于一鱼。初六之一鱼，此九二、九三、九四之所争取者也。九二最近初六，最先遇初六，则初六之鱼已为九二所得矣。九三居九二之后而必争，争则必伤，伤则欲进而不敢进，自危而不力争。能不进而自危，虽不得鱼，亦无后灾，故"无大咎"。曰"行未牵"者，犹幸其不牵于鱼而必进也。孔明说先主，谓中原已为操所得，而江东已为吴所得，吴不可图而可以为援，此"次且"而"无大咎"也。三居二后，故曰"臀"。争鱼而伤，故曰"无肤"。《夬》之九四与《姤》之九三辞同，而九三"无大咎"者，九四以阳处阴，故柔而不决，遂坐"次且"之累。九三以阳处阳，故止而不行，乃得"次且"之方。

九四，包无鱼，起凶。
象曰：无鱼之凶，远民也。

九四非无刚阳之德以包纳初六，然曰"包"而"无鱼"者，四与初远而不相及，一也；四以阳处阴，又无中正之德，二也；四无君主之位，三也。四与初，宜相应者也。宜应而不应，三失故也。无德以得民，无位以临民，而又远民，宜吾民之归九二，而去我也。君而无民，无民而举事，安得不凶？"起"者，举事之谓。子干、子比自晋归，取楚而见杀，而蔡公弃疾乃得楚。二子远而蔡近，二子庸而弃疾贤故也。

> 九五，以杞包瓜，含章，有陨自天。
> 象曰：九五含章，中正也。有陨自天，志不舍命也。

此九五、九二之君臣，刚遇中正之盛也。九五以刚明之德，乃含其耀而不矜，以下逮九二中正之臣，如杞叶之高而俯包瓜实之美。九二以刚正之德，亦奉君命而不舍，以上承九五中正之君，如命从天降而决起盍归之志。君臣相遇之盛如此，一小人虽壮，何足虑也？尧下逮舜之侧微，"以杞包瓜"之象。舜遇尧为天人之合，"有陨自天"之象。何忧驩兜？何畏孔壬？固其理也。

> 上九，姤其角，吝，无咎。
> 象曰：姤其角，上穷吝也。

上九之吝而不遇者，时之后、道之穷也，非上九之咎也，何也？上九以刚阳君子之德，而自处于高亢不屈之地，是将何所遇哉？以我之高，遇彼之触而已。遇其角，遇其触也。天下之情，顺则合，乖则离。遇其触矣，何遇之冀哉？其为悔吝宜矣。虽然，上九何咎过之有？吾道也穷而已，安之可也。既曰"无咎"，圣人慰之之辞也；又曰"上穷"，圣人叹之之辞也。仲尼之道大，天下莫能容是也。孟老于行，荀废兰陵亦然，而况贾谊、仲舒、冯衍之徒与？《大壮》九三之"羸其角"，《晋》上九之"晋其角"，角在我也。《姤》上九之"姤其角"，角在彼也，角在彼而我遇之也。

萃

䷬ 兑上
坤下

萃，亨，王假有庙，利见大人，亨，利贞。用大牲吉，利有攸
往。

彖曰：萃，聚也。顺以说，刚中而应，故聚也。王假有庙，致
孝享也。利见大人亨，聚以正也。用大牲吉，利有攸往，顺天命也。
观其所聚，而天地万物之情可见矣。

"萃"者，天下生聚，全盛之极也。天地聚而阴阳和，万物聚而食货充，
君臣聚而大道行，万民聚而天下熙，此岂一人一日所致哉？圣人于其时也，前
必揆其所从，后必稽其所终。不揆所从，其散孰聚；不稽所终，其聚复散。昔
者天下之散也，何从而聚也？刑错不式之治，生于反商政之日；烟火万里之
富，生于除秦网之时，是可忘哉？"王假有庙""用大牲吉"，所以报萃之所
从而不敢有也。今者天下之聚也，谁得而散之？永嘉之祸生于平吴之功，天
宝之乱生于开元之治，是可惧哉？"利见大人"者，必求大人之助，屈己以见
之。"利贞"者，必守以贞正之道，无逸以终之，所以持萃之所终而不敢恃也。
"顺"，坤也。"说"，兑也。"刚中而应"，九五与六二也。

象曰：泽上于地，萃。君子以除戎器，戒不虞。

息者，消之初；盈者，虚之始；聚者，散之原。泽，水之聚也。"泽上于
地"，聚之聚也。物有聚而不散者乎？君子所宜，坊也。坊泽之聚者以坊，坊
治之聚者以备。"除戎器，戒不虞"，言有备也。此亦治之坊也与？

初六，有孚不终，乃乱乃萃。若号，一握为笑，勿恤，往无咎。
象曰：乃乱乃萃，其志乱也。

《诗》曰"士也罔极，二三其德"，其《萃》之初六乎？初六与九四正应也，而九四，君子之阳刚者也。初六与六二、六三同类也，而二、三，阴柔之小人也，始欲从九四之君子而隔于二、三；欲不从二、三，则昵于小人而私于同类。欲从君子者，其始有孚也；复欲从小人者，有孚而不终也。圣人晓之曰：尔何扰扰为志之乱，而妄欲与小人群聚乎？九四虽远，尔曷不号鸣以求应乎？尔与九四虽不终，然九四察尔初心之孚，固将舍旧而开新，与尔一笑而释然相聚矣，尔何恤于自新而不往乎？其无咎决矣。此圣人开初六自新之涂也。不开人以自新之涂，是驱天下之人而胥为小人也。魏舒初欲从乐盈之乱，既而乃归范宣子。召伯盈初已从王子朝之僭，既而乃从刘文公，君子与之。是圣人开《萃》之初六之义也。

> 六二，引吉，无咎，孚乃利用禴。
> 象曰：引吉无咎，中未变也。

君臣之聚会，始于相求，终于相信。臣固求君也，然君之求臣，甚于臣之求君。观汤之于伊尹，先主之于孔明，则见矣。然则何道以求之？星辰非能自高也，引而高之者，天也；贤臣非能自进也，引而进之者，君也。六二之进，非九五引之而谁也？故曰"引吉，无咎"，此相求于初之道也。及相得、相信之后，如骨肉、如一体，岂复事于外饰哉！中未变者，盖六二所守之中道，不以为上所引而有所变也。故冯唐之对文帝，张玄素之对太宗，初以为廷辱，卒尽其说。马援谓光武脱略边幅，魏徵告太宗不事形迹，皆心孚而文薄者也。"禴"者，祭之薄而无文者也，故以喻焉。此相信于终之道也。然六二德则中正，而才则阴柔也，自非阳刚如伊尹，孰得五去桀哉？如九五之引六二，幸及其中未变之时而引之，则得之矣。不然，如丁公之事楚，吕布之事魏，虽引之，何吉、无咎之有？

> 六三，萃如嗟如，无攸利，往无咎，小吝。
> 象曰：往无咎，上巽也。

六，阴柔也。三，不中不正也。挟阴柔不中正之资，其谁纳我？故进而求聚于九四之君子，则四非其类而不答；退而求聚于六二之大臣，则二非其应而不与。萃聚之不合，则戚嗟而无归，又何所利哉？圣人怜之曰：尔盍往从上六巽顺之正应乎？庶乎无咎，然终不免于悔吝也。此商鞅出走，而诸侯不纳之时也。《兑》之上六，反则为巽。

九四，大吉，无咎。
象曰：大吉无咎，位不当也。

九四以刚阳之资，居近君之位，下与民为聚，则尽得三阴之众；上与君为聚，则已逼九五之尊。此如陈氏之得齐民，司马氏之得魏民也。故圣人戒之曰：九四，必也柔顺谦退，如未居其位之时，有不敢当其位之意，则大吉而无咎矣。四幸而居阴柔之位故也。不然，非凶于而国，则害于而家也。

九五，萃有位，无咎，匪孚。元永贞，悔亡。
象曰：萃有位，志未光也。

九五以刚阳中正之德，当萃聚之时，为萃聚之主，岂不盛哉？然有其位而无咎矣，又曰"匪孚"，又曰"志未光"，乃若未盛者，何也？盖卦辞有"利贞"之戒，象辞有"聚以正"之戒，爻辞又有"元永贞，悔亡"之戒，非萃聚之难也，永其萃聚之难也。非永其萃聚之难也，永其贞正之难也。当天下之已孚，而惕然怀匪孚之忧；当志意之光大，而歉然有未光之志，可谓"元永贞"矣。宜其久安长治，有聚无散而悔吝销亡也。此伯益克艰之戒，周公无逸之规也。"元"者，善之长。

上六，赍咨涕洟，无咎。
象曰：赍咨涕洟，未安上也。

聚不极则散不生，治不极则乱不萌。上六以阴柔之资、说乐之尤，而居萃聚治安之极。此开元之末，燕游之所由兴；元和之季，宫室之所由侈也。故圣人戒之曰：临至乐以至忧之心，处已安以未安之虑，庶乎无祸咎矣。"赍咨涕洟"，忧之至也。

升

坤上
巽下

升，元亨，用见大人，勿恤。南征，吉。

象曰：柔以时升，巽而顺，刚中而应，是以大亨。用见大人，勿恤，有庆也。南征吉，志行也。

有位之升，有德之升。升位则足以行道，升德则足以进道。又曰：升之道必由大人，故升于位由王公，升于德由圣贤。又曰：升位而见大人，故无附丽小人之失；升德而见大人，则日入于君子之涂。"南征"，前进也。此程子之言，得之矣。然舜，大人也，能升禹稷；纣，亦大人也，能升飞廉；孔子，大人也，能升颜子；荀子亦大人也，能升李斯。四者之升，必有所分矣。君子之求升者，谨之。

象曰：地中生木，升。君子以顺德，积小以高大。

栋梁，拱把之积也；圣人，小善之积也。在积之有渐进而不已耳，而异端者曰一起直入，欺哉！

初六，允升，大吉。

象曰：允升大吉，上合志也。

初六柔而旁散，在一卦之最下，木之根也；九二、九三刚而上进，在初六之上，木之干也。然初六在下，而曰"允升大吉"者，木与土相信而相得，则木之升也必锐；士与主相信而相得，则士之升也必达，故曰"上合志也"。然则初六与谁合志哉？非六四而谁哉？初六与六四正应也，而初六，木之始生也；六四，土之最下而生夫木者也。六四为文王岐山之事，则初六其吕望渭滨之事也与？"允"，信也。

九二，孚乃利用禴，无咎。

象曰：九二之孚，有喜也。

当升之世，群贤升于位，君德升于圣，天下升于治之时也。然六五柔顺谦退之君，方歉然若有所未遑也。为之臣者不济以阳刚之才，可乎？惟六五得九二之臣，君臣交孚，是以尽其诚以大有为，而尽去外饰之虚文。臣有所当为则遂事而不为专，上有所重发则衡命而不为悖，皆"用禴"之义也。"用禴"已见《萃》之六二。文王之在岐山，内文明而外柔顺，召之而至，幽之而听，非闳散阳刚之臣尽力于外，吁其危哉！故曰：总干而山立，武王之志也；发扬蹈厉，太公之志也，其《升》之九二乎？如此而后"无咎"而"有喜"也。

九三，升虚邑。

象曰：升虚邑，无所疑也。

九三，木之生而出地者也，其长也，孰御之？九三以阳居阳，进而近岐山之王，其升也，亦孰御之？如升无人之境耳，故曰"升虚邑"，又何"疑"焉？其"济济多士，文王以宁"之时乎？

六四，王用亨于岐山，吉，无咎。

象曰：王用亨于岐山，顺事也。

四，侯伯之位也，而文王以上圣之德处之，天下方归往以为王，文王乃柔顺以事商。文王避之愈力，天下归之愈坚，此其所以亨于岐山之一隅，而有天下三分之二也。吉孰大焉？又何咎矣？

六五，贞吉，升阶。

象曰：贞吉升阶，大得志也。

升之时，乱升而为治，君升而为王。然则六五，升之主也，其孰当之？文王既当六四，则六五其武王乎？文王，柔顺也，故为六四。武王，放伐也，何亦为六五之阴柔乎？六，柔也。五，刚也，中正也。观兵而退，须暇五年，故诗人颂之曰"遵养时晦"，非以柔晦刚乎？夫惟尽天下之贞固，从文王之容德，不得已而后放伐也。故自君而升为王，如历阶而升也，宜其"吉"而"大得志"与！垂拱而天下治，是吾志也；拯民于水火之中，是吾志也；贵为天子，富有天下，岂吾志哉？

上六，冥升，利于不息之贞。

象曰：冥升在上，消不富也。

易，变也，变则通。上六以阴邪之小人，乘一卦之上，居升进之极，犹冥然冒昧求升而不已，宜其消亡而不富也。若进德之君子，变而通之，反而用之，移小人贪得不息之邪心，为吾求道不息之正心，何不利之有？大哉，易之道乎！岂一端而已乎！故《讼》之终凶，用之自讼则吉；《随》之说随，用之说随则凶。《乾》之初九有"勿用"之戒，而仲尼历聘以爱日；《咸》之上六有"滕口"之规，而孟子好辩以明道。《晋》之初未可以速进，故贵于"摧如"之退，然颜子最少而进未止；《益》之上不可以过益，故忌于"或击"之伤，然大舜已老而谦得益，故曰"神而明之，存乎其人"。若夫阴邪而在上，在上而冥升，终消亡而不富，非纣，其孰当之？

卷十三

困

䷜ 兑上
坎下

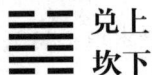

困，亨，贞，大人吉，无咎。有言不信。

彖曰：困，刚掩也。险以说，困而不失其所亨，其惟君子乎？
贞大人吉，以刚中也。有言不信，尚口乃穷也。

《坎》一阳陷二阴之中，《兑》一阴蔽二阳之上，皆刚掩于柔也。刚掩于柔，君子掩于小人，能不困乎？然困而亨，何也？亨不于其身，于其心；不于其时，于其道也。逢乎坎之险，处以兑之说，身虽困也，心未尝困也。困而不失其所亨，惟君子能之，故曰"亨"。不于其身，于其心，心曷为而亨也？说也。曷为而说也？贞也。曷为而贞也？中之刚也。刚于中者，百险不能陨其正；正于己者，千忧不能丧其说，乌往而不亨乎？此大人之事，故曰"亨"。不于其时，于其道，君子之说乐而亨，大人之刚贞而吉，其困亨一也，又何咎之有？若处困而求亨，求亨而尚言，将以求通，乃所以得穷也。圣人恐人不深味困亨之腴，而好径求困亨之蹊，夸以亨其鬻，佞以亨其竞，媚以亨其合，其谁信之？信于人，亦必不免于天，仪、衍、斯、鞅是已。故又戒之曰"有言不信，尚口乃穷"。然则困亨之义，于此乎？于彼乎？而王辅嗣曰：穷必通也，处穷而不能自通者，小人也。信斯言也，则甘藜羹、乐陋巷皆小人矣。二、五皆刚中，兑为口。

象曰：泽无水，困。君子以致命遂志。

泽之为泽，以有水也，今水在泽下，是无水之坳堂尔，此其所以为困也。君子居之，以其莫之致而困者安之命，以其所得为之义者遂其志。彼有所安，此有所遂矣。志乎尧、舜，遂之斯尧、舜矣；志乎孔、颜，遂之斯孔、颜矣，孰能御之？困之所以亨与？

初六，臀困于株木，入于幽谷，三岁不觌。
象曰：入于幽谷，幽不明也。

小人之掩君子，圣世所不能无也，况困之世乎？当困之世，不必得位之小人而后能掩君子也，虽在下无位之小人，亦嚣然有掩君子之志矣，初六是也。所幸者，进而求四之应，则四自厄于困之中，如枯株之不能庇；退而伏于二之下，则已自堕于坎之底，如幽谷之无所觌，此其所以欲困九二之君子而不能也。其叔孙、武叔、公伯寮之徒与？初者，卦之下体，故为“臀”。欲困君子而自困，欲掩君子而自幽，小人亦何利哉！

九二，困于酒食，朱绂方来。利用亨祀，征凶，无咎。
象曰：困于酒食，中有庆也。

小人之困君子，何仇于君子哉？不过如鸡鹜之争食，鸱鸢之吓鼠尔。小人所茹，君子所吐。九二阳刚之君子，为初六、六三二小人所掩。九二吐而去之，箪食瓢饮，有方丈之不如；草耕木茹，有五鼎之不易。所困者，酒食之末而已，吾何困哉？然户庭之不出，绂冕之自来；粢盛之弗设，精诚之自通，有吐食脱服而不得逃者，何也？时虽困也，身虽掩也，上有九五之君，有刚中之德，与己同德，而不与小人同道故也。然则小人能终掩君子乎？虽然，宁君己先，毋己君先，自我求焉，自我往焉，则凶又谁咎？非其事凶也，其道凶也。枉己正人，非凶而何？“中有庆”者，言不与小人争食，而刚中自守，所以有“朱绂”之庆也。“利用亨祀”者，以精诚通乎君，犹享祀通乎神也。使左右能止即墨之封，关、张能间孔明之密，则《困》之九二不足征矣。齐、蜀，霸者也，而况不为霸者乎！然则君子病不困尔，困何病哉？坎为赤，故为"朱绂"。"朱绂方来"，言自来，非往求也。

      六三，困于石，据于蒺藜。入于其宫，不见其妻，凶。
      象曰：据于蒺藜，乘刚也。入于其宫，不见其妻，不祥也。

月掩日则日食，日掩月则月食，阴阳消长，如循环也。天下岂有小人专掩君子之理哉！初六与六三夹九二而交掩之，小人长矣。不知夫六三者，进则困于二阳，如石之压其上；退则乖夫一阳，如棘之刺其下；下将奔初六之邻，则闭于一阳而不得出其所舍；上将求上六之援，则隔于二阳而不得见其所耦。于是外敌交至而反为君子之所掩，亲戚皆叛而尽失小人之所助。其管、蔡陷周公，燕、上官陷霍光之事邪？"妻"谓上六与己亲也。三阳上阴，故三以上为妻。

      九四，来徐徐，困于金车。吝，有终。
      象曰：来徐徐，志在下也。虽不当位，有与也。

气同则从，声比则应，各从其类也。易之相应，岂必以位哉？四与初应者，位也。《困》之九四，其应不在初六，而在九二者，类也。九四为上六所掩，其望九二之应，如乞师于邻国，以解入郢之围也。而九二徐徐而来者，隔于六三之阂其前，如金车之坚而不可却也。然阳进而不止，阴止而不进，吝于始，必通于终。盖四虽困于三之隔，然四之志乎二则不渝。二虽不当初之位，然二之与乎四则必应也。当困之世，为君子者，类苟同矣；应不在近，志苟通矣。来不在速，期于终不为小人所掩而已。陈平交绛侯以诛诸吕，仁杰荐柬之以诛二张，近乎《困》之九四矣。三在下，故为"车"。刚，故为"金"。又坎为舆。

      九五，劓刖，困于赤绂，乃徐有说，利用祭祀。
      象曰：劓刖，志未得也。乃徐有说，以中直也。利用祭祀，受
福也。

当困之世而不能拯也，小人掩夫君子而不能去也，君子掩于小人而不能白

也，则何贵于易哉？易有道焉，"存乎其人"而已。孰为"其人"？上有拯困之君，下有拯困之臣，则柔可消、刚可长、困可亨，吉矣。九五以刚中之才，正大之德，为困世之君，则上有拯困之君矣。九二之大臣又有刚中之才，九四之近臣又有阳刚之志，则下有拯困之臣矣。君臣同德，患不为尔，一有为焉，孰为小人？刑之以劓，刑之以刖。孰为君子？锡以冕绂，享以精诚。小人去而君子伸，始乎困而徐乎说。脱天下于困穷之渊，而跻天下于福庆之域，是易之道也。"志未得"谓未刑小人之时。"中直"即中正。

上六，困于葛藟，于臲卼。曰动悔有悔，征吉。
象曰：困于葛藟，未当也。动悔有悔，吉行也。

上之一爻，有处一卦之上者，有处一卦之外者。处上则为尊高之极，《乾》之上九是也；处外则为吉凶之轻，《困》之上六是也。九五、九二、九四之君臣，以阳刚之才，具中正之德，刑小人，用君子，拯一世之困而天下受福矣。上六以一阴之孤，处极困之后，出刑戮之外，亦适有天幸也。虽有掩君子之志，亦何从而逞哉？然始则为二阴之所萦，如困于葛藟之蔓而不得脱；终则乘二刚以自危，如据于臲卼之几而不得安，动亦惧祸之及，故曰"有悔"。圣人于此开其三面，可也；遏其归师，不可也，故许其"征吉"，又许其"吉行"，皆纵其去而不追其穷也。夫惟开小人之去，而后免小人之祸，是故拯困之道，莫上乎"征吉"，而"劓刖"为下。催、氾之事可不戒哉？

井

坎上
巽下

井，改邑不改井，无丧无得，往来井井。汔至，亦未繘井。羸其瓶，凶。
彖曰：巽乎水而上水，井。井养而不穷也。改邑不改井，乃以刚中也。汔至亦未繘井，未有功也。羸其瓶，是以凶也。

人非水不生活，水非井不甘洁，然井德盛而功艰，何也？求与啬两忘，德也；惠与怨两消，功也。有迁邑以就井，无迁井以就邑，井何求焉？不为汲者丧而虚，不为不汲者得而盈，井何啬焉？汲而往者，其欲充；汲而来者，其望切。愈养而愈不穷，井何惠焉？汲者之力有强弱，则绠有入而未出，瓶有系而不反，井何怨焉？尧舜之世，以禹稷为井；春秋战国之世，以孔孟为井。然禹稷能济天下之饥溺而孔孟不能者，德盛而功艰也。齐景公曰：吾老矣，不能用。齐宣王曰：吾惛，不能进于是。非汲者之弱于力乎？功之艰，斯人之凶而不幸也，井何心哉？"繘"，绠也。"汔至"者，绠几至泉而未出也。"羸"，系也，古"羸""缧"通用。"刚中"谓二五，惟刚中，故不改。"巽"，入也。"巽乎水"，入乎井也。入乎井而能上乎水，则井之功行；入乎井而不能上乎水，则井之功废，故"凶"。今《巽》下二爻，初六、九二在坎之下，若瓶之覆而入井之象；九三、六四二爻，若井中之瓶覆者复仰之象。而《坎》之九五隔其上，若系缧其瓶而不能上乎水之形。坎为水，巽为木。木者，汲之器也。器入水而复上水者，井之象也。九五、上六，坎上二爻有瓶仰而出井之象。韩信以木罂缶渡师，其古之汲瓶之类与？"羸""纍"字，解在《大壮》。

象曰：木上有水，井。君子以劳民劝相。

水下有木，汲器之入也；木上有水，汲器之出也。汲器入而水德行，汲器出而水功著，此井之象也。劳之赉之，君子所以法井之德；劝之相之，君子所以法井之功。劳、赉，与也。劝、相，助也。水言与，器言助，有水无器，井能自活斯人乎？故汲引之功不下于洌泉，劝相之惠不隘于劳赉。

初六，井泥不食，旧井无禽。
象曰：井泥不食，下也。旧井无禽，时舍也。

居下流者归众恶，安旧习者绝新功。初六在一井之底，居于下者也，宜其泥之不澄也；处幽阴之极，安于旧者也，宜其泉之不新也。井之可饮可食，洁清故也。今也泥而不洁，旧而不清，众禽且无一食之者，而况人乎？人之弃而不食，时之舍而不用，将谁尤乎？养人者，必自养；用世者，必可用。故颜之乐道，曾之咏归，漆雕之仕，未能信，不知者以为真忘斯世矣。

　　九二，井谷射鲋，瓮敝漏。
　　象曰：井谷射鲋，无与也。

　　水，一也。其地则不一，曰"井"，曰"谷"是也。地不一则功亦不一，故谷之水以注而下为功，井之水以汲而上为功。注而下者，其功及鱼鳖；汲而上者，其功及百姓。今九二虽有微阳生微水，非如初六之纯乎泥也，然亦在泥之上、井之下，其所注射仅下及于泥中之蛙鲋耳。是井不为井而反为谷，不上出而反下注，止及于蛙鲋之琐细，而反不及于鱼鳖之盛多，曾谷之不如也。譬之一漏瓮，下注而无养人之功，何足以为井哉？二下比于初六，初六阴潜而细微，有小人之资，有鲋鱼之象。既下比小人，则上之君子无我与者矣。上无我与，则上无我汲者矣。子常信无极而国皆怨，子冯昵八人者而君不安是也。谷下注，瓮漏亦下注，皆不上出之义。

　　九三，井渫不食，为我心恻，可用汲。王明，并受其福。
　　象曰：井渫不食，行恻也。求王明，受福也。

　　九三以阳明之质，居井下之上，当一井之半，则泥者去，注者浮，浅者深。此渫治之井，甘洁之泉也。可食而莫之食，可汲而莫之汲者，以其犹未出井之上也。渟①可用之才，当在下之地，而枉其养人之才德，故为之恻然于心，而叹其上之不我烛也。可食者，井也；不食者，人也，井何恻焉？井不自恻，而人之行而过者恻之；井不求上之我烛，而人为之求其明者以烛之，此作《易》者所以为井叹也。非为井叹也，为有才德之君子不见用于上者叹也。非为君子之不见用者叹也，井一用，一邑受其福；君子一用，天下受其福。有美井无善汲则如无井，有君子无明王则如无贤。仲尼曰：明王不兴，天下孰能宗予？然则九三之恻也，井云乎哉？君子云乎哉？在下之君子，如九三之泉在井之半，掩于物，远于人，非明之至者不能烛其幽也。故微明扬之尧帝，则大舜雷泽之渔父；微明哲之高宗，则傅说岩野之胥靡。

―――――――――

　　①　渟：水聚积而不流动也。

六四，井甃，无咎。
象曰：井甃无咎，修井也。

治国欲新，为学欲新，进德欲新。曰作新民，治国欲新也；曰温故知新，为学欲新也；曰德日新，又日新，进德欲新也。六四之井甃，其进德之新者乎？"甃"者，甓而修之也。井一修则旧井为新井，德一修则旧学有新功。大哉，井之有功于斯人乎！大哉，修之有功于斯井乎！井至六四，则泉溢而将上出之时也，不患人之莫己汲，而患己之莫己修。井之不修，井之咎也。修矣，或汲焉，或舍焉，或食焉，或否焉，井何咎哉？故德之不修，足以忧孔子；学不能行，足以病子贡。六四有两甓接连之象，故为"甃"。

九五，井冽，寒泉食。
象曰：寒泉之食，中正也。

一井主乎泉，天下主君。泉有德，一邑汲之；君有德，天下汲之。"冽"而"寒"者，泉之德；"中"而"正"者，君之德。九五以阳刚中正之德，居大君之位，犹泉以甘洁清寒之德，为一井之主也。天下之人酌而饮之，若渴者之于井也，孰能御之？泉而不冽不寒，君而不中不正，人有吐井泥、羞污君而去之耳，故傅说非其后不食，伯夷非其君不事。君天下者，可不惧哉？

上六，井收勿幕，有孚元吉。
象曰：元吉在上，大成也。

井至于上六，则瓶之入者出，水之虚者盈，井之功用收其成矣。虽然，功之未成，其患在不成；功之已成，其患在成。非功成之患也，功成而倦之患也。功成而倦，是井泉既上而复幕其井也。夫惟"勿幕"，然后天下信其吉之大；天下信其吉之大，然后圣人许以成之大。此大禹之勤俭，周公之吐握也与？上六，开而"勿幕"之象。

革

兑上
离下

革，巳日乃孚，元亨，利贞，悔亡。

彖曰：革，水火相息，二女同居，其志不相得，曰革。巳日乃孚，革而信之。文明以说，大亨以正。革而当，其悔乃亡。天地革而四时成，汤武革命，顺乎天而应乎人。革之时大矣哉！

易之道至于革，圣人其喜于革乎，抑惧于革乎？曰惧于革也。何以知之？曰：革者，圣人之不得已也。何以知其不得已也？曰：火逢水则灭，水逢火则竭，二女居则同而志则别，是可以不革乎？天下之事苟不至于如水火、如二女，圣人岂得已而不已乎？故戒之曰"巳日乃孚"，又曰"革而信之"，言其初之未信也。曰"元亨，利贞，悔亡"，又曰"革而当，其悔乃亡"，言革之而非大亨、非大利、非大正，皆革而不当也，其能无悔乎？"革而不信"，革而"有悔"，则如勿革，故曰圣人惧于革也。然则何以能"革而信""革而当"乎？曰：彼之所以失，见此之所以得。灼知其理于未革之先，当如离之文明。未革而民愿之，将革而民从之，相庆其举于既革之后，当如兑之说。如是者，可以"革而信""革而当"矣。天地得此理，故革而四时成；汤武得此理，故革而天人说。革之时岂细故哉？可不惧哉？秦之变法，赵之胡服，莽之革汉，灵宝之革晋，岂曰"革而信""革而当"也乎？

象曰：泽中有火，革。君子以治历明时。

火者，就燥之物也。今在泽中，是以水革火之象也。物穷必革，亦众矣。钻燧生于茹毛，上栋生于营窟。质敝必文，宽穷必猛。革之为用，岂特治历之一事哉？食者，人之天；历者，食之天。举其大，它可推矣。历贵乎革者，三辰有差，历亦万变也。

初九，巩用黄牛之革。

象曰：巩用黄牛，不可以有为也。

观六爻之辞，益知圣人之惧革也。初九戒革之蚤，六二戒革之专，九三戒革之躁，九四戒革之疑，上六戒革之过。五者之戒详矣，然后九五不待占而决也。初九，革之初也。当革之初，遽可以革乎？曰：未可也。当固执之、坚忍之，如"黄牛之革"焉。不曰未可以有为，而曰"不可以有为"者，戒之之严也。以此戒之，犹有晁错削七国之祸。

六二，巳日乃革之，征吉，无咎。

象曰：巳日革之，行有嘉也。

以六二中正文明之臣，遇九五阳刚相应之君，此时而不为，何时而可为？今曰"巳日乃革之"，然后"征吉"，然后"无咎"，然后"行有嘉庆"者，不有所倡，不可以和；不有所主，不可以赞，必也，吾君已有革之之日而主之，吾乃可以赞而革之。"乃"者，缓辞也，后而不先之辞也，中正文明而济之以阴柔故也。惟其缓而审，故以征则吉，以行则庆。故季孙问二邑之叛，然后孔子可以陈隳费之言。赵鞅无君命而逐君侧之恶人，则《春秋》以为叛。六二独得而专于革乎？

九三，征凶，贞厉，革言三就，有孚。

象曰：革言三就，又何之矣。

九三居下卦之上，位亦高矣；接上卦之交，权亦近矣；为离卦刚明之极，才亦全矣，可以革矣。今又曰"征凶，贞厉"者，往则必凶，虽正亦危也。何其戒之之太详？圣人盖曰：九三不患不刚，患在太刚；不患不明，患在太明，何也？刚明而过中故也。必也，如《革》卦卦辞之三言者，然后可以成就而信于天下也。曷谓三言？曰大亨也、大利也、大正也。大亨无塞，大利无害，大正无邪。以此而革，何革不就；以此而行，何行不达。曰"又何之矣"，言焉往而不可哉？故伊尹相汤革夏，必以五就，其敢躁乎哉？

九四，悔亡，有孚。改命，吉。

象曰：改命之吉，信志也。

初九戒蚤，六二戒专，九三戒躁，然则天下之敝终不可革乎？曰：当革在敝，可革在时，故曰"革之时大矣哉"。当而未可，其贼曰果；可而或违，其贼曰疑。《革》至九四，蚤者迟、专者随、躁者衰矣，而又不为，不以疑而贼大谋乎，圣人劝之曰：可以革矣。虑之既详，其悔必亡。既谨其图，天下已孚。当是之时，奉君命而革之，可以吉也。君命未安，吾改君命而革之，亦可以吉也。君制命，臣承命者也。臣而改命，改命而吉也，可乎？曰：事君在志，行志在事。志然而事亦然，君子不以志违事；志然而事不然，君子不以事违志。君命曰可，君事曰可，奉命可也；君命曰可，君事曰否，改命可也。吾既信吾矣，君独不信吾志哉？岂惟君信之，天亦信之；天信之，君信之矣。君信生于天信，天信生于自信，虽然，改命不可许也。非诚有其志者，不可改也。故孟子曰：有伊尹之志，则可。而《革》之九四曰"信志也"，志不在于兴汉，则罢兵历下之役，韩信不可以改命而伐齐；志不在于厚楚，则致田巤、栎之命，子躬不可以改命而却郑。然则九四何以得自信其志，而圣人许其改君命也？曰：九四，兑说之初也，又能以阳刚而处四之柔顺也，此其改命，岂犯上而侵君者乎？故许之也。然则九三有为，而圣人沮之；九四不为，而圣人劝之，何也？曰：九三所谓由也，兼人者也；九四所谓求也，退者也。革以改为义，臣改君命亦革之一也，故于九四发之。

九五，大人虎变，未占有孚。

象曰：大人虎变，其文炳也。

可革不革，是以敝济敝；既革悔革，是以敝易敝，革之道亦难矣。盖举国之欲止，不能止符坚之行；举国之欲动，不能动汉文之静。虽然，与其轻也宁重，与其喜也宁惧。今也，《革》至于九五，圣人独决之以"未占"而"有孚"，是龟筮有所弗询，鬼神有所弗谋也，无乃轻于革乎？盖天下无灼然之理，则圣人无决然之举。革之道，初戒其早，二戒其专，三戒其躁，其可革未灼然可革也；四戒其疑，已灼然可革矣；九五以阳刚之资，居兑说之上，当大君之位，兼四爻之助，其可变可革之理，灼然如虎文之炳也，尚何待于占乎？此汤武革命，顺乎天而应乎人之事也。

上六，君子豹变，小人革面。征凶，居贞吉。
象曰：君子豹变，其文蔚也。小人革面，顺以从君也。

《革》至于九四，可革也；至于九五，能革也；至于上六，从革也。虽然，可革在理，能革在己，从革在人，圣人尽其所能革，而不尽其所从革。君子革心，蔚然如豹文之不可掩；小人革面，勉然顺吾君而有所从，是亦足矣。复欲进而未已，忿其革面，而必强其革心，凶之道也，故曰"征凶"。惟安而居焉，正而守焉，斯吉矣。故苗民七旬而乃格，舜犹以为速；商民三纪而乃变，康王不以为迟，忧其革之尽也。非忧其革之尽也，忧其革之过也。

鼎

☲ 离上
☴ 巽下

鼎，元吉，亨。
象曰：鼎，象也。以木巽火，亨饪也。圣人亨以享上帝，而大亨以养圣贤。巽而耳目聪明，柔进而上行，得中而应乎刚，是以元亨。

鼎，象也；象者，卦之形肖鼎之形也。以列足而载一腹，以一铉而贯耦耳，非鼎之形乎？六爻画而鼎之形以具，二卦合而鼎之用以行。以巽之木入离之火，而烹饪之用著矣。古者圣人之制鼎，岂自奉口体而已哉？有鼎之用，有鼎之德。享上帝、养圣贤，乃其用也。体巽之顺以顺于义理，体离之明以达其视听，体六五之柔中以应刚阳之圣贤，乃其德也。全其德以施其用，焉往而不大亨乎？故曰"是以元亨"。且夫革去故，鼎取新。去故取新，何独鼎哉？食者，生民之大本；鼎者，火化之元勋。革鸿荒而新万法，孰为革故取新之初乎？孰有大于革茹毛为火化之初乎？一初既立，而万法类从矣。

象曰：木上有火，鼎。君子以正位凝命。

程子谓：君子居处必正，命令必重，盖取诸《鼎》然。又有一说焉，《革》之汤武革命，谓天命也。革以革之，必鼎以定之。《易》之"凝命"，即《书》之"定命"也。古之传国以鼎，犹后世之玺也。故《传》曰："禹铸鼎象物，其后鼎迁于商、于周。"又曰"武王克商，迁鼎洛邑"。又楚子问鼎于周，王孙满对曰："周德虽衰，天命未改，鼎之轻重，未可问也。"此亦"正位凝命"之一说。然必曰"君子"者，不惟其器，惟其人，故鼎以纣轻，以武重。

初六，鼎颠趾，利出否。得妾以其子，无咎。
象曰：鼎颠趾，未悖也。利出否，以从贵也。

去恶不尽，良庖无洁清之鼎；去敝不尽，圣人无新美之治。是故不有倾写，不可以尽去一鼎之恶；不有涤荡，不可以尽去一世之敝。《鼎》之初六，天下草昧阴闭之初，犹宿昔滓浊之鼎也。将欲去其故，以取其新，可不倾写涤荡使无一毫之不尽乎？故为鼎者，颠覆其趾以尽出其否恶；为治者，涤荡其旧以尽彻其晦冥。否恶尽而贵珍之膳来，晦冥彻而阳光之治起。汤之革夏，必代虐以宽；高祖之入关，必除秦之苛、布汉之宽也。初在下，故为"趾"。六阴而虚，故颠覆。巽为长女，而初六居下，故为"妾"。"妾"者，阴闭晦冥之象。六虽阴，而初为阳，故为"子"。"子"者，阳刚光明之象。物忌颠覆，惟鼎每覆则每洁，故未悖。

九二，鼎有实，我仇有疾，不我能即，吉。
象曰：鼎有实，慎所之也。我仇有疾，终无尤也。

鼎者，宗庙之重器。贤者，圣人之鸿鼎。非重夫鼎也，重夫鼎中之实也。鼎有实则可荐诸上帝，可荐诸圣贤，可饱夫天下。九二以阳刚之才德，居大臣之正位，上遇六五离明谦柔之主，下得三、四同德之助，此鼎之有美实，天人上下所同恃以为享者也。然寇阳者阴，仇正者邪，初六与吾近，而吾仇也。寇我而能我即，则此必受其即；仇我而能我动，则彼必乘其动。今也，初六以一阴之孤，而压于众阳之底，故有疾我之心，而无即我之便。九二以阳刚之才，而充以笃实之德，故有不动之志，而无可乘之隙。大哉，九二之实德乎！壮哉，九二之不动乎！一鼎不可动，则万夫废；一心不可动，则万议息。故流言不能动周公，刺客不能动裴度，而周、唐遂安。"慎所之"者，言谨审而不动也。我一有所之，彼斯乘之矣。惟慎所之，故吉而终无悔尤。

　　九三，鼎耳革，其行塞。雉膏不食，方雨亏悔，终吉。
　　象曰：鼎耳革，失其义也。

　　鼎实一而味殊，其下者重而沉，其上者轻而浮，其中者粹而美。曷粹而美也？间于轻重清浊之中也。初六，鼎之足；六五，鼎之耳；上九，鼎之铉。孰为鼎之实？三阳是也。孰为实之中？九三是也，故谓之"雉膏"。"雉"者，肉之珍；"膏"者，雉之珍，此鼎实粹美之至也。然味成而莫之食，何也？九四塞之于前，而六五改之于上也。万物以足行，鼎以耳行。六五离明之君，而不食九三之雉膏，非九四塞之而谁也？其行也，或塞之；其食也，或间之。六五用九三之意，所以改也。上之意改，则下之行塞矣。鲁平公见孟子者，乐克启之也；不见孟子者，臧仓改之也。虽然，暗君用贤之意可改，而明主用贤之意不可改。六五，明主也，九四其能终改之乎？一旦而悟，如雨之沛然而下矣。始若亏损而可悔，终则润泽而逢吉，岂终不食九三之雉膏也哉？《破斧》《九罭》之诗是也。"鼎耳革"之"革"，言改也。其行塞，耳不从则鼎不行也。"失其义"谓君臣之义为九四所间，而相失于始也。

　　九四，鼎折足，覆公𫗧。其形渥，凶。
　　象曰：覆公𫗧，信如何也。

　　鼎实至于四，鼎之盈，实之重也。持盈者，必有高天下之德，然后能无倾；任重者，必有过天下之力，然后能不蹐。九四以阳处阴，德已薄矣；以近君之大臣，下应初六阴柔之小人，力已小矣。与小人而同事，必与小人而同祸，此其所以折足覆𫗧而沾濡其身也，焉得不凶乎？元显与反复之牢之以图灵宝，袁粲与惜身之褚渊以图萧道成，晋、宋之亡，"覆公𫗧"也；显、粲之诛，"其形渥"也。"信如何"者，言信任小人，其祸何如哉？深以戒之也。

六五，鼎黄耳，金铉，利贞。

象曰：鼎黄耳，中以为实也。

挈一鼎者听于耳，挈天下者听于君。耳者，一鼎之主，犹君者，天下之主也。然主鼎有二道：鼎实中则正，过中必溢；鼎铉刚则举，不刚必坠。主天下有二道：持盈以中正，则为天下之利；不中不正则骄心生，明皇之季是也。用臣以刚直，则为天下之利；不刚不直则谀臣进，元帝之贡薛韦匡是也。"黄"言中，"金"言刚，"贞"言正，"利"言为天下之利。六五分布于上，故有鼎耳之象。六五本坤体，故"黄中"；得九二为大臣，故为"金铉"。

上九，鼎玉铉，大吉，无不利。

象曰：玉铉在上，刚柔节也。

雨既浃而云归，鼎既荐而铉逸。《鼎》至于六五之持盈，鼎之功成矣；至上九之铉，乃既荐而安逸之时也。然则上九，其功成身退之大臣乎？有犯无隐，在位之大臣也；有犯有隐，不在位之大臣也。非隐也，寓直刺于旁讽之中，藏面折于忠爱之表，隐之犯有甚于犯之犯也。季康子欲用田赋，使冉有访诸仲尼，是时仲尼不在位也，故仲尼不对，非不隐也。既而私于冉有，告以周公之籍，非隐也。此《鼎》之上九"玉铉在上"之义也。九，阳也，刚也。上，隐也，柔也。九二，在位之大臣，故为"金铉"，粹于刚也。上九，不在位之大臣，故为"玉铉"。"玉"者，质刚而德柔，温润故也，故曰"刚柔节也"。言刚而非刚，柔而非柔，皆中节也。夫如是，岂不大吉而无不利乎？然九四以刚处柔则为"折足"，上九以刚处柔则为"玉铉"者，在位、不在位故也。上九乾体，乾为玉。

卷十四

震

震上
震下

震，亨。震来虩虩，笑言哑哑，震惊百里，不丧匕鬯。

彖曰：震亨，震来虩虩，恐致福也。笑言哑哑，后有则也。震惊百里，惊远而惧迩也。出可以守宗庙社稷，以为祭主也。

震所以亨者，何也？动而惧，则亨也。惧非惶扰失守之谓也，惧而敬也。惟惧故敬，惟敬故无惧。无惧者，非不惧也，惧始乎来，终乎散也。当天下之大事震动而来也，吾虩虩然必为之恐惧而顾虑焉，必求其所以应之，使大事为无事焉，斯可以转祸为福、移惧为喜而"笑言哑哑"矣。故震雷能惊百里，而不能失匕鬯于主祭之才；羑里能难文王，而不能伤文明于柔顺之圣。盖执匕鬯以祭者，一敬之外无余念，一鬯之外无余知。当是之时，白刃前临，猛虎后迫，皆莫之觉，故震雷惊百里亦莫之闻。敬有所甚，惧有所忘也。能如是，天下可惧之大事，孰能惊之者？其出而主宗庙社稷，优为之矣。高祖当项籍，光武遇寻、邑是已。震为长子，故言主祭。又震为雷，为动，曰"出"者，犹曰明天子出矣，《说卦》曰"帝出乎震"。刘备闻迅雷失匕箸，托也。舜之烈风雷雨弗迷，震之祭主"不丧匕鬯"，敬也。"出"字上脱"不丧匕鬯"四字。

象曰：洊雷，震。君子以恐惧修省。

震者，雷也。一雷已威矣，况洊而重乎？天之雷，以惊夫不敬者也。不敬者犹惊，而况敬者乎？君子，敬者也。一雷已惊矣，而况洊雷乎？然君子非徒惊也，有功用焉。闻雷而恐惧，惊也，惊而已矣。过则舍之，徒惊也。君子则不然。"恐惧"以先之，"修省"以继之。"修省"者，恐惧之功用也。修其身，省其过，则恐无恐，惧无惧矣。

初九，震来虩虩，后笑言哑哑，吉。
象曰：震来虩虩，恐致福也。笑言哑哑，后有则也。

象辞已言之矣。爻、象二辞同，或者其一重出。"后有则"者，喜而不失节也。

六二，震来厉，亿丧贝。跻于九陵，勿逐，七日得。
象曰：震来厉，乘刚也。

时有险易，则势有诎伸，故天下无常险，亦无常诎。险过则易，诎甚则伸。以六二之柔，乘初九之刚，险也；以六二之静，应初九之动，诎也。方震之始，初遇九之猛厉，勃然而动，骇然而来，何可当也？六二才与位俱柔，若不胜其愤，起而逐之，奚而不丧？惟能以柔避刚，以静驯动，远避而勿逐，俟之久而刚自衰，则吾无丧而有得矣。险者易，诎者伸，非有得乎？高祖避项而入汉中，光武避更始而出河北，得《震》六二之义矣。"厉"，猛也。"跻于九陵"，避之远也。"亿"，度也。"贝"，其所有之资也。度其逐之，则丧其所有也。"七日"，久也。

六三，震苏苏，震行无眚。
象曰：震苏苏，位不当也。

不患无位，有位患也。非患位也，才俭于位之患也。六三以柔懦之才，逢震扰之世，居下卦之上，非位之不当乎？君子所以为六三惧也。"苏苏"，惧之至也，然则奈何？曰：行而去之，可也。辞难避事，臣子之义乎？曰：是臣子之义也。不才云才，陨身细也，陨国细乎？吾才不称吾位，吾去之，天下独无才称其位者乎？鲍叔逊夷吾，子皮逊子产，去无才得有才，岂惟无灾眚乎？国之福，身之福也。蒍子冯不为令尹，蔡谟不拜司徒，可以无眚矣，抑可以为次矣。

九四，震遂泥。

象曰：震遂泥，未光也。

九四以一阳之孤，陷四阴之内，处至阴之位，百炼化为绕指，一齐咻于众楚矣。以此居震扰之世，安能致远而不泥，光大而有济乎？刘向、恭、显杂处汉朝，珣瑜、伾文并居唐位是已。

六五，震往来厉，亿无丧，有事。

象曰：震往来厉，危行也。其事在中，大无丧也。

六五，震之君也。当震动之世，为正位之君，宜其愤起奋发，拨乱反正，以大有为于天下也。今戒之曰：毋进而往，往则为上六之震极，是往亦危也；毋退而来，来则乘九四之至刚，是来亦危也。必也，深思焉，长虑焉。亿之于心，度其得中而无丧其所有焉，斯足矣。然则天下纷纷，何时定乎？曰：治人者必自治，料敌者必料己。五固震之君也，六则阴柔而无阳刚之才者也。当动之时，无动之才，与其动而丧吾之所有，不若静而不丧吾之所有。其周平王、晋元帝之事乎？

上六，震索索，视矍矍，征凶。震不于其躬，于其邻，无咎。婚媾有言。

象曰：震索索，中未得也。虽凶无咎，畏邻戒也。

立弱子于千仞之上，而观人与虎斗于其下，其气岂不索然而尽，其视岂不矍然而愕乎？《震》之上六似之。六以柔怯之资，居震惧之极，下临五爻之动，其索然矍然，宜也。然圣人一则以惊，一则以安。曰"征凶"，言往则凶，惊之之辞也；曰"无咎"，言不往则无咎，安之之辞也。奚而往则凶？往则犯九四之刚。奚而不往则无咎？我躬远于刚，而我之邻六三实当之也。然圣人虽安之，而终以再三警之曰：汝虽无咎，而邻之苏苏亦不可不畏、不戒也。天下之祸，莫大乎于其邻，而于其身次焉，何也？身者必防，邻者必玩也。虞受晋宝以灭虢，不知乃所以自灭；楚听秦赂以伐齐，不知乃所以自伐，玩故也。江亡而秦穆惧，吴亡而晋国吊，其知所谓虽无咎而畏邻戒者与？《震》之六爻，一言以蔽之，曰"君子以恐惧修省"。"婚媾有言"，亦谓邻也。"中未得"，谓惧而不自得也。三与上应曰"邻"。说者以五为邻。五，君也，非邻也。

艮

艮上
艮下

艮其背，不获其身；行其庭，不见其人，无咎。

艮，山也。不动如山，止之至也。曰"艮其背"，何也？易者，象也。象者，状物以明理也。故《颐》如人之颐，《噬嗑》如人之噬，《艮》如二人相重背而立也。二阴虚而众者，耳目手足也；一阳实而孤者，背也。艮之贞，面内而背外，是"艮其背"，不自复见其身也；其悔，亦面前人之背，而不见后人之面，是"行其庭"而"不见其人"也。君子观贞之象，于是得忘我之学；观悔之象，于是得忘物之学。忘我则中不出，忘物则外不入。中不出、外不入，止之至也。毋意、毋必、毋固、毋我，勿视、勿听、勿言、勿动，"艮其背，不获其身"也。堂高数仞，食前方丈，侍妾数百，得志而弗为，"行其庭，不见其人"也，又何咎？贞内故"艮其背"，悔外故"行其庭"也。"艮其背"之上疑脱一"艮"字。

象曰：艮，止也。时止则止，时行则行，动静不失其时，其道光明。艮其止，止其所也。上下敌应，不相与也。是以不获其身，行其庭不见其人，无咎也。

艮，止也。非止而不行之为止也，"时止则止"，止也；"时行则行"，亦止也。非行之为止也，时乎当行，道乎可行，吾斯行焉。吾虽行，然止乎道也。时乎当止，道乎可止，吾斯止焉。非吾止，亦止乎道也。行止听乎己，耦而耕、逾而避，君子不以为止；行止听乎道，聘列国、见齐梁，君子不以为不止，何也？彼之止非止乎道也，此之行亦止乎道也。如北辰焉，杓建无定指，而北辰有定居，故曰："动静不失其时，其道光明。艮其止，止其所也。"而孔子亦曰："北辰居其所。"君子之止其所，即北辰之居其所也。"上下敌应，不相与"者，前一人面内而不自见其背，况见己之面乎！后一人见前人之背，而不见前人之面，而况见后人之面乎！所以释"艮其背，不获其身；行其庭，不见其人"之卦辞也。

象曰：兼山，艮。君子以思不出其位。

艮，山也。山，不动之物也。一山已不动，况二山相重乎？山兼重而二焉，止而不动之至也。君子体之，"以思不出其位"，可得而动乎？缊袍与缊袍立，狐貉与狐貉立，止其位也。典礼以礼闻，典乐以乐闻，亦止其位也。前二者出位而思，不惟不得狐貉，并缊袍而丧之矣。后二者出位而思，不惟不得音乐，并礼文而丧之矣。大哉，止乎！有止而绝之者，有止而居之者，有止而约之者。"艮其背"，所以绝人欲而全天理，此止而绝之也。时止时行，必止乎道，此止而居之也。思不出其位，而各止其分，此止而约之也。大哉，止乎！夫止一端而已乎？

初六，艮其趾，无咎。利永贞。
象曰：艮其趾，未失正也。

止不善者，必在初。止之于初，犹不能止之于末，而况肆之于初者乎？颜子之不远复，止一己之不善于初者也。汉文即位之初，喜啬夫之辨捷，而张释之极言其害，止其君之不善于初者也。颜为几乎圣，而文为七制之主，止于初之效也。艮，止也。初六，止之初也。居腓之下，偶而散，"趾"之象也。以六之柔而静，此趾之止而不行者也。圣人犹有忧焉，曰：汝能止其初，犹宜止其终。曰"利永贞"者，止其终之谓也。然六止而初动，故但言"未失正"。

六二，艮其腓，不拯其随，其心不快。
象曰：不拯其随，未退听也。

六二，一卦之大臣也。大臣者，以道事君，不可则止。今则不然，居大臣之位，逢其上之刚，必有顺柔之忠。而后可譬之一身，以己下九三，则犹腓也。九三在上，则犹背也。九三，阳也；六二，阴也。阳倡则阴必和，背动则腓必随。以六二之柔，而欲止九三之刚；以六二之腓，而欲止九三之背，其能与否，已昭昭矣。然必观其心，而后君子、小人可判也。古之人于其上之不善，有拯而不随者，有先随而后拯者，有先拯而后随者，有不拯而随者，有不拯而随其心不然者。龙逢、比干，拯而不随也。楚灵王之问子革，先随而后拯也。伍被之答淮南，先拯而后随也。蜚廉、恶来，不拯而随也。君曰"好色"，亦曰"太王好色"；君曰"好货"，亦曰"公刘好货"，不拯而随而心不然也。六二"艮其腓"，非不欲止其背之动也，而柔不胜刚，下不胜上，故曰"不拯其随"。非乐随也，外不得不随，而中不得已也，故曰"其心不快"，言其不得已而随也。又曰"未退听也"，言其虽不得已而随，亦未肯退听其上之轻动也。九三非君也，而居六二之上也，六二不得不随。君子于《艮》之六二，察其迹而哀其心。六二居背之下，偶而立，腓之象。"腓"，胫肉也。六二中正，故"不快"，故"未退听"。

九三，艮其限，列其夤，厉熏心。
象曰：艮其限，危熏心也。

君子之学，至于止其所而如山之不动，可以免矣。故初与四皆"无咎"，五"悔亡"，上"吉"，二惟小"不快"而已。今九三曰"厉"，曰"危"，曰"熏心"，何也？盖三居物我之交，内外之际，而九三以阳处阳，刚而进，躁而动者也。人有夜行而遇子都者，己先焉，子都后焉，不惟子都不己见，己亦不子都见也。旦而一揖焉，则喜子都之美矣。喜生于见，见生于不相背也。九三，下卦之背，所以背六四而面内者也。惟刚而进，躁而动，则有时回面而外向矣。此内欲之所由出，而外邪之所从入也。故圣人戒之曰：尔幸能艮其背矣，今而列其夤之脊，自危其心，使之有定列而不乱行也。尔幸能行其庭，不见其人矣，今宜艮其阈之限，自危其心，使之不逾闲而不出户庭也。昔也行其庭，今也不逾阈，则并与庭而不行；昔也艮其背，今也列其夤，则并与背而不动。何九三之能然也？亦九三刚而进之力也。惟其刚，故反躁而静，如百炼之金而不可革；惟其进，故反动而止，如介然之石而不可转。九三之刚者，质之美也。九三之"艮其限""列其夤""厉熏心"者，学之功也。然则学顾可少哉？故益不以舜之圣而忘逸乐之戒，周公不以成之贤而废游田之规。大哉，学乎！"夤"，亦背也。"厉"，亦危也。"危熏心"者，操心至危，若有熏蒸其心者。九三奇而横，有门限之象。艮为门阙。

六四，艮其身，无咎。
象曰：艮其身，止诸躬也。

六四居大臣之任，上欲止其君之不善，下欲止天下之不善。惟不止诸人、不咎诸人，而自止诸躬，则得之矣。楚庄王好猎，而樊姬不食禽兽之肉；太宗喜武功，而魏徵不视七德之舞，此其事也。王吉之贤，能疏昌邑之猎；杨绾之清，能减汾阳之乐，此其效也。四居体之半，身之象也。

六五，艮其辅，言有序，悔亡。
象曰：艮其辅，以中正也。

六五，艮之君也。其言如丝之至微，其出如綍①之至大。成王一言而天返风，景公一言而妖星退，可不谨哉？与其言而未善，宁止其辅颊而不言。止而不止，非不言也，审而后言也。审而后言者，是惟不言，言必有序矣，何悔之有？故高宗三年不言，一言而四海咸仰；威王三年不鸣，一鸣而齐国震惊。《艮》之六五所以能"艮其辅"者，以其德之中正而已。所谓有德者，必有言也。五居上，而偶有口胏而不合之象，故为辅颊。

上九，敦艮，吉。

---

① 綍：音 fú，绳索也。

象曰：敦艮之吉，以厚终也。

上九以德之刚，居止之终。其高风劲节、刚健笃实如泰山乔岳之巅，其止岂可摇、其厚岂可移哉？此伊尹将告归，仲尼不逾矩之事乎？"敦"，厚也。上九亦背之象，故厚。

渐

䷴ 巽上
艮下

渐，女归吉，利贞。

象曰：渐之进也，女归吉也。进得位，往有功也。进以正，可以正邦也。其位刚得中也。止而巽，动不穷也。

臣从君，如女从夫。女之从夫，聘则渐，奔则速；渐则正，速则邪；正则妻，邪则妾。臣之从君，可速而不渐、邪而不正哉？渐而进则获乎上而有功，正而进则正其身以及国。渐而进者谁也？初六、六二、九三、六四、上九也。获乎上者，孰为上也？九五也。九五以刚中之盛德，居天下之大位，故曰"其位"，指而言之也。诸爻得乎有位之大君，故曰"得位"，以此得彼也。艮止巽顺，止则静，顺则谦。既静且谦，其进岂不正而渐哉？有不动，动斯达，何穷之有？长女归少男，故曰"女归"。

象曰：山上有木，渐。君子以居贤德善俗。

木在山，木因山而高也。山有木，木非人所植而固有也。非人所植，则听于天而无所用其力；因山而高，则浸以长而不骤至于高，所以为渐也。君子体之，以此处己，则不自贤其德，而居于贤德者之间，故贤德者推而高焉。以此处人，则不速责其善，而俟其人之自善，故风俗化而善焉。又岂独进得位，进以止一端而已哉？或以女，或以木，或以鸿，其象亦非一端而已。巽为长女，又为高鸿象也。

> 初六，鸿渐于干。小子厉，有言，无咎。
> 象曰：小子之厉，义无咎也。

鸿，云飞水宿之物也。当其水宿而进于飞，必有渐也。故始进则渐升于水涯之江干。如初六之君子，在下而始进，亦或自抱关击柝而升，或自乘田委吏而升也。匹夫孺子如燕雀焉，安知鸿之志哉！或欲厉而危之，或有言以毁之，安知君子之不卑小官，少安无躁之节哉！为君子者，付之莞尔，勿深咎焉，可也。非不咎也，其义不足咎也。如足咎，则孔子愠武叔，孟子怨臧仓矣。艮初，山之麓，故为干。又偶立，有江干两岸之象。

> 六二，鸿渐于磐，饮食衎衎，吉。
> 象曰：饮食衎衎，不素饱也。

鸿自干而渐进于磐石之上，则高而安矣。此六二渐进而居大臣之位之象也。然居大臣之位，食吾君之禄，岂曰素餐乎？亦欲置国家于磐石之安，纳君民于衎衎之乐而已。故傅说之志在中兴有商，而非后则不食其禄；[1] 孟子之志在平治天下，而食前方丈则得志不为。[2] 艮二，山之石，故为磐。艮为小石。

> 九三，鸿渐于陆，夫征不复。妇孕不育，凶。利御寇。
> 象曰：夫征不复，离群丑也。妇孕不育，失其道也。利用御寇，
> 顺相保也。

止极者进必锐，伏久者飞必高。九三居于艮之终，止之极也；压于巽之下，伏之久也；以阳居阳，进必锐、飞必高也。是故自干自磐，一飞而登于高平之陆，知进而已耳？好高而已耳？知进而已，故其类虽众，岂复回而顾？好

---

① 典出《尚书·商书·说命下》："惟后非贤不乂，惟贤非后不食。"指贤人遇不到明君，就不会被任用。

② 典出《孟子·尽心下》："食前方丈，侍妾数百人，我得志弗为也。"

高而已，故非类在上，亦必合而从初六、六四、九三之群类也。九三知进则往而不反决焉，弃其群类而离绝之矣。六四非九三之耦也，九三好高则比而相悦，腼焉孕而不育，亦不知愧耻矣。圣人戒之曰：汝胡不正汝心、明汝目而察之乎？初六、六二，汝之类也。六四，汝之寇也。汝盍亦和顺于汝之类，而相与捍御于汝之寇乎？如是，则汝与初六、六二可以相保，而免为六四之所凶灾矣。岂惟无凶，又且利焉，故曰"利御寇"。故郦寄舍禄、产而从平、勃，"利御寇"也。萧至忠舍明皇而从太平公主，"妇孕不育，凶"也。丑，类也。夫，九三也。妇，六四也。艮三，山之平，故为"陆"。

六四，鸿渐于木，或得其桷，无咎。
象曰：或得其桷，顺以巽也。

六四渐进而登于木，则又在陆之上矣。以九三之刚，而渐于陆，今六四乃超九三而出其上，此危道也。惟降而栖于可橼、可桷之卑枝，则庶几无咎与？"渐于木"者，飞而至也。"得其桷"者，顺以巽也。君子之渐进于高位，不幸而在刚暴小人之上，非顺而巽，巽而降，未有能免者。故子文下子玉而安，阳处父上赵盾而见杀。三御四，阴寇阳也；四顺三，柔巽刚也。四出艮之上，为木，为风，故乘风而升于木。

九五，鸿渐于陵，妇三岁不孕，终莫之胜，吉。
象曰：终莫之胜吉，得所愿也。

九五以刚明中正之君，居崇高富贵之位，此鸿之进于丘陵最高之地之象也。下有六二柔顺中正之大臣，九五与之合志一德，以大有为于天下。此如鸿之遇顺风横四海也，何难之有？然犹三岁而不合，不合而无成者，何也？五欲亲二，而九三在旁以间之，如蒯通之说韩信；二欲亲五，而六四近上以间之，如管、蔡之毁周公，此其所以"妇三岁不孕"也。惟君臣皆有中正之德，故九三间臣之计不行于六二，六四间君之计不行于九五，终不为其间之所胜而底于吉也。彼不能胜此，则此之志愿得矣。君之志愿得，则岂惟位之高如丘陵哉？功业之高，亦如丘陵矣。虽然，岂一日之致哉？亦三岁之渐而至也。"渐于陵"，非进于位之渐也，进于功业之渐也，故文皇之治不见于贞观之初，而见于三年之后，开元、元和亦然。君臣遇合之艰也、成就之不易也如此，而或者欲一言而悟、期年而化，或者不妄，则易妄矣。"妇"谓六二。"不孕"谓功无成。五出山木之上，故为"陵"。"鸿渐"而至于"陵"，乘巽之风故也。又巽为高。

上九，鸿渐于陆，其羽可用为仪，吉。

象曰：其羽可用为仪吉，不可乱也。

九三渐于陆，上九复渐于陆，何也？渐之进，至于九五之渐于陵，高之极也，不可逾矣，逾则僭。故九三，下卦之极；上九，上卦之极，其进也，皆至于高平之陆而止矣。然九三之渐于陆，躁于进也，虽平而高；上九之渐于陆，安于进也，虽高而平，何也？自干、自磐而至于陆，则其高为骤；自陆、自木、自陵而复至于陆，则其进为退。上九以刚阳之德，秉谦巽之极，名居一卦之上，实出一卦之外。其位弥高，其心弥下；其进弥徐，其退弥速。此其羽翼翔集，截然而不可乱，岂不足以高出一世，而为天下之仪表乎？故良、平安刘之策不妙于四老人，寇、邓[①]重汉之功不宏于一客星。然则学者欲学《渐》之一卦，将学其进乎？将学其不进乎？巽为进退，又巽为风。至上九，风之衰也。冲风之衰，不能起毛羽，故鸿复反于陆。艮、巽，皆上实而下散，鸿舒翼之象。

归妹

䷵ 震上
兑下

归妹，征凶，无攸利。

象曰：归妹，天地之大义也。天地不交，而万物不兴。归妹，人之终始也。说以动，所归妹也。征凶，位不当也。无攸利，柔乘

---

① 寇、邓：指寇恂、邓禹，二人均为光武中兴名将，位列云台二十八宿将之中。

刚也。

"归妹"者，嫁女之家，非娶妇之家也。何以知其为嫁女之家？《渐》曰"女归"，自彼归我之辞，此娶妇之家也。今曰"归妹"，自我归彼之辞。妇人谓嫁曰"归"，此嫁女之家也。曷为不曰"归女"，而曰"归妹"？女者，爱之钟也；妹者，孤之穷也。何以知妹者孤之穷也？妹之为言，幼少之辞也，无父而有兄之辞也。岂有父在而女称"妹"哉？妹者，敌兄之辞也。无父而归于人，孰归之也？兄归之也。孰为之兄？震是也。故兑者，少女，震之妹也；震者，长男，兑之兄也。曷为"归妹，征凶，无攸利"也？不待兄以己归于人而自往焉，是淫奔也。淫，恶之大；奔，行之丑。聘则妻，奔则妾，非凶乎？又何利之有？舜之从尧，四岳归之尧也；孔明从先主，徐庶归之先主也；伯姬之归宋，鲁成公归之宋也。此夫妇、君臣之大义也。非夫妇、君臣之大义也，天地之大义也。天地不交，万物熄；男女不交，万物熄；君臣不交，万物熄，故曰"归妹，人之终始也"。嫁者，女之终；娶者，男之始也。"说以动"者，兑说而震动也。伯兄三夜不息烛，不亦动乎？少妹之孤身有所依归，不亦说乎？惟不待兄之命而自征行以往焉，则"凶"，则"无攸利"尔，而况"位不当""柔乘刚"乎！王辅嗣以为少女与长男交，是误以嫁为娶也。上下卦言"归妹"者，四、初无取女之辞，如《咸》亦无女归之辞，如《渐》何从而知其交？又以妹从姊而为媵，愈失之矣。巽为姊，《经》有兄而无姊，然则震之嫁其妹，将焉归？少女归于少男，《咸》是已。"柔乘刚"，谓三阴皆乘三阳。阴位乎阳之上，故"位不当"。

象曰：泽上有雷，归妹。君子以永终知敝。

雷兴雨则泽益滋，兄举礼则妹有归，此归妹之象也。《传》曰"昏姻者，祸福之始"，故姜、任[1]兴周，文、哀[2]祸鲁，叔姬辱身，董祁愬夫，夏姬灭国。君子于归妹之始，必虑永久之所终，必知其归之所敝也，岂惟昏姻？忠敝必野，文敝必僿，一代之敝也；革俗必弱，从俗必强，一国之敝也，清必隘，和

---

① 姜、任：指《列女传》中的西周两位先君夫人太姜、太任。

② 文姜，鲁桓公夫人。哀姜，鲁庄公夫人。文姜杀夫，哀姜杀子。

必不恭，一行之敝也；兼爱必无父，为我必无君，一学之敝也。岂惟昏姻？

> 初九，归妹以娣，跛能履，征吉。
> 象曰：归妹以娣，以恒也。跛能履，吉，相承也。

初九之"跛能履"，"能履"则非"跛"也。九二之"眇能视"，"能视"则非"眇"也。非跛言跛，非眇言眇，眇言昧，跛言弱也。幼孤之妹，昧弱不振，待兄以振者也。初九在下，非妹也，妹之娣媵也。故骊姬之娣生卓子，戴己之娣生惠叔，皆媵也，非匹也。然卦辞言"归妹征凶"，而初九为娣则"征吉"，何也？"征凶"者，不待兄之命而自往；"征吉"者，待女君之命而已往也。凡师能左右之曰"以"，今曰"归妹以娣"，是娣听女君左右之也。初九以妹媵之卑，刚贞之德，而能体昧弱之柔，承女君之尊，所以"吉"而"相承"也。"恒"者，能安其分之当卑也。"归妹以娣"，其犹《泰》"茅"之"茹"乎？非娣之贤也。故君子不贤管仲、子产，而贤鲍叔、子皮。

> 九二，眇能视，利幽人之贞。
> 象曰：利幽人之贞，未变常也。

初九、六三、九四、六五皆言"归妹"，而九二独不言，何也？九二之位，下卦之尊者也，即妹之身也。妹之身而言"利幽人之贞"，所谓"幽人"者谁？"幽人"者，男女贤德之通称。《履》之九二曰"幽人贞吉"，言君子之幽贞也。《归妹》之九二曰"利幽人之吉"，言少妹之幽贞也。九二以孤幼昧弱之身，而有视远之聪明；以女子无父之训，而有幽闲中贞之贤德。体阴而阳其性，质柔而刚其德故也。幽则至静而不可动，贞则至坚而不可渝，皆刚阳中正之常德而不变者也，故曰"未变常也"。九二，其女夷、齐乎？其宋伯姬、陈孝妇之俦乎？

> 六三，归妹以须，反归以娣。
> 象曰：归妹以须，未当也。

九二言幽贞未变之德，而不言其所归；此未嫁而待礼也，故曰"归妹以须"。"须"者，待也。然方九二未嫁以待礼，而六三欲躐出于九二之上，此已挟绿衣上僭之心矣。① 故圣人从而正其分曰：汝曷不反而归于娣媵之列乎？又曰"未当"者，深贬其僭之不当也。其在外则"皇父卿士，番维司徒"之时乎？

> 九四，归妹愆期，迟归有时。
> 象曰：愆期之志，有待而行也。

九四亦少妹之兄也，而"归妹愆期"而不嫁，有待而后行，何也？待嫡兄之命也。夫九二以少妹之孤，视听聪明，斯已贤矣；刚阳得中，此又贤也；幽贞不变，此又贤也；归而须礼，此又贤也；嫁而愆期，此又贤也。其三聘之尹，三顾之葛也与？

> 六五，帝乙归妹，其君之袂，不如其娣之袂良。月几望，吉。
> 象曰：帝乙归妹，不如其娣之袂良也。其位在中，以贵行也。

九二之妹，在二则幽贞而不变，至三则须礼而不轻，至四则愆期而未行，然则何时而归于人乎？待六五之命而后行也。六五以帝乙之贤，居至尊之位，体中正谦柔之德，而九二之贤女为之妹，以是兄归是妹，岂不光华煜耀于而国而家哉？于此而下嫁于诸侯，又能自谓我虽女君也，娣虽吾妾也，不以己为过之，而自以为不如。位高而志益卑，身贵而行愈谦，此帝妹之所以愈贤与？推而放诸君道，高帝不如三杰，文帝不及贾生，其庶几乎？彼谓五帝其臣不及其圣，岂惟五帝之罪人，亦归妹之罪人也。月与日望，则相敌。"几望"者，月逊日也，妇逊夫之象也，故吉。观帝妹之逊其夫，知帝乙之训其妹；观帝乙之训于妹，知帝乙之孝于亲。盖吾亲有遗爱，吾能解其忧；吾亲有所托，吾能副其托，不曰孝乎？故帝妹之逊，可能也；帝乙之训，难能也。帝乙之训，可能也；帝乙之孝，难能也。大哉，帝妹之逊乎！大哉，帝乙之孝乎！至于武王集文王未集之统，成王终武王未终之功，抑又归妹之大者与？"袂"，袖也。假

---

① 典出《诗经·邶风·绿衣》，《毛诗序》曰："《绿衣》，卫庄姜伤己也。妾上僭，夫人失位，而作是诗也。"

衣以明其人，而不斥其人也。

上六，女承筐无实，士刲羊无血，无攸利。
象曰：上六无实，承虚筐也。

六，阴也，故虚，虚则无德。居上，尊也，尊则为兄。尊而无德，其少妹不令之兄与？故九二之为女，奉承之于下，如奉虚筐而无币帛以实其筐。上六之为"士刲羊"告庙于上，如执虚器而无血膋①以实其器。少妹畴依焉，倘无六五以主少妹之昏礼，前人目不瞑矣。一妹不足托宗庙社稷乎？易者，象也。上卦有虚筐之象。兑为羊。上六而在外朝，为许靖，为王衍。

---

① 膋：音 liáo，脂膏也。

丰

䷶ 震上
离下

丰，亨，王假之，勿忧，宜日中。

彖曰：丰，大也。明以动，故丰。王假之，尚大也。勿忧，宜日中，宜照天下也。日中则昃，月盈则食，天地盈虚，与时消息。而况于人乎？况于鬼神乎？

丰者，丰盈盛大之时也。圣人于是时，其喜乎？其忧乎？曰：此庸君之所喜，而圣人之所忧也。“丰，亨，王假之”，丰之亨，孰致之？吾王致之而至于此也。有以致乎此，必有以忧此。吾王曷为而致乎此也？明而毕照，动而有为，是以致之也。致之矣，曷为而忧乎此也？吾王之明，宜如日之方中。方中者，日之至盛也。然吾王之“勿忧”，止于日中之时而已，何也？丰则尚宜大也，中则尚宜照也。勿谓方中，其中将昃；勿谓宜照，其照将夕。盖日中者，昃所倚；月盈者，食所伏。盈者，虚之原；息者，消之根。天地也，日月也，鬼神也，四时也，所不能遁，况于人乎！况于天下之治乱安危存亡乎！晋武知忧，必无身后之乱；明皇知忧，必无末年之变。知忧者，其惟尧舜之儆戒，禹汤之罪己，三宗①、文王之无逸乎？

① 三宗：即殷三宗，太宗太甲，中宗大戊，高宗武丁。

象曰：雷电皆至，丰。君子以折狱致刑。

有电之明，乃可折狱；有雷之断，乃可致刑。断至而明不至，则狱辞不能折而照；明至而断不至，则威刑不能致而果，故必雷电皆至而后可。岂惟刑狱哉？高帝无离之电，则蹑足而怒不解；无震之雷，则刻印而销不随。"折狱致刑"，姑举其一，以见其万，且人命至重故也。

初九，遇其配主，虽旬无咎。往有尚。
象曰：虽旬无咎，过旬灾也。

禹稷当平世，君子之幸也；颜子当乱世，君子之不幸也。其有当丰盈明盛之世，而伏中昃盈虚之机者，其君子幸、不幸之杂也与？初九以刚明之贤，当明盛之世，遇九四同德相应之迩臣为己之所主，己往而从之，其功业成就必有卓然可尚者，岂非初九之幸也哉？然幸未久而灾至者，何也？时虽明盛，而六五柔暗之君也。初九在下之远臣，与九四在上之迩臣，安能以己之昭昭，启君之昏昏乎？故四老能从子房以安惠帝，而不能振惠帝之柔；刘更生、张猛、周堪能从望之以傅元帝，而不能开元帝之暗。诸君子岂不遇明盛之世哉？然明未久而昧生，盛未久而衰至，大则灾于而国，小则灾于而身，故汉再衰而望之死，惟子房、四老幸免者，子房退而四老去也，故曰"虽旬无咎，过旬灾也"。"旬"者，旬时，言虽无咎而未久也，过是则灾及矣。初与四皆阳也，同德相配，故曰"配主"。曰"主"者，四为远臣之所为主，初以迩臣为所主。

六二，丰其蔀，日中见斗，往得疑疾。有孚发若，吉。
象曰：有孚发若，信以发志也。

至昏不可莹，至明不可掩，故甓不可以为镜，昼不可以为夜。可掩者非至明也，其资根乎暗也。世无不雾之晨，而雾不能以晨为昏；世无不云之昼，而云不能以昼为夜。盖青天白日之清明，非云雾所能掩故也。今"日中"至明至盛之时而"见斗"，是能以昼为夜也，意者无日而昼晦与？意者非无日，其有日而食之既与。然则"日中见斗"，非其明之可掩也，以其日之至昏也。"丰"者，日中之时也。"蔀"，有物以掩之也。物掩日而见，非掩之者之罪也。故曰日月晕于外，其贼在内。六二为离之主而居中，宅大臣之位而居正，此明盛之至而中正之至也。以此事君，致之尧舜之上，可也。然往而事君，动而见疑，举而见疾者，何也？有小人掩吾君之明而蔽之也。小人者谁乎？上六是也。上六何以掩君之明也？六五，柔暗之君也，无上六犹暗也，况加之以上六乎？其陆贽事德宗之事。德宗根于柔暗之资，而力为强明之迹。夫君道之所在，强不在于折敌冲，而莫强于折邪佞；明不在于察渊鱼，而莫明于察奸欺。德宗强不足以折卢杞，而以刻薄为强；明不足以察延龄，而以猜忌为明。故怒公辅、疑萧复、仇陆贽，皆"日中见斗，往得疑疾"之类也。虽然，臣子之道，不以君之明暗而二其心也，一于至诚孚信以发吾志而已。尽吾之诚心而君不疑不疾，固吉也，疑焉疾焉，亦吉也。故梁州之行，求贽不得而帝泣，贽不以为己悦；忠州之贬，终其身而不还，贽不以为己凶。

> 九三，丰其沛，日中见沫，折其右肱，无咎。
> 象曰：丰其沛，不可大事也。折其右肱，终不可用也。

君子之道，不用则已，用矣而止以小事塞焉，犹不用也，何以答天下之望乎！答天下之望者，其必有济天下之大事乎！致君泽民，舍此事无大者。九三以刚明之德，居下卦之上，君子有德而得位者也，是故下则欲丰其民之泽，如陂池沛泽之洋溢；上则欲增其君之明，如日之方中，皆大事也。然欲为大事而不可为，欲用其道而终不可用，何也？六五柔暗之君，非吾一人所能扶持也。所恃者，同列之相应也。而今也不幸，与上六之小人为同列。先之而后者谁与？左之而右者谁与？同列不应，其有左臂而无右肱也。一手不能举鸿鼎，一臂不能推大车，天下大事而以一人为之，惟见民益槁而不苏，君益昧而不明。九三拱手太息而已，又谁咎哉？"无咎"言无所措手，亦无所归咎也。"沫"即昧也。三与上应，故平无勃不济，玄龄无如晦不决。

> 九四，丰其蔀，日中见斗，遇其夷主，吉。
> 象曰：丰其蔀，位不当也。日中见斗，幽不明也。遇其夷主，
> 吉行也。

九四居近君之地，处动卦之初，有阳刚之德，此亦君子之刚而有为者也。

其如上六之小人，掩六五之暗主，而不可以有为乎？六二之大臣且不能发其蔽而启其明也，而况九四乎？然犹幸其下有初九之贤来主于我，而我为之主，吾道其庶几可行乎，故吉。曰"夷主"者，同德相应而为等夷也，如"夷于九县"之"夷"。曰"位不当"者，以阳居阴也。九四高则颜雠由、司城贞子，次亦不失为魏无知、常何。

　　　　六五，来章，有庆誉，吉。
　　　　象曰：六五之吉，有庆也。

天下有不可为之事乎？天下有不可为之事，则贤不足尚矣。夫以丰大之时，而柔暗之六五为之主，宜其倾厦非一木之支，决河非捧土之障也。而下有六二大臣之贤，近有九四迩臣之贤，外有九三群臣之贤，远有初九小臣之贤，六五能虚心谦德以招来众贤之章。知初九之刚明可尚，身虽在远而不忘君也，我是以用之于先。知六二之中正孚信，虽疑疾而不改度也，我是以用之于佐。知九三之志于致君泽民，而欲立大事也，我是以用之于佐。知九四之在左右前后，能旁招初九以协恭于君也，我是以用之以自近。昔也天下以吾君为柔，今则庆之誉之以为刚；昔也天下以吾君为暗，今则庆之誉之以为明，何其吉也？舍己之刚，用人之刚，即己之刚；舍己之明，用人之明，即己之明也。其小犹为齐威王，而况不为威王者乎？然则其致丰大明盛之治，非幸也。夫以群贤辅一柔暗之君，犹足以致丰大之"庆誉"，况得刚明果断、聪明勇智之君而事之，其所就岂小哉？故曰："天下有不可为之事，则贤不足尚矣。"六柔暗，五刚明，故"有庆誉，吉"。六阴柔，亦谦虚，故能用人。又六五阴爻而雷质，虽柔而实刚。君雷而佐电，虽暗而亦明。与它卦六五异矣。

　　　　上六，丰其屋，蔀其家。窥其户，阒其无人。三岁不觌，凶。
　　　　象曰：丰其屋，天际翔也。窥其户，阒其无人，自藏也。

自古小人掩其君之明者，何也？君明则必忧危亡，忧危亡则己疏左右矣，故必掩之以娱乐；君明则必勤总揽，勤总揽则己无权势矣，故必掩之以逸游；君明则必亲君子，亲君子则己失恩宠矣，故必掩之以奸谀。此仇士良之所以传心术之秘于其徒也。故圣人发其心之至隐，而晓以祸之必然，曰：汝之掩君之明，不过欲丰乎己之屋而已，不知"丰其屋"者，适以掩其家而不光；又不过欲高其位而际天而已，不知高其位者，适以空其门而自藏。家之掩也，门之空也，自此三岁而熠耀行于室，麋鹿游于台矣，岂复觌汝家之有人迹乎？凶莫大焉。凶又有大者，蜚廉之诛不足吊，而吊成汤之不祀；季述之戮不足痛，而痛昭宗之圉终。为人主者，可不戒哉？

旅

離上
艮下

　　旅，小亨，旅贞吉。
　　彖曰：旅，小亨。柔得中乎外，而顺乎刚，止而丽乎明，是以小亨，旅贞吉也。

　　山内而火外，内为主，外为客；山止而不动，犹舍馆也；火动而不止，犹行人也，故艮下离上为《旅》。旅非不亨，而曰"小亨"，何也？旅者，人之失其居而穷于外者也。在下谓之丧人，在上谓之蒙尘，亨犹不亨也。又曰"旅贞吉"者，居家而不贞，尚非吉之道，况穷于外而不正，则上交必谄，而主人莫之敬；下交必渎，而徒御莫之尊。取而不正则裒，留而不正则濡，去而不正则遄，故"旅贞"则"吉"。孰为旅道之贞乎？以为客则柔，亦不过于柔，必顺乎刚，乃为得其中，仲尼不答灵公是也；以所主而止，则所止亦不妄，止必丽乎明，仲尼不主弥子是也。此皆旅道之贞也。曰"柔得中"，谓六五。曰"得中乎外"，谓六五在外卦。曰"柔顺乎刚"，谓六五顺九四、九三之二刚。曰"止而丽乎明"，谓山与火也。柔而在外，故为旅。

　　旅之时义大矣哉！

　　旅者，人之穷，何大乎时义也？时在彼，其系在遇；义在此，其系在守。遇，非我所能为也；守，我所能为也。圣贤君子不幸而为旅，尽其所能为，听其所不能为而已。夷吾、重耳俱寓于秦，无异寓，有异时。仲尼、阳虎俱去于鲁，有同去，无同义。

象曰：山上有火，旅。君子以明慎用刑，而不留狱。

刑不明则冤，故欲明；过明则察，故欲谨；过谨则滞，故欲不留。艮止，故谨。火行，故不留而明。

初六，旅琐琐，斯其所取灾。
象曰：旅琐琐，志穷灾也。

初六以阴柔之资，宅卑下之地，此小人之弃逐而在旅者也。上之不能如仲尼在陈而弦歌不衰，下之不能如钟仪在晋而乐不忘旧。方且经营琐细之鄙事，以自封植，此其所以致灾也。故庆封奔吴而致富，君子知其及殃。息夫躬寄丘亭而祝盗，或者告其祝诅。盖小人无道义以养其志，得志则骄溢，失志则困穷，故"琐琐"以"取灾"也。然在旅而为鄙事，有志穷而为之者，有志大而为之者。故刘备种菜于魏，志不在于菜；苏武牧羊于匈奴，志不在于羊，必有能辨之者。

六二，旅即次，怀其资，得童仆贞。
象曰：得童仆贞，终无尤也。

六二，公侯、大臣之显者，丧而在旅者也。然能柔顺以下人，中正以立己，故所至有次舍，安焉即之而不危；所挟有资用，退然怀之而不露；所从有臣仆，翕然得其心而不离，虽曰为"旅"，而无悔尤矣。晋文公之奔也，见秦伯则拜，见野人亦拜，不曰柔顺以下人乎？文而有礼，好学而不贰，凡十九年守志弥笃，不曰中正以立己乎？广而俭，怀安而能迁，不曰怀其资而不露乎？其贞正如此，故至楚，楚飨之，楚送之；至齐、秦，齐、秦妻之，秦纳而归之，可谓"旅即次"矣。腹心则子犯、子余，股肱则魏犨、贾佗，纪纲则秦之三千人，可谓"得童仆"矣。岂惟在旅而无悔尤哉？旅而归而霸，孰御焉？

九三，旅焚其次，丧其童仆，贞厉。

象曰：旅焚其次，亦以伤矣。以旅与下，其义丧也。

九三，亦公侯、大臣之显者，丧而在旅者也。为客依人，而以刚处刚，又在下卦之上，有多上人之心，宜其大则焚其次舍而无所归，小则丧其童仆而莫之助也。鲁昭公孙于齐，齐不礼焉，而馈以大夫之礼，公遂如晋，将如乾侯。子家羁曰：“有求于人，而即其安，其造于境。”弗听。① 是刚而不能下人也。使请逆于晋，而晋又不答，是“焚其次”。鲁之归焉者，公执之，鲁自是不归焉。季孙将如乾侯，见公而与之归国，而公不见，自是不归国，是“丧其童仆”也。虽贞犹危厉，而况不贞乎？近离，故焚。

九四，旅于处，得其资斧，我心不快。

象曰：旅于处，未得位也。得其资斧，心未快也。

九四在下卦之上，上卦之初，亦公侯、大臣之在旅者也。有刚明之才而能居柔以下人，故旅于内地而有处，非至如外地之次舍也。得其资而犹能富贵人，得其斧而犹能威罚人也。然虽在内地而犹未得位，虽得资斧而犹未快心，其郑厉公在栎、卫献公在夷仪② 之时乎？非二、五未得位，然已近乎五，故“旅于处”。

六五，射雉，一矢亡，终以誉命。

象曰：终以誉命，上逮也。

六五，王者之蒙尘而在旅者也。王者无外，而何旅之有？少康逃虞思之国，宣王匿召公之家，是亦旅也。所谓祸乱之作，天所以开圣人，其《旅》之六五乎？六五为《离》一卦之主，明之至也，有《坤》六五之文德之盛也。有

---

① 事见《左传·昭公二十八年》：二十八年春，公如晋，将如乾侯。子家子曰：“有求于人，而即其安，人孰矜之？其造于竟。”弗听。

② 夷仪：卫国地名。《左传·襄公二十五年》：晋侯使魏舒、宛没逆卫侯（卫献公以十四年奔齐），将使卫与之夷仪。

文明之德，居至尊之位，而牧之以谦柔，如射文明之羽而不再发，言发无不中也。此其所以下得乎人之誉，上得乎天之命，自旅寓而复归其天下国家与？矢其文德，宣之文也；明明天子，宣之明也；侧身修行，宣之谦柔也。《小雅》美之，则《鸿雁》《庭燎》；《大雅》美之，则《云汉》《崧高》，至《烝民》《韩奕》则又美之，《江汉》《常武》则又美之，民誉不盛矣乎！"天监有周""保兹天子"，咏于《诗》；"上天佑之，为生贤佐"，载于《传》。天命不隆矣乎？其中兴也，孰御焉？故有德，则少康、宣王自旅人而为天子；无德，则太康、厉王自天子而为旅人。有天下者，可不惧乎？"上逮"谓德上达天也。离为雉，为戈兵，故曰"射雉"，曰"一矢"。

> 上九，鸟焚其巢，旅人先笑后号咷。丧牛于易，凶。
> 象曰：以旅在上，其义焚也。丧牛于易，终莫之闻也。

上九，亦王者之蒙尘，终于旅而不归其国者也。位一卦之上，居离体之极，恃其高亢而肆其刚强，至于失高位而为旅人，自取之也。既毁其家，如鸟焚巢；又辱其身，如先笑后恸；又失其大物，如丧牛而甚易。此晋末帝信景延广之言，挑契丹之敌，至于覆宗祀、迁虏庭而亡天下与？凶孰大焉？然则有天下者，高亢可恃，刚强可肆乎？尧之恭逊，舜之温恭，汤之宽仁，文王之徽柔，武王之容德，高祖之豁达大度，光武之柔理天下，此帝王之盛德也。初、二、三、四皆言"旅"，而不言"旅人"，在旅而非旅人也，有归其居之义焉。上九独言"旅人"，则在高位之时，已有终身旅人之理矣。惟六五当旅之时而不言"旅"，非不言也，不忍言也。故没其辞于爻，而列其爻于卦。始乎旅而非旅，终乎归而为王也。故六五独不言"旅"，所以有王者无外之大义也。上九高亢如鸟高飞，故象之以鸟；又离之极，故象之以焚。"牛"，大物也。"丧牛"，失天下之象。"终莫之闻"，高亢自信，不闻其过也。或曰：公卿、大夫、士、民有旅，固也；王者亦有旅，圣人虑患不亦甚乎？曰：王者有旅，非甚也。求为旅而不可得，斯甚矣。卫庄公示戎州人以璧而不受，胡亥请为黔首而不许，旅何可得与？

巽

☴ 巽上
巽下

巽，小亨，利有攸往，利见大人。

象曰：重巽以申命，刚巽乎中正而志行。柔皆顺乎刚，是以小亨，利有攸往，利见大人。

巽"亨"而"小"，何也？析二卦而言，则一阴虽为主，以不能独立而顺二阳；合一卦而言，则初与四皆在下，而顺在上得位之二、五。盖无往而不顺，是以"利见大人"而无阻。惟其在下而不立，是以虽"亨"而"小"也。然《巽》之为卦，为曲，为靡，为苟合，为诡随，为导谀。其于人也，为妾妇。非全德之卦也。然则圣人焉用巽？其惟用之于命令乎？上顺下而出命，则罔咈乎民之心；下顺上而承命，则罔违乎君之政，故曰"重巽以申命"。"申"而"重"之者，一再而申之也。"刚巽乎中正"谓二、五。"柔皆顺乎刚"谓初与四皆以阴而顺阳。"大人"谓九五。"重巽"谓二卦皆巽。

象曰：随风，巽。君子以申命行事。

一风先之，上卦也，君出命之象；一风随之，下卦也，臣民从命之象。二风相重而不息，"申命行事"之象。鼓舞万物、万民而莫之违，风与命令之象。

初六，进退，利武人之贞。

象曰：进退，志疑也。利武人之贞，志治也。

天下之理，可进则进而不为躁，可退则退而不为怯。初六阴柔在下而过于卑巽，是小人也。进退皆疑，而莫之适从，其不左右反复而卖人之国者几希。其封伦、裴矩之徒乎？然则《巽》之初六，无所可用乎？其惟"利武人之贞"乎？盖阴柔一也，弱者用之为邪，强者用之为正；卑巽一也，怯者用之为谄，勇者用之为谦，故李愬之拜裴度，正而非邪，上下之大分也；韩信之师广武①，谦而非谄，师资之大义也。以谦恭柔逊之德，而御其刚强武勇之气，此其"贞"而"利"与？易穷则变，变则通，顾用之何如耳？故《巽》之初六，用之进退而其志疑，用之武人将师而其志治。《说卦》巽"为进退"，故"疑"；又"其究为躁卦"，故"武"。

九二，巽在床下，用史巫纷若，吉，无咎。
象曰：纷若之吉，得中也。

巽，德之顺也，善则为谦、为恭、为逊，过则谄矣。鞠恭不已，将及俯偻；俯偻不已，将及床下。九二，大臣之位也。抑其阳刚之德，而自处于阴柔，此已卑巽矣。不惟自处于阴柔，而又处于卑下，此又过于卑巽矣，不曰"巽在床下"乎？大臣，君之股肱，国之栋干，民之表极也。今若此，岂所望于大臣乎？其孔光、张禹、胡广、赵戒之徒乎？然则《巽》之九二，又无所可用乎？其惟用之以祭祀，则"吉"而"无咎"乎？其大，上下神祇；其次，山川社稷；其亲，祖祢宗祧。用祝史，用巫觋，奉牲以告，奉盛以告，顺其时，尽其礼，纷然有事，穰焉降福，百拜而不为谄，骏奔而不为卑，何也？事神不嫌于卑巽也。然圣人犹戒之曰"得中"，而不得过，况事君而过于谄乎？然则过于卑巽者，用之为史巫则吉，用之为大臣则凶；用之于事神则无咎，用之于事君则有咎矣。学易者当以圣人所言，逆其所不言。下卦二阳覆上而横，床之象也。一阴承下而对峙，床足之象也。

九三，频巽，吝。
象曰：频巽之吝，志穷也。

九三以刚处刚，非能巽其身；以刚乘刚，非能巽于人。然虽出乎九二阳刚大臣之上，亦能谄乎六四柔巽迩臣之下，是有时而屡不巽，有时而屡巽也。其所谓人而无常，不可作巫医者邪？故虽"巽"而"吝"且"穷"，何也？得之

---

① 光武：指李左车，赵国名将李牧之孙、韩信之师。秦末六国并起之时，辅佐赵王歇，立下赫赫战功，被封为广武君。

于六四，而失之于九二也。廉以不巽而辱蔺，蔺乃以巽而辱廉。九三，其廉之徒乎？九三"频巽"，犹《复》六三之"频复"，频，屡也。

六四，悔亡，田获三品。
象曰：田获三品，有功也。

六四以柔处柔，以顺重顺，居上卦之下，上则顺乎一阳之君；居下卦之上，下则顺乎二阳之臣。顺上者，上亦顺之；顺下者，下亦顺之。以一顺而获三顺，犹搜田而获君庖、宾客、干豆之"三品"也。九五，君庖之象也。九二、九三，宾客、干豆之象也。是爻也，丙吉有焉。以厉精之宣帝为之君，而贤吉之不伐；以严毅之魏相为之同列，而善吉之宽厚，"获三品"而"有功"之验也，岂惟"悔亡"而已乎？

九五，贞吉，悔亡，无不利，无初有终。先庚三日，后庚三日，吉。
象曰：九五之吉，位正中也。

九五以刚处刚，宜其非巽也，而为巽之君者，以纯刚之德，宅至尊之位，而能回其刚以巽乎中正，是之谓"贞"。惟"贞"，故"吉"，故"悔亡"，故"无不利"。一贞立而百顺随，然犹"无初有终"者，有始有卒，其惟圣人。自非圣人，与其有初而鲜终，宁无初而有终也，所以"无初"者，非守常，乃应变也，事有不得已而变更者。民未孚上之意，必未从上之令也，圣人其敢求民之骤从乎？事之未更，先喻之以利害之详；事之既更，复喻之以利害之久。使民晓然知利害之实，则欣然顺上之令而乐从之矣，是以"有终"。故盘庚迁都，先之以上篇之《书》，后之以中篇、下篇之《书》；成王化商民，先之以《召诰》《洛诰》，后之以《多士》《多方》，皆"先庚""后庚"之义也。甲者，事之始；庚者，事之更。甲于四时为春，于五行为木。《蛊》之下卦巽也，巽为木，故言"甲"。庚于四时为秋，于五行为金，于五色为白。《巽》之上下卦皆巽也，巽为白，故曰"庚"。

上九，巽在床下，丧其资斧，贞凶。

象曰：巽在床下，上穷也。丧其资斧，正乎凶也。

九二在下而卑，故为"巽在床下"。上九在上而高，亦为"巽在床下"，何也？上九，巽之极，过于顺者也。在上而过于顺，何异于在下之卑而顺？然上九之巽与九二同，而九二则吉无咎，上九则凶，何也？九二，中正之顺；上九，奸邪之顺也。何以知上九奸邪之顺也？上九位极乎人臣，身极乎崇高，爱其所有之富贵权势，而患失之心生，故必极其巽顺阿谀，以保其所有。不知顺愈过，而身愈危也。故小则丧其资用，大则丧其权势，虽正亦凶，况不正乎！李斯忧蒙恬之代其相，则顺赵高废立之邪谋；惧失其爵禄而求容，则顺二世之欲而劝之以逸乐。将以顺易位，而以位易宗，故司马迁论之曰"持爵禄之重，阿顺苟合"，可谓洞见其肺肝矣。"斧"谓权势，"上穷"谓高极。"正乎"谓不正。

兑

兑上
兑下

兑，亨，利贞。

彖曰：兑，说也。刚中而柔外，说以利贞，是以顺乎天而应乎人。说以先民，民忘其劳。说以犯难，民忘其死。说之大，民劝矣哉。

《兑》奚而亨？天人说也。天人奚而说？说利贞也。圣人奚而利贞？刚中以正己，柔外以说民也。惟民说，故天说；惟利民，故民说。惟不利己，故能利民；惟正己，故能不利己。汤之宽仁兆民，自不殖货利始；不殖货利，自不迩声色始。《革》之象曰"汤武革命，顺乎天而应乎人"，今《兑》之象亦云。《革》言天人之说乎汤武，《兑》言天人之所以说也。天人俱说，是惟无事，有事而与民趋之，则劳而忘劳；是惟无难，有难而与民犯之，则死而忘死。好逸恶劳、好生恶死，人之情也；劳而忘劳、死而忘死，非人之情也。非人之情而忘之者，说而不自知其劳且死也。曷为而说也？知圣人劳我以逸我，死我以生我也，是以说而自劝也。劝民与民自劝，相去远矣，是以圣人大之曰："说之大，民劝矣哉。"劳而忘劳，禹之治水是也；死而忘死，汤之东征西怨是也。

象曰：丽泽，兑。君子以朋友讲习。

天下之可说者，莫小于声色臭味，而莫大于义理。天下之求益者，莫狭于昼思夜度，而莫广于朋友讲习。不观《兑》之象乎？两泽相丽，则水泉相益而不涸；二友相讲，则义理相益而不穷，而况九泽与众友乎！是以君子说之。

初九，和兑，吉。
象曰：和兑之吉，行未疑也。

当兑说之世，天下人说于下，君臣相说于上，而圣人所甚不说也，必有疏远在下之士，负特立不倚之刚，献可替否以相济而不疑，其庶几不至于容说之朝乎？所以吉也。初九是也，以阳居阳，至刚也；在下无附，至疏也。至疏则大利不能怵，至刚则大戮不能惧。断而行之，何疑之有？故成帝燕安之余，非朱云莫能斩佞臣；神尧^①平定之初，非孙伏伽不敢谏戏。晏子曰：和如和羹，同如济水。兑以说为说，和兑以不说为说。

九二，孚兑，吉，悔亡。
象曰：孚兑之吉，信志也。

礼不妄说人，君子难说，故妄说人者，小人也；易说者，尤小人也。九二居大臣之位，当兑说之世，天下视其所说而赴焉者也。惟九二以刚阳之德，居中正之地，见其诚正可说者说之，其佞伪妄说人者绝之，则天下诚正者至，而佞伪者远矣。惟其孚诚者说之，此其所以吉也。吉矣，又曰"悔亡"，赞之之至也。故周伯仁爱刁协之佞，而仲智责之；张九龄喜萧诚之软美，而李泌让之，皆愧于《兑》之九二者也。然仲尼犹戒之曰"信志也"，谓彼之诚信，亦必察其出于志，盖恐其色仁而行违也。佞伪取说之小人，其亦难防也哉！

---

① 神尧：唐高祖之谥号。

六三，来兑，凶。
象曰：来兑之凶，位不当也。

圣人之诛盗，轻于诅盗。《兑》之六三，不当是也。夫《兑》之六三，其阴柔邪佞，挟此以来而求说于上，鬻而不售，己之吉，亦国之吉；鬻而售，己之凶，亦国之凶。六三之凶于而身，不足咎也。说六三之柔佞而来之，既来之，又位之于下卦之上者，可咎也。位小人于上，可谓位之而不当矣。位之而不当，一佞来，万佞集，不凶于而国乎？故廉、来之得位，凶于廉、来，亦凶于商；恭、显之得位，凶于恭、显，亦凶于汉。六三以说而来，来而凶，岂六三之罪哉？

九四，商兑未宁，介疾有喜。
象曰：九四之喜，有庆也。

兑、说，一也，而所以说者二，有事君容说者，有以安社稷为说者。九四，近君之臣也，故于兑说之时彷徨焉，踌躇焉，商确而谨择焉，其心安得而自宁也，何也？惟容说之小人，有以妄说而病吾君之心也。君心勤政，彼病之以逸豫；君心忧乱，彼病之以燕乐；君心裕民，彼病之以聚敛；君心静治，彼病之以威武。六三之"来兑"，即容说之小人也。非九四之刚正介而隔之，使不得近于九五，其不为疾者鲜矣。六三者，君心之膏肓也；九四者，君心之箴规也。故九四者，六三之所甚不喜也。六三不喜，则九四有喜矣。非九四之私喜，天下国家之大庆也。故魏徵用而封伦沮，李绛入而承璀去。《春秋传》曰"介在东都"，"介"，隔也。

九五，孚于剥，有厉。
象曰：孚于剥，位正当也。

小人得志，疾也；不得志，亦疾也。得志则中其疾，以疾其君心；不得志则移其疾，以疾其君子。是疾一移则阴剥阳、邪剥正矣。虽以九五之刚明中正，难说于其上三阳之可否，诚正介隔于其下。然六三以兑说而来焉，上六以兑说而引焉，九五万一轻信二阴而孚焉，则剥之胎具矣，安得不危厉而祗惧哉？九五居此位也，则必当此责也，可不惧乎？尧且忧驩兜、畏孔壬，况不如尧者乎？

上六，引兑。
象曰：上六引兑，未光也。

贤人在上引其类，小人亦然，物各从其类也，故上六兑说之小人，必引六三"来兑"之小人。然举而无成、发而不中者，上有九五之刚明以剥为惧，下有三阳之众正以隔其来，又以上六在一卦之外，无位以昌其党，此小人之道所以不至于光亨而乱天下也。驩兜荐共工而尧吁，金言荐鲧而尧咈，皆"引兑"而"未光"者与？六三，下卦兑说之极；上六，上卦兑说之极，位皆阴柔，故上者引，下者来。

涣

**䷺ 巽上
坎下**

涣，亨，王假有庙，利涉大川，利贞。
象曰：涣亨，刚来而不穷，柔得位乎外而上同。王假有庙，王乃在中也。利涉大川，乘木有功也。

济大难者存乎才，散大难者存乎德，既济、既散而不居者存乎道。涣，散也，其为卦，坎下巽上。坎，水也，险也，难也。下卦，内也。坎下者，难在内也。膏肓内痛，非腠理之药所能达；祸乱中起，非都鄙之政所能排。当是之时，孰能济此难而散之者？其惟巽之君子。盖济难者，才也；散难者，非才也。项羽能亡秦，而不能散汉以为楚；曹操能平群雄，而不能散吴、蜀以为魏。项挟勇，操挟知，皆才也，非德也。欲天下之难永散而不再合，惟德足以服人心而后可。巽之才，木也；其德，风也。水之深能溺万物，然乘一木则悠然而济；水之怒能决九山，然遇一风则欣然而散。才以济之，德以散之，天下之大难一朝涣然而不复聚，涣之所以亨通也。曰"利涉大川，乘木有功"，言王者之才足以济大难也。曰"利贞"，又曰"王乃在中"，言王者中正之德足以散大难也。然天下之大难，济之易，散之难；散之易，散之而不居难。平吴亡晋，平陈亡隋，居之而骄也。武王一戎而天下定，难已济矣；散牛而不复用，难已散矣。武王方且祀于周庙，大告武成曰：此惟先王后稷之功，此惟太王王季之功，此惟文考文王之功。至于在我，则曰"予小子其承厥志"而已，退然无自功之色。至此然后见才不足为武王道，德不足为武王言。非有道，孰能谦巽而不居其功乎？不居斯不骄，不骄斯不败，故巽之才在木，而不在木；巽之德在风，而不在风。兼天地人之谦者，其惟巽之有道与？故曰："既济、既散而不居者存乎道。"此"涣亨"所以首之以"王假有庙"，然后及济难、散难、利贞之辞与？"刚来而不穷"谓九二。"柔得位乎外而上同"谓六四。

象曰：风行水上，涣。先王以享于帝立庙。

卦辞言"王假有庙"，举其略。象曰"享于帝"，举其详。言不独归功于祖考，又当归功于天。"享于帝"，《昊天有成命》是也。"立庙"，《清庙》是也。

初六，用拯马壮，吉。
象曰：初六之吉，顺也。

初六逢险难之时，屈卑下之位，而挟拯难之志，是黔娄言善贾，叔山无趾言善舞也，[1]将焉拯？是不然，拯不在独，而在从；不在从，而在择；不在择，而在蚤。初六今何从？从圣明之君乎？在下而莫我达也。其次从吾君之大臣乎？从之又不可泛也，莫若择其贤而有力者。九二者，大臣之刚正，所谓贤而有力者与？其贤如骥之德，其壮如骥之力。初六从之，顺乎其吉，沛乎其拯也。所从而不择，择而非有力，有力而非贤，贤且有力而从之不蚤，非所以摅拯难之志也。择所从而得九二，得九二而从之于初，吉何疑焉？信从何，平从

---

[1] 黔娄：春秋时鲁国高士，不求仕进，一生安贫乐道。叔山无趾，鲁之兀者，因不知务而轻用其身，故亡一足也。

无知，诸将从邓禹，秦府之士从玄龄，拯难之功何如哉！"六"，顺也。"初"，
蚤也。九二，乾爻，乾为马。

九二，涣奔其机，悔亡。
象曰：涣奔其机，得愿也。

君子当平世，为雾中之豹，为渊中之龙，如酣寝而不闻，非杨也。君子当
乱世，为决川之禹，为救火之侨，虽焚溺而不避，非墨也。吉凶与民同患，当
其可而已。九二以刚中之才，当险难之世，就使无大臣之位，逢九五刚明中正
谦巽之君，犹当奔奏而赴之，与之济难，而况大臣之位乎！得其志愿，何悔之
有？幡然而改，尹奔汤以济纳构之难也；舍筑而起，说奔高宗以济大川之难
也。"机"者，君所凭也。不言"君"而言"机"，不敢斥所尊也。虽然，有似
之而非者，石厚之奔州吁，荀爽之奔董卓，淫奔也，非奔机也，学者审诸。

六三，涣其躬，无悔。
象曰：涣其躬，志在外也。

险难之世，非一端也，有基难，有作难，有济难，有遭难，有免难。褒、
妲、斯、高，基难也；胜、广、元、感，作难也。汤、武、伊、周，济难也；
河桥①、白马②，遭难也；二老、四皓，免难也。六三在坎之外，体柔之德，居
无位之地，柔则不竞，外则无险，无位则无施，虽不能济难，其散于难而免其
身，何悔焉？志在一世之外、万物之表故也。志在一世之外者，举世不能浊其
洁；志在万物之表者，一物不能伤其生。故商山无斯、高，白马无园、绮。③
人之或出或处，各言其志，圣人所不能齐也。不然，仲尼以景公轻夷、齐，以
曾点重由、求乎？

---

① 〔南朝宋〕刘义庆《世说新语·尤悔》：陆平原（陆机）河桥败，为卢志所谮，被
诛。临刑叹曰："欲闻华亭鹤唳，可复得乎！"
② 白马：古驿名。唐哀宗天佑二年（905年），朱全忠（朱温）在亲信李振的鼓动下，
于滑州白马驿（今河南滑县境内）一夕尽杀宰相裴枢、崔远等朝臣三十余人，并投尸
于河，史称"白马之祸"。
③ "商山四皓"中的东园公和绮里季。

六四，涣其群，元吉。涣有丘，匪夷所思。

象曰：涣其群，元吉，光大也。

六三之"涣其躬"，散一己之难也。六三，居险之外者也。六四之"涣其群"，散天下之难也。六四，近君之大臣也。六三而为六四僭矣，六四而为六三偷矣，何也？六四逢险难之世，居大臣之位，当济难之责，不能散天下群聚之难，非偷而何？然散其大者虽如山岳，而其小者尚如丘陵，散犹不散也。不忽其丘陵之小，而怀匪夷之思，必尽乎夷之而后已，然后"元吉"而"光大"也。慕容绍宗之不追侯景，仆固怀恩不平河北，皆"有丘"而不思夷之者也。巽为高，故"有丘"。

九五，涣汗其大号。涣，王居无咎。

象曰：王居无咎，正位也。

《涣》之六爻皆无"凶""悔""吝"者，惟六三，世外之君子，无与于济难，其余诸爻皆奔走而为九五之用。九五以刚明中正之德，谦抑卑巽之度，为一卦之主，用群臣之贤，将何以大慰天下之望，尽散天下之难乎？不有大号令、大建立、大更革，未见其可。盖天下有大险难，如一身有大疾病也。除大疾病者，非一汗则疾不解；排大险难者，非"大号"则难不散。何谓"大号"？发号施令必大焉。先小者、碎者虽多，无补也。商民所大病者，其政贪，散财发粟之令一出而四海服；秦民所大病者，其政酷，约法三章之令一下而万民悦。大者举矣，何必多乎哉？然除疾有二，疾而不汗者死，汗而复反者亦死；散难有二，无大号者民弗从，有大号而复反者民亦弗从。令之以薄敛而行之以重赋，是反也；令之以轻徭而行之以劳役，是反也；令之以省刑而行之以峻法，是反也。出令而民从之，令反而民去之，天下之难何时而散乎？故又曰"涣，王居无咎"。"居"之为言，执之以金石之坚，行之以四时之信，固守而不迁之谓也。如是，斯可以正位凝命而永无灾咎矣，故曰"王居无咎，正位也。"

上九，涣其血，去逖出，无咎。

象曰：涣其血，远害也。

散大难者必去其源，除大疾者必绝其根。疽之为疾也，能杀人，而不善疗疽者，亦能杀人，何也？知疗疽而不知消其根也。血之毒而非气之正者，疽之根也；爱其血而不听其去者，存疽根者也；去其血而不与之尽者，留疽根者也。二者之祸，其一医之罪也。其一岂医之罪哉？上九居《涣》之终，能为九五之"涣其血"矣。必去之尽而出之远，则天下之难，其害日远日亡矣。不留者在上九，听与否不在上九也。非九五刚明中正之君，孰能一听上九之所为哉？可不惧乎！孙武之诛队长，穰苴之斩庄贾，上也；楚子常之杀无极，陈元礼之杀褒姐①，次矣。

---

① 褒姐：指杨玉环。

卷十六

节

坎上
兑下

节，亨。苦节，不可贞。

彖曰：节亨，刚柔分而刚得中。苦节不可贞，其道穷也。说以行险，当位以节，中正以通。天地节而四时成。节以制度，不伤财，不害民。

厥初生民，无穷民也，民奚而穷也？民之欲无穷，而财之生有穷，以有穷奉无穷，民于是乎始穷。圣人忧焉，故受之以节。节者，约侈而归节也。节则裕，裕则通，故曰"节，亨"。"亨"者，通也。然有财之穷，亦有节之穷。财之穷自不节始，节之穷自过于节始。过于节，则人情苦之而不可久，于是节之说又穷。圣人忧焉，故受之以中。中者，非不节，亦不过于节，故曰"苦节，不可贞"，又曰"其道穷也"，又曰"中正以通"。中则通矣。虽然，中无形也，无形则难守，于是中之说又穷。圣人忧焉，故受之以制。先之礼，后之法。礼一立则截然不可逾，法一立则凛然不可犯。上下有分，名器有等，然后财不伤、民不害矣。非必上之虐取，然后为伤害也。下无制度，则财以侈自伤、民以侈自害也。下侈且然，况不止于下侈乎？大哉，圣人之制度乎！其如天地乎！"天地节而四时成"，圣人节而天下富。坎阳兑阴，故曰"刚柔分"。二、五皆以阳居中，故曰"刚得中"。兑说坎险，故曰"说以行险"。二阳当君臣之正位，故曰"当位"。冬闭不固，则春生不茂，故曰"天地节而四时成"。

象曰：泽上有水，节。君子以制数度，议德行。

水之在泽，盈则溢，平则钟，此节之象也；兑说坎险，说过则流，险以节之，此节之义也；二阳盛，二阴节之，一阳盛，一阴节之，此节之理也，故曰"泽上有水，节"。民侈受之以节，节苦受之以中，中无形受之以制，圣人之防人欲，足矣乎？曰：未也。约民以制，以制为制也；先民以身，以身为制也，故曰制数度为未足，必反而议吾身之德行焉。呜呼，周矣！

初九，不出户庭，无咎。
象曰：不出户庭，知通塞也。

君子将有以节天下，必始于节一家，节一家必始于节一身。颜子之节，非求之外也，节性而已。不迁怒，喜怒节矣；不贰过，过愆节矣；一箪瓢，奉养节矣。不出户庭之间而制数度、议德行，不伤财、不害民，节之道具矣，何咎之有？塞则行之户庭而准，通则行之四海而准，而况为邦乎？初九穷而在下，故"不出户庭"。

九二，不出门庭，凶。
象曰：不出门庭，凶，失时极也。

"不出户庭""不出门庭"，一也。以初则"无咎"，以二则"凶"，何也？初，处士；二，大臣也。身为大臣，上逢九五阳刚中正之君，谓宜佐其君制数度以节天下之欲，议德行以节其君之欲，此其时不可失也。今乃下同初九处士之节，私淑门庭之内而已，一何不广也，故凶。故公孙弘之布被，节则节矣，于穷奢之主、虚耗之民何裨焉？九二，说之主容说之臣故也。

六三，不节若，则嗟若，无咎。
象曰：不节之嗟，又谁咎也？

六三以兑说阴柔之极而在人上，挟其说豫充盈之势，极侈汏以自奉而不知节，至于人恶其盈，鬼瞰其室，天收其声，然后戚嗟慨叹，亦何及矣！自取之耳，又谁咎哉？郑伯有、晋石崇是已。至见逐于国人，追诵于白首而不悟也。三居泽之极，故溢而不节。

　　　　六四，安节，亨。
　　　　象曰：安节之亨，承上道也。

六三之"不节"，不及于节；上六之"苦节"，过于节。无过焉，无不及焉，节而中，中而安，其惟六四乎？六四在坎之下，居水之趾，安焉自节而断然不溢者也。方九五之君以甘节先天下，乃得六四之大臣安节以承其上之道也。此天下所以蒙不伤财、不害民之福也。故亨非六四之亨，天下之亨也。代宗欲致太平，而杨绾以清德相，曾不崇朝[1]而黎干、崔宽、郭子仪翕然而承之，非承绾也，承代宗之道也。使绾之清节不出于安，而出于强，是三人者肯心服而承之哉？干与宽可强而服也，子仪可强而服也乎？

　　　　九五，甘节，吉，往有尚。
　　　　象曰：甘节之吉，居位中也。

九五以刚德为节之主，宜其过于节也。然甘而不苦者，以其位乎中也。中则不过，不过则可美而易从矣。禹是也。宫室卑矣，衣服恶矣，饮食菲矣，何其节也？然致美黻冕，致孝鬼神，又何华也？此其所以无往而不可尚，天下皆受其吉康与？

　　　　上六，苦节，贞凶，悔亡。
　　　　象曰：苦节，贞凶，其道穷也。

――――――――――

　　① 典出《诗经·卫风·河广》："谁谓河广？曾不容刀。谁谓宋远？曾不崇朝。"崇朝，即终朝，一个早晨，比喻时间短暂。

上六居《节》之极，故为"苦节"。苦节非不贞正也，而奚其凶？果凶矣。夫凶悔吝，大者凶，小者悔，小者尚亡，大者奚有焉？悔无，凶亦无矣。今也前曰"凶"，后曰"悔亡"，是凶而不凶也。学者至此，宜覃思焉。盖君子之行，或过或不及，故圣人之言，或抑或扬。上六在一卦之外，此世外之士也。世外之士过于节，而行一概苦节，亦何恶于人？然厉其节、极其苦，以为贞正之操而不屑一世，此世之所疾，故有凶之道焉。伯夷隘是也。然人苦其苦，而己甘其苦，不怨不怼，不惑不偷，又何悔焉？圣人悯其人而深戒之以"凶"，又嘉其节而深许之以"悔亡"。悔且亡，况凶乎！是不许其一而许其百也，圣人之意章矣。又哀之曰"其道穷也"，岂不曰"斯人也，而有斯穷也"。不以非道而穷，盖以道而穷者与？孔子曰"君子固穷"，"固"之为言，固当然也。又曰："伯夷、叔齐饿于首阳之下，求仁而得仁，又何怨？"然则上六之凶，何知非吉？而其穷，何知非通与？呜呼，上六之道，其使人悲也。虽然可悲也，而上六则荣矣。"贞凶""悔亡"之辞，学者勿以其一废其一，则上六之穷，未为终穷也。说者乃以上六爻象之辞，与卦辞所谓"苦节不可贞"之辞、象所谓"其道穷也"之辞比而同之，使其一意而申言，则《易》赘矣。卦、象之辞，圣人不以苦节绳天下也；上六之辞，君子以苦节绳一身也。以苦节绳天下，不可；以苦节绳一身，又不可，是退夷、齐而进伯有、石崇也。岂惟《易》赘也，《节》之卦可废矣？

中孚

䷼ 巽上
兑下

中孚，豚鱼吉。利涉大川，利贞。

象曰：中孚，柔在内而刚得中，说而巽，孚乃化邦也。豚鱼吉，信及豚鱼也。利涉大川，乘木舟虚也。中孚以利贞，乃应乎天也。

《中孚》之为卦，三与四，二柔在内则中虚，中虚则无我；二与五，二刚得中则中实，中实则有物。《中庸》曰"不诚无物"，心如器焉，诚之在心，如物之在器焉。器虚，然后物得而实之；心虚，然后诚得而实之。若有我之心先立，则吾心先为有我之私所实矣，将何地容此诚哉？心者，神明之舍。舍不虚，神明将何居焉？夫惟此心洞然而虚，则至诚充然而实矣。充然者，发于中而孚于外，此所以为中孚也。中有玉者外必辉，中有诚者外必孚。孚之为言，此感于彼、彼信于此之谓也。是故中孚之所发，上行之则顺，下信之则说，故曰"中孚，柔在内而刚得中，说而巽，孚乃化邦也"。孟子曰："不诚，未有能动者也。"中孚所动，至微而信豚鱼，至危而蹈水火，至显而化邦，至应乎天，焉往而不动哉？海客之机心，海人未知而鸥鸟先知，中孚之至信，所以及豚鱼。燕客之忮心，秦人未觉而白虹先觉，[①] 中孚之利贞，所以应乎天。然则涉危化邦，有不足为者。

　　象曰：泽上有风，中孚。君子以议狱缓死。

　　风无形而能震川泽、鼓幽潜，诚无象而能动天地、感人物，此"泽上有风"，所以为"中孚"。心一诚而诚万用，用之大者，其惟好生不杀乎？故中孚至诚不杀之心，首用之以"议狱缓死"。好生洽民，舜之中孚也；不犯有司，天下之中孚也。天下中孚，则万心一心矣。鸟巢可窥，况豚鱼乎？无他，不杀之心孚于鸟耳。使无诚悫好生之心，巢中之鸟不为海上之鸥乎？《中庸》曰"诚不可掩"。议狱者，求其入中之出；缓死者，求其死中之生。至元恶大奸，不在是典。故四凶无议法，少正卯无缓理。

　　初九，虞吉，有他不燕。
　　象曰：初九虞吉，志未变也。

　　邪不闲，不可与存诚；伪不去，不可与言诚。是故中孚之诚，不可不防其有他也。然责子在初，闲家在初，防心亦在初。"若生子，在初生"，见于《书》，责子之法也。"闲有家，志未变"，见于《家人》之初九，闲家之法也。"虞吉，志未变"，见于《中孚》之初九，防心之法也。虞之为言，防也。微无

――――――

　　① 指荆轲刺秦之事。〔南朝宋〕裴骃《史记集解》引应劭云："燕太子丹质于秦，始皇遇之无礼，丹亡去，故厚养荆轲，令西刺秦王，精诚感天，白虹为之贯日也。"

虞，戒不虞是也。不及其初志之未变而防之，俟其亡而追、炎而扑、曲而揉、决而堤，则噬脐矣。一身之外无非妄，一诚之外无非伪。妄与伪，皆所谓"有他"者也。如御寇贼，如避风雨，察吾心一毫"有他"，则惕然而不安，则防之周矣。不忠、不信、不习，当如曾子之所省者三；勿视、勿听、勿言、勿动，当如颜子之所克者四，其庶几乎。"不燕"，不安也。

九二，鸣鹤在阴，其子和之。我有好爵，吾与尔靡之。
象曰：其子和之，中心愿也。

九二以刚正诚实之德，而遇九五刚中诚实之君，进而居大臣之位，其孚何先？其惟以贤事君，以心感贤乎？夫惟九二刚而不谀，正而不忌，诚实而不欺，以此号召天下之同类，是心一萌，微而章、隐而显，群贤孰不响然而和之者？盖有此爵禄者，我九五之君也。不私此爵禄于己，而乐与群贤共之者，九二中心之至愿也。出于中心之至愿，而无一毫之忌疾同类，何疑而不孚？何畏而不应乎？彼有实忌仲舒之经术，而荐之以相悍藩；不悦真卿之刚正，而荐之以使叛臣，岂中心之孚也哉？"鹤"，祥禽也，以喻九二之贤也。"在阴"，以阳处阴也。"其子"，同类也。

六三，得敌，或鼓或罢，或泣或歌。
象曰：或鼓或罢，位不当也。

水之为物，深则静，浅则动；深则融，浅则结。六三，泽水之最上，浅而未深之水也。今夫泽水之遇风也，其上则波，其下未必波；其遇寒也，其浅则冰，其深未必冰，何则？浅则易挠，深则难挠。六三为泽水之浅，居柔说之极，故一与物遇，鼓之则动，罢之则止，结之则泣，融之则歌，安能有守而自信哉？人必自信，然后人信之。六三己且不自信，又何孚于人？无它，柔说躁动而在人上，其位不当故也。仪、秦、轸、缓，①在在反复之人是已。物我相

---

① 张仪、苏秦、陈轸、楼缓，均为六国谋士。事见〔汉〕贾谊《过秦论》："于是六国之士，有宁越、徐尚、苏秦、杜赫之属为之谋，齐明、周最、陈轸、召滑、楼缓、翟景、苏厉、乐毅之徒通其意，吴起、孙膑、带佗、倪良、王廖、田忌、廉颇、赵奢之伦制其兵。"

遇曰“敌”，风水相遭亦曰“敌”。泽遇巽，故曰“得敌”。

六四，月几望，马匹亡，无咎。
象曰：马匹亡，绝类上也。

为臣者不能诚其身，则不能诚于君。六四以阴居阴，以顺居下，处己而不盈也，不曰诚其身乎？以一阴承九五，孤进而不党也，不曰诚于君乎？人知以盈自裕，莫知以盈自仆；人知以党自助，莫知以党自蠹。六四不盈如月之近于望，不党如马之亡其匹，其中心之诚，人信之，君信之，又何咎矣？张良蚤师黄石，晚从赤松，“月几望”也。韩愈前不污伾、文，后不污牛、李，“马匹亡”也。“绝类上也”，谓绝党以承上。

九五，有孚挛如，无咎。
象曰：有孚挛如，位正当也。

至诚如中孚，可谓道盛德至矣。然五爻不言“孚”，而九五独言“有孚”，岂不曰诚之至、孚之盛，其惟九五之所独有，而二、三皆莫望其末光乎？曰：然。然则九五之孚下，以其化邦则民斯从，感物则物斯信，涉险则险斯夷，应天则天斯动乎？曰：是未足为九五有孚之吉也。九五以刚健中正诚实之德，来天人万物之应，方且惕然如拘挛而不少肆，歉然自敛退而不敢居，若不足以受天人万物之归己，而不足以当天下之正位者。此九五有孚之至也。曰“挛如”者，九五之心也。曰“位正当”者，非九五之心也，天下之心也。至此所以为中孚之主也。卦辞“吉”，而此“无咎”，亦九五之谦也。九五虽刚，而为巽顺之主，故“挛如”。

上九，翰音登于天，贞凶。
象曰：翰音登于天，何可长也？

天下之理，德之小者不可以侥大任，才之下者不可以慕高位，无其资者不可以过其望也。上九处中孚之外，非中孚之徒；无中孚之实，为中孚之声，此妄而盗真、诈而盗诚者也。而乃挟其声之善鸣，下欲以动夫众，上欲以动夫君，而躐取高显之位，求之亦不可得，得之亦不可久，虽正亦凶，况不正乎？此如樊笼之鸡，乃欲一飞而登天，可乎？夫一举千里者，鸿鹄也；翔于万仞者，凤凰也；怒而九万者，鹏也。何也？彼诚有其才德也。曾谓一鸡而能登天乎？晋之王衍，唐之训、注是也。上九，巽之极高者，故曰"登天"。巽为鸡，故曰"翰音"。

小过

震上
艮下

小过，亨，利贞。可小事，不可大事。飞鸟遗之音，不宜上，宜下。大吉。

象曰：小过，小者过而亨也。过以利贞，与时行也。柔得中，是以小事吉也。刚失位而不中，是以不可大事也。有飞鸟之象焉，飞鸟遗之音，不宜上，宜下，大吉。上逆而下顺也。

小过之世，何时也？用静吉、用作凶之时也。曷为静吉而作凶也？君臣俱弱，一也；上动而下止，上作而下不应，二也；阴盛而阳孤，邪众而正寡，小人长而君子消，三也，可以不静而轻作乎哉？当是之时，君臣必也自揆其才、互量其力而安处其时。小有所过则可，大有所过则不可；卑有所就则宜，高有所举则不宜。如飞鸟焉，有所飞，必有所归也。飞而无归，凶孰大焉？是故飞有山可栖，则不可以排空而飞也。若下舍其艮之山，而欲上穷乎震之大空，至于无归而遗音哀鸣，则何及矣？是以圣人首戒之曰"小过，亨，利贞。可小事，不可大事"。言小者过则亨、则利，然必正乃可也，有所为则不可也。犹恐其不量才力、不度时宜而轻动也，又戒之曰"有飞鸟之象焉，飞鸟遗之音，不宜上，宜下，大吉。上逆而下顺也"。言无若飞鸟薄山栖，羡云飞，始乎躁，卒乎悔也。维卑飞则吉、则顺、则宜，高举则逆、则不宜也。周平王之伐郑，鲁昭公之伐季氏，东晋之北伐，石晋之挑契丹是已。"柔得中"谓二、五。"刚失位而不中"谓三、四。"上逆"谓五、上以阴乘阳。"下顺"谓初、二以柔乘刚。内二阳，外四阴，有飞鸟舒翼之象，圣人凶其飞之象，而戒其飞之过。

象曰：山上有雷，小过。君子以行过乎恭，丧过乎哀，用过乎俭。

"泽灭木"为《大过》，盖泽水没于林木之上，此过之大也。"山上有雷"，乃为《小过》，何也？此以二卦之时言也。夫雷之声，其收以仲秋，其发以仲春。艮，山也，为东北之卦，居寅、丑之间。今也"山上有雷"，是季冬、孟春之间，而雷声已发，是反时为灾也，故亦为过。然已近于发生之时，故其过小。过与不及，皆德之累也，亦皆君子进德之地也。小过，过矣，君子用之则过于善，故为过恭，为过哀，为过俭。是三德者，病不过耳，过何病哉！然是三者岂君子独能之乎？小人亦能之，为过傲，为过易，为过奢。

初六，飞鸟以凶。
象曰：飞鸟以凶，不可如何也。

飞鸟不宜上，宜下，大吉；初六，下也，宜吉也，而曰"飞鸟以凶"，何也？卦之形有飞鸟之象，内二阳之实为身，外四阴之散为翼，而初六、上六又翼之锐者也。翼之锐者，不量其力之微，不飞则已，一飞则有高翔远过，一举千里之意。初六，阴柔之小人，常有进躐高位之心，故圣人戒之曰"飞鸟以凶"，又曰"不可如何"，言高位必疾颠，如高飞之必速堕也。盖《小过》诸爻皆患于过，不患于不及。而初六之小人，一过则进居于二而为大臣矣，岂不凶于而国哉？凶于身，不足道也。故阳城欲坏白麻，而德宗不相裴延龄；李甘欲裂诏书，而文宗不相郑注。此得圣人戒初六之旨矣。

六二，过其祖，遇其妣；不及其君，遇其臣，无咎。
象曰：不及其君，臣不可过也。

六二以阴柔之小人，居大臣之高位，常有过其分之心，故常有弱其君之心。然彷徨而不敢进，窥觎而不得僭者，有二阳以振其前也。过其一又遇其一，进则九四御其腹，退则九三要其背，故其僭不及于六五之君。非不欲及也，遇二臣之振己不可越而过也。不有君子，其能国乎？二刚失位，而其有益于君犹如此，使其得位，宜如何哉？周勃有骄主色，而折于袁盎之一言；淮南有反谋，而寝于汲黯之死义；陶侃有坐观危乱之意，而忌于温峤义旗之见指，皆"遇其臣"，故"不及其君"也。九三以阳居阳，故称"祖"。九四以阳居阴，故称"妣"。"过其祖，遇其妣"，岂惟六二安而无咎哉？天下、国家实无咎也。

> 九三，弗过防之，从或戕之，凶。
> 象曰：从或戕之，凶如何也。

君子之进不可过，惟防小人不可不过。防之不过，有时不幸而从之矣。非必升其堂，哜其胾，如永从凤、光从莽、固从宪、邕从卓，然后为从也。不防而信之，斯为从之矣。从之，斯受其戕贼之祸矣。国人皆知白公将为乱，以告子西，而子西独不信；曹操之篡汉，路人皆知之，而荀彧独不疑，至九锡而始有异议，故皆受其祸。六二有进而僭其君之心，故圣人戒九三之迫切如此也。

> 九四，无咎，弗过遇之，往厉必戒。勿用，永贞。
> 象曰：弗过遇之，位不当也。往厉必戒，终不可长也。

当小过之世，逢阴柔之君，有群阴用事之党，上六之小人居高位矣，六二之小人为大臣矣，初六之小人则又飞翔而并进矣。当是之时，君与国，其殆哉！不幸而二刚皆不得位，一居下卦之外，一居上卦之下，皆非得要地者。又幸而二刚分处于内外，以遏群小往来之冲。二君子者，岂以失位而不勉乎？圣人既戒九三以过防小人而勿从之矣，则又重告九四曰：尔虽失位不当也，尔虽恬退而弗过于进也，然尔既遇六二之欲越尔而上僭，而往从之则必厉，勿用往也，必戒可也。永守尔之贞正，可也。能是，则无咎矣。彼阴柔之小人，终不可使之道长也。此圣人戒九四之至也。天下多难，得一君子犹可恃之以安，而况九三与九四同志而分处乎！一蔽遮王室于外，一捍卫吾君于内，虽六五之弱，庸可觊乎！故周公居东，不可无召公之为保；良、平从行，不可无萧相之留中。此"爱莫助之"，《诗》所以一倡而三叹也。

> 六五，密云不雨，自我西郊。公弋取彼在穴。
> 象曰：密云不雨，已上也。

六五弱矣，然九三、九四相与协力，或推之，或挽之，宜其能大有为而泽润天下也。然"密云"而"不雨"，何也？天地之气，阴阳和则雨，今众阴寇二阳，二阳战众阴，阴阳不和，一不雨也。阴阳均则雨，今阴盛而阳微，二不雨也。阴阳交则雨，今震动于上而艮止于下，上下不应、阴阳不交，三不雨也。雨露，发生之母；雷霜，肃杀之主。震与艮皆东卦也，生卦也。"西郊"，杀地也。卦为生卦，而云兴于杀地，安得雨？四不雨也。六五之君何为其然也？一阴不能主二阳，亦不能胜群阴故也。大而泽润天下，既不能卓然立、沛然施矣，乃欲力其大弱，以矜其小强，如初六、上六之飞鸟而不能射也，如六二之逾越而不能止也，则亦乘其栖宿于巢穴者弋而射之。不知夫弋不射宿，圣人不乘物之不虞以为己之能也。乘物之不虞以为己之能，亦可羞矣。晋明帝戮王敦之尸，唐代宗窃辅国之首，是足为天子之威也乎？六五之"公弋取彼在穴"是已。六五以阴处阳，故虽弱而犹有所弋以为强也。然则古之弱主，亦曷尝无有为之志哉？六五，震之主也。然自九三、九四等而上之，至于六五则为兑。兑，正秋也，故曰"西郊"。云降则雨，升而不降则不雨。"已上"者，升而不降也。"公弋"，言王公之弋也。《易》有辞同而旨异者，故《履》之"幽人"为男子，而《归妹》之"幽人"则为女子；《归妹》之"跛""眇"为女子，而《履》之"跛""眇"则为男子。然则《小畜》之与《小过》，同于"密云不雨"；《中孚》之与《小畜》，同于"有孚挛如"，岂可比而同之哉？董子曰："《易》无达占，《诗》无达诂，《春秋》无达辞。"孟子曰："以意逆志，是谓得之。"

> 上六，弗遇，过之，飞鸟离之，凶。是谓灾眚。
> 象曰：弗遇，过之，已亢也。

上六以阴柔之资，挟震动之才，岂惟不与诸爻相遇而已，直超而过之，必出其上、极其高，如飞鸟焉。亢满如此，岂不罹灾眚之凶乎？上自共、骥，下暨斯、高，其祸败一辙也。而后之小人好进者，争超之而未已，哀哉！

既济

坎上
离下

既济，亨小，利贞。初吉，终乱。

彖曰：既济，亨，小者亨也。利贞，刚柔正而位当也。初吉，柔得中也。终止则乱，其道穷也。

出多难而入无难，是为既济之世。当是之时，小者亦亨，况大者乎？盖无一人不亨，无一物不亨，无一事不亨也。如济川焉，舍川而陆，舍舟而毂，危者安，险者济，何忧之有？然人皆敌于洪流，莫或敌于夷涂；人皆惧于覆舟，莫或惧于覆车，是以"初吉"而"终乱"也。秦灭六国而秦自灭，晋平吴乱而晋自乱，隋取亡陈而隋自亡。惟圣人能外内无患，自非圣人，外宁必有内忧，此鄢陵之胜，范文子所以忧晋之必祸也。盖人之常情，多难则戒，戒则忧，忧则治；无难则骄，骄则怠，怠则乱。圣人见其"初吉"，而探其"终乱"，惟能守之以贞固而不移，持之以忧勤而不息，则可以免于"终乱"而不穷矣。故戒之曰"利贞"，又曰"终止则乱，其道穷也"。"刚柔正"，谓六爻刚居刚位，柔居柔位。"柔得中"谓六二。"终止"谓上六。柔怠自画，非克终既济之才。

象曰：水在火上，既济。君子以思患而豫防之。

泰，天地之明交也。既济，水火之明交而天地之互交也。故泰者，既济之纯；既济者，泰之杂。自泰之外，孰有如既济之"吉亨"者？火炎上也，降而居下；水润下也，腾而居上，此水火之明交也。初与三、五皆乾也，分而下于三阴；二、四与上皆坤也，分而上于三阳，此天地之互交也。天地通气，水火济饪，此其为既济与？当是之时，固众人所喜，而君子所惧也。见其吉，思其乱；先其患，豫其防，可以保"初吉"而无"终乱"矣。此尧、舜儆戒无虞之道也。

初九，曳其轮，濡其尾。无咎。

象曰：曳其轮，义无咎也。

初九济难之初，将去危乱而之吉亨也。惟初九以刚居刚，有济难之才，又能竭济难之力。如良马焉，驾大车涉大川，川将离而未离，岸将登而未登，自非竭力以曳其轮，至于濡尾而不之恤，终何以能济乎！宜其无咎也。此周公东征之事乎？

六二，妇丧其茀，勿逐，七日得。

象曰：七日得，以中道也。

六二以阴居中，妇象也。九三在前，为妇车之蔽，茀象也。然九三之火逼近六四之水，火将进而隔于水，丧茀之象也。妇车有蔽而后可行，丧其蔽，不可行之象也。六二有文明中正之德，太平之贤臣也，当险难既济之后，太平之盛时也。上有九五刚阳中正之君，太平之圣君也。以贤臣当盛时、遇圣君，行吾道以守盈，成吾见其易易也。然一有小隔于其间，则此道枳而不得行，此众人之所躁而竞，君子之所静而俟者也。躁而竞者，胜负未可知；静而俟者，不久而自定，故曰"勿逐，七日得"。然非以中道自处而不躁，安能如此，故曰"以中道也"。故管、蔡之谤周公，公不辩而王自悟；燕王、上官之谮霍光，光不言而帝自察。二与五为七，六二与九五相应，故为"七日得"。《诗》有"翟茀"。①

九三，高宗伐鬼方，三年克之。小人勿用。

象曰：三年克之，惫也。

未济求济者宁，既济求过于济者倾。九三当既济之后，挟重刚之资，居炎上之极，有求过于济之心，此小人之好大喜功而不可用者也。虽以中兴之贤君，一入其说，轻用军师以伐远方之小夷，犹久而后胜。既胜，而中国之民亦

---

① 典出《诗经·卫风·硕人》："四牡有骄，朱帻镳镳，翟茀以朝。"毛传："翟，翟车也，夫人以翟羽饰车。茀，蔽也。"

愈且困矣。以贤君伐远夷，宜易而难，宜速而久，宜福而祸，而况其余乎！武帝承文景之后而伐匈奴，太宗当贞观之隆而征高丽，皆此类也。善处既济者，其惟光武却臧宫、马武之请乎？

六四，繻有衣袽，终日戒。
象曰：终日戒，有所疑也。

陵于居者，墙以寇退立；水于宅者，舟以水涸葺，此匹夫匹妇之愚所能知也。当无难之时，而不为多难之备，有天下国家者，独不是之知乎？六四居水之下、火之上，是燥而涸之时也。宜喜而忧，宜安而危，方且皇皇焉求敝衣之袽，为窒隙之具，以备葺舟之用。又且终日而戒焉疑焉，无顷刻而不戒不疑焉，常若夜半而水骤至焉。夫惟汤之旱所不能懈，故尧之水所不能溺。此有备无患，傅说所以戒高宗也。曰"繻有衣袽"，"有"之为言，不至于求而无之谓。虞翻曰：繻，衣也；袽，败衣也。"繻"或作"襦"。

九五，东邻杀牛，不如西邻之禴祭，实受其福。
象曰：东邻杀牛，不如西邻之时也。实受其福，吉大来也。

九五以刚明中正之君，抚既济无难之运，思患豫防，此将奚先？其惟清心寡欲、恭俭无逸乎？祀，国之大事也。过于丰不曰伤财，厚于神不曰过制，然犹以为用大牲不如薄祭之福，俟备物不如急时之勤，而况于奉己也乎？以此防民，然文王之游田未尝而八骏之辔已驾，孝文之露台不作而万户之宫已新，此圣人所以为九五而深虑也。"杀牛"，大牲。"禴"，薄祭也。"西邻之时"，言急时而不懈也。

上六，濡其首，厉。
象曰：濡其首厉，何可久也？

上六，既济之极，如已济大川，自谓没世无风波之虞矣。不知济其一，又遇其一，求载而无宿舟，求涉而无善游，乃欲褰裳而冯河，此必溺之道也。危而不可久生也，明矣。此晋武平吴之后，明皇天宝之末也，可不惧哉？濡至于

首，则溺其身可见矣。坎水，故"濡"。上六在上，故为"首"。此圣人所谓
"初吉终乱"者与？然犹有不信者，何也？

未济

離上
坎下

未济，亨。小狐汔济，濡其尾，无攸利。

象曰：未济，亨，柔得中也。小狐汔济，未出中也。濡其尾，
无攸利，不续终也。虽不当位，刚柔应也。

《易》之卦六十有四，其辨邪正，其防消长，其徼勤怠，其戒治乱安危存
亡，其变不知其几也。幸而至于《既济》矣，而其终犹未济，然则事何时而
济，济何时而定乎？盖天下国家之治，如人之一身，如天地之造化。一身吸必
有嘘，天地昼必有夜，天下国家治必有乱。其变无息，圣人处之亦无息，此易
之道也。是故《泰》复变为《否》，《既济》复变为《未济》。处既济者，在于
有持守克终之心；处未济者，在于有进为克终之才。心不克终，故既济为未济；
才而克终，故未济为既济。济斯亨矣，故曰"未济，亨"。非未济之亨也，未
济而能济之亨也。既曰"亨"矣，又曰"小狐汔济，濡其尾，无攸利"，何也？
三阳失位而弱于才，如狐之能济而恨其才之小也。惟其才之能济而恨其小且
弱，故狐几济而衰，力不能以举其尾；如事之几成而败，才不能以毕其功。苌
弘、晁错、房琯是已。"柔得中"谓六五。"未出中"谓未出于险中。"刚柔应"
谓六爻皆一阴一阳，自相应也。

象曰：火在水上，未济。君子以慎辨物居方。

水在火上，则成烹饪之功，故为《既济》。火在水上反是，故为《未济》。
然君子观未济之象，而得"慎辨物居方"之理，何也？六位皆一阴在下，一阳
在上，物各有辨，居不乱方，则类聚群分之理得矣。故舜与共、骥杂处尧朝，

非"辨物居方"也。进二八，退四凶，"辨物居方"也。可不谨乎？

> 初六，濡其尾，吝。
> 象曰：濡其尾，亦不知极也。

《既济》之初九"濡其尾"则"无咎"，《未济》之初六"濡其尾"则"吝"，何也？初九，强于才者也，已济而"濡其尾"，贺其济而后濡也，故"无咎"。初六，弱于才者也，几济而"濡其尾"，忧其濡而不济也，故"吝"。管仲之三归、反坫，①绛侯之有骄主色，初九之濡尾也；桓温至洛阳而复败，刘裕得关中而复失，初六之濡尾也。"亦不知极"谓才之小且弱者，其极终无成而不自知也。然虽不知其终极之无成，而能力其弱以济难，其济尔志也，其不济非尔志也，故圣人惜之曰"吝"。"吝"者，力不足之辞也。

> 九二，曳其轮，贞吉。
> 象曰：九二贞吉，中以行正也。

《既济》之初九曰"曳其轮，濡其尾"，则乘者人，曳者马也。《未济》之九二止曰"曳其轮"而已，则一人而乘且曳也。人乘车而马曳之，或两或四或六，则其车轻，其济易。吾乘之，吾曳之，则其车重，其济难，故九二视初九可以为难矣。自非九二以刚健坚贞之才，居大臣中正之位，受九五孚信之知，安能以一身莫助之力，而独济大难之险，以底于中正之吉乎？一萧何而助者二人，一邓禹而助者二十有七人，一玄龄而助者十有七人焉，"马曳轮"也。羽既死，飞又死，而孔明自将以出祁山，"身曳轮"也。哀哉！

> 六三，未济，征凶，利涉大川。
> 象曰：未济征凶，位不当也。

六三以阴柔之资，当险难之极，而位下卦之上，位浮于才也。己若独行以

---

① 典出《史记·管晏列传》：管仲富拟于公室，有三归、反坫，齐人不以为侈。按：礼，只有诸侯才能设有三归和反坫。管仲是大夫，本不该享有。

济难，得不凶乎？然下有九二刚健之大臣，上有九四刚明之近臣，六三能柔顺以亲附之，亦可因人以成事，涉险以济难矣。其丙吉、王导之徒与？

九四，贞吉，悔亡。震用伐鬼方，三年有赏于大国。
象曰：贞吉悔亡，志行也。

临难而坐观，履险而不欲济，无志者也。有志矣，患无才；有才矣，患无位。有志而无才者，欲济而不能济；有才而无位者，能济而不得济。备斯三者，其惟《未济》之九四乎？怀刚正之资，其志立矣；奋震动之威，其才果矣；居近君之地，其位亲且重矣。是惟无动，动而用之以伐远夷，则有大功、受大赏必矣。宜其志之得行，"吉"而"悔亡"矣。然《未济》之九四，圣人喜其伐鬼方之赏；《既济》之九三，圣人忧其伐鬼方之惫，何也？既济之世，利用静；未济之世，利用动也。然《未济》之九四亦必曰"三年"者，戒其欲速，谨之至也。虽许其动，可轻动乎？马援请行征蛮于建武之隆，李靖请行伐狄于贞观之盛，《既济》之九三以之。宣王兴衰拨乱之世，而吉甫伐猃狁，召虎伐淮夷，方叔伐蛮荆，《未济》之九四以之。

六五，贞吉，无悔。君子之光，有孚，吉。
象曰：君子之光，其晖吉也。

六五逢未济之世，为济难之主，而应之以阴柔之才，宜其如周平王、晋元帝之弱也。今也以贞正而吉，以孚诚而又吉，以光晖而又吉，又许之以无悔，何其反也？盖《未济》之六五，其体离也，在天为日，在地为火。日与火，虽柔犹刚，虽弱犹强，故日之在夏，曛之益热；火之在夜，宿之弥炽。六五，文明之至盛而养之以晦，刚烈之至猛而掩之以柔，方且虚其中以临照百官，正其身以一正天下，坚其诚以信任群才，故初六之在下而弱才，乃最先"濡其尾"以为之用；九二刚健之大臣则又自曳其轮以为之用，六三之弱才则又亲附二阳以为之用，九四刚明之近臣则又奋伐远夷以为之用，安得不一埽大难为无难之世，一变未济为既济之时乎？备三吉之盛福，而无一毫之悔尤，又何疑焉？其汤武、高帝之创业，少康、宣王、光武之中兴事耶？

上九，有孚于饮酒，无咎。濡其首，有孚，失是。

象曰：饮酒濡首，亦不知节也。

《未济》至于六五，已变而为《既济》矣。至于上九，则周文武终于逸乐之时也。上九于此，夫何为哉？燕兄弟，燕朋友，燕群臣、嘉宾，推孚诚以待下，以与天下之乐其乐而已，故曰"有孚于饮酒，无咎"。然治乱同门，忧乐同根，天之道也。故又戒之曰"濡其首，有孚，失是"。又戒之曰"饮酒濡首，亦不知节也"。其明皇末造之事耶？《既济》上六之濡首者，水也；《未济》上九之濡首者，非水也，酒也。水之溺人，溺其一身；酒之溺人，溺其身以及其天下国家。故泲水之害，小于仪狄之酒；禹恶旨酒之功，大于平泲水。

卷十七

系辞上

天尊地卑，乾坤定矣。卑高以陈，贵贱位矣。动静有常，刚柔断矣。方以类聚，物以群分，吉凶生矣。在天成象，在地成形，变化见矣。是故刚柔相摩，八卦相荡。鼓之以雷霆，润之以风雨。日月运行，一寒一暑。乾道成男，坤道成女。乾知大始，坤作成物。乾以易知，坤以简能。易则易知，简则易从。易知则有亲，易从则有功。有亲则可久，有功则可大。可久则贤人之德，可大则贤人之业。易简，而天下之理得矣。天下之理得，而成位乎其中矣。

此章言作《易》之本始也。盖易有二，有未画之易，有既画之易。未画者，易之理；既画者，《易》之书。曰"天尊地卑"，曰"卑高以陈"，曰"动静有常"，曰"方以类聚，物以群分"，曰"在天成象，在地成形"，此未画之易也，易之理也。有圣人作，仰观俯察，于是制此之画写彼之理，罗彼之理归此之画，而《易》之书生焉。是故因彼之天地，定吾二卦为《乾》《坤》；因天地之卑高，列吾六位之贵贱；因天地之动静，判吾九六之刚柔；因天地之间万物之聚散，生吾八卦之吉凶；因天地之示形象，见吾六十四卦之变化。画卦之椎轮，作易之滥觞，于是乎书此既画之易也，易之书也。

"天尊地卑，乾坤定矣"。何谓也？曰：易之未作，乾坤在天地；易之既作，天地在乾坤。

"卑高以陈，贵贱位矣"。何谓也？曰：地之位卑，臣道也，子道也，妇道也。地既隤然示人以卑，则二者臣位也，安得不自卑而位于贱？天之位高，君道也，父道也，夫道也。天既隆然示人以高，则五者君位也，安得不惟尊而位于贵？夫惟上贵下贱既位焉而不可逾，如天高地下一定焉而不可易，于是君臣父子之大分始立，由上古以迄于今，万世共由其道而莫之能改也。故乾坤者，礼之祖而易之门也。入室始于门，入易始于乾坤。人本乎祖，道本乎礼，老子曰"失道德仁义而后礼"者，知之乎！

曰"动静有常，刚柔断矣"。何谓也？曰：天地之道，阳动而刚，阴静而柔。九，阳也，动也，故断然知其得天地之刚；六，阴也，静也，故断然知其得天地之柔。天地本静也，静极生动，动极生静，一动一静，至诚无息，兹谓有常。

"方以类聚，物以群分，吉凶生矣"。何谓也？曰：南方之人喜闻楚语，北方之人喜闻燕语，"方以类聚"也。鹊之巢无乌之子，马之厩无狐之穴，"物以群分"也。善恶之分聚亦然。聚散异向，好恶相攻，由是吉凶生焉。故泰之道，君子聚而吉，散而凶；否之道，小人聚而凶，散而吉。自八至六十四皆然也。

"在天成象，在地成形，变化见矣"，何谓也？曰：有物可见、无物可执之谓象，有物可见、有物可执之谓形。日月在天，象也；山泽在地，形也。天垂日月之象，故《易》之《坎》《离》可见天之变化；地出山泽之形，故《易》之《艮》《兑》可见地之变化。变化者，天地之至神也，孰得而见之者，形象著而变化不可隐矣。大哉，易乎！大哉，作《易》之圣人乎！天地且不得隐，而况人物万事之变乎？

"是故刚柔相摩，八卦相荡。鼓之以雷霆，润之以风雨。日月运行，一寒一暑。乾道成男，坤道成女"。何谓也？曰：此言天地斡流而成万化之神，《乾》《坤》错综而生六子之妙也。以乾之刚而错摩坤之柔，以坤之柔而错摩乾之刚，一刚一柔相推相荡。鼓之以雷霆而为《震》，莫之鼓而鼓也；润之以风雨而为《巽》《坎》，莫之润而润也；日月运行夫寒暑而为《坎》《离》，莫之运而运也。然得我之刚者，为长男、为中男、为少男；得我之柔者，为长女、为中女、为少女。成男成女，莫之成而成也。三才之天、地、人，易之《乾》《坤》，其神矣乎！其妙矣乎！

"乾知大始，坤作成物。乾以易知，坤以简能"。何谓也？此赞乾坤之功，虽至溥而无际；乾坤之德，实至要而不繁也。始万物者，乾之所知也，知其始，莫知其成。成万物者，坤之所为也，为其成，莫为其始。此其功之溥而无际也。然乾道不在多言，一言而尽之曰易；坤道不在多言，一言而尽之曰简。乾因物之自然，故易；坤因乾之自然，故简。易则有不知之知，简则有不能之能，此乾坤之德至要而不繁也。

"易则易知，简则易从。易知则有亲，易从则有功。有亲则可久，有功则可大。可久则贤人之德，可大则贤人之业。易简，而天下之理得矣。天下之理得，而成位乎其中矣"。何谓也？曰：此赞圣人之德始乎法天地，终乎参天地也。圣人法乾德之易，故天下皆可以易知；圣人法坤德之简，故天下皆可以易从。"易知则有亲"，乐其中之无险也。若德宗之猜忌，人亦猜之，何亲之有？"易从则有功"，信其成而争先也。若苻坚之妄动，人皆危之，何功之有？有亲则天下附之而不可解，故可久；有功则天下成之而不知倦，故可大。圣人之德业于是为至，而乾坤易简之理吾自得之矣。乾坤易简之理得，而圣人之成位乎乾坤之两间，而与天地参矣。夫圣人以易简成，而昧者以智巧败。易简之理无它，因天地万物自然之理而顺之耳。因尊卑以定乾坤，于是天地之理不在天地，而在易；因乾坤而得易简，于是天地之理不在易，而在圣人。大哉，易乎！大哉，体易之圣人乎！然不曰圣人之德业，而曰"贤人"，此之所谓贤，如《记》所谓"某贤于某"之"贤"，如孟子所谓"贤于尧舜"之"贤"，如《史》所谓"三王臣主俱贤"之"贤"，非"贤者过之"之"贤"。

> 圣人设卦观象，系辞焉而明吉凶，刚柔相推而生变化。是故吉凶者，失得之象也。悔吝者，忧虞之象也。变化者，进退之象也。刚柔者，昼夜之象也。六爻之动，三极之道也。是故君子所居而安者，易之序也。所乐而玩者，爻之辞也。是故君子居则观其象而玩其辞，动则观其变而玩其占。是以自天佑之，吉无不利。

此章言君子学易者，必先会《易》之象辞，以为用易之功效也。象者，何象也？六爻之象也。辞者，何辞也？爻辞与象辞也。昔者圣人之设卦也，有卦而后有象，有象而后有辞。画有奇耦者，象也。曰"潜龙勿用"者，爻辞也。曰"阳在下也"者，象辞也。象泯则卦隐，辞废则象晦。卦以象立，象以辞明，故曰"圣人设卦观象，系辞焉而明吉凶"，谓观其有是象，而吉凶之理已具；系之以是辞，而吉凶之象始明也，何也？画之奇者，九也，阳也，刚也；画之耦者，六也，阴也，柔也。纯阳无吉凶，纯阴无吉凶，或以阳杂之阴，或以阴杂之阳，顺则合，逆则战，逆顺相推，合战万变而吉凶生焉。阳非位无吉凶，阴非位无吉凶，或以阳居阳，或以阳居阴，或以阴居阴，或以阴居阳。当位则安，不当位则危，当否相推，安危数化而吉凶生焉。故既曰"明吉凶"，又曰"刚柔相推而生变化"，盖谓某卦之吉凶生于某画之变化，某画之变化生于阴阳之推移。

何谓象？物有事有理，故有象。事也，理也，犹之形也；象也，犹之影也。不知其形，视其影；不知其事与理，视其象。是故欲知事之得失也如何，卦爻象之以吉凶；事之忧虞也又如何，卦爻象之以悔吝。盖吉凶者，得失之影也；悔吝者，忧虞之影也。欲知理之进退消长也如何，卦爻象之以变化；理之昼夜往来也又如何，卦爻象之以刚柔。盖变化者，进退之影也；刚柔者，昼夜之影也。有失得则吉凶随，有忧虞则悔吝随，此事之形影也，可得而象者也。阴阳之进退，至神而无迹，曷为象之以变化？昼夜之往来，循环而无端，曷为象之以刚柔乎？独不观之《剥》《复》《夬》《姤》乎？《夬》以五阳决一阴，阳进极矣，进极必退，于是一变为《姤》而阳退焉。《剥》以五阴剥一阳，阳退穷矣，退穷必进，于是一变为《复》而阳进焉。吾之变化一出，而彼之进退无迹者有迹矣。又不观之《坎》《离》乎？月往则日来，日昱乎昼，则卦为《离》。人见其烜乎外，而不知一阴之精已娠于其中，盖至刚之中涵至柔也。日往则月来，月昱乎夜，其卦为《坎》。人见其清乎外，而不知一阳之精已娠乎其中，盖至柔之中涵至刚也。吾之刚柔一陈，而彼之昼夜无端者有端矣。进退无迹而有迹，昼夜无端而有端，曷为不可得而象乎？是故六爻之象一动，而天地人之道毕陈于易矣，故曰"六爻之动，三极之道也"。

君子学易者，因辞求象，象不能外乎辞；因象求道，道不能外乎象。然学易必有序，有致知之学，有力行之学，其先后之序不可紊也。故曰"是故君子所居而安者，易之序也"。由其序则自得之，而居之安矣。居则宅乎易而无外，安则悦诸心而非强。何谓致知？居而静则观易之象、玩爻之辞以自乐。玩其辞者，愈味之而愈无穷；乐而玩其辞，愈乐之而愈有得。此致知之学也。何谓力行？出而动则观象之变、玩爻之占而后动。如《乾》之初九，居下卦之下，其象以潜为主也，至九二则变而见矣，故其占曰"德施普也"。宜见而潜，则为杨。如《坤》之六三，居下卦之上，其象以发为主也，至六四则变而默矣，故其占曰"谨不害也"。宜默而发，则为墨。吾不自动，动必以时；吾不自为时，时必以易。此力行之学也。其知以易，其行以易，有所不动，动罔不吉矣。非吾动也，以易动也；非易动也，以天动也。故曰："所乐而玩者，爻之辞也。是故君子居则观其象而玩其辞，动则观其变而玩其占。是以自天佑之，吉无不利。"前言"君子所居而安"，如"居仁由义"之"居"；后言"君子居则观其象"，如"出入起居"之"居"。"三极"者，三才也。"极"，中也，至也。

象者，言乎象者也。爻者，言乎变者也。吉凶者，言乎其失得也。悔吝者，言乎其小疵也。无咎者，善补过也。是故列贵贱者存乎位，齐小大者存乎卦，辨吉凶者存乎辞，忧悔吝者存乎介，震无咎者存乎悔。是故卦有小大，辞有险易。辞也者，各指其所之。

此章言易有卦有爻，是故有卦辞、有彖辞、有爻辞、有象辞也。若"元亨利贞"者，卦辞也。若"大哉乾元"者，彖辞也。若"天行健"者，大象之辞也。若"潜龙勿用"者，爻辞也。若"阳在下也"者，小象之辞也。卦辞所以释一卦之义，彖辞所以释卦辞之义，大象之辞所以总释卦象之义，爻辞所以释一爻之义，小象之辞所以释爻辞之义。

"象者，言乎象"。何谓也？《乾》之彖辞曰"时乘六龙，以御天也"。夫卦辞止言"元亨利贞"而已，未尝言"龙"也。今彖辞以龙而象君，故曰"彖者，言乎象者也"。

"爻者，言乎变"。何谓也？《巽》以一阴而变《乾》，《震》以一阳而变《坤》，此以一爻而变一卦。《乾》初九之"潜"，至九二则变而为"见"，此以一位而变一爻，它可类推也。故曰"爻者，言乎变者也"。

"吉凶者，言乎其失得也。悔吝者，言乎其小疵也。无咎者，善补过也"。何谓也？易之道，不远人也。自人而天，自身而人，不外乎言动之善否而已。言动之间，尽善之谓得，尽不善之谓失，小不善之谓疵，不明乎善而误入乎不善之谓过。尽善则无祸，吉孰御焉；尽不善则自祸，凶孰逭焉，故曰"吉凶者，言乎其失得也"。卦、彖、爻、象之辞言"吉凶"者，皆此类也。觉其小不善，非不欲改而已无及，于是乎有悔；不觉其小不善，犹及于改而不能改，或不肯改，于是乎有吝。与其吝也，宁悔。盖悔者，迁善之权舆也；吝者，长恶之膏肓也。然圣人犹许其改也，谓之"小疵"，恕之之辞也。故曰"悔吝者，言乎其小疵也"。卦、彖、爻、象之辞言"悔吝"者，皆此类也。吾身之过，犹吾衣之破也。衣有破，补之斯全；身有过，补之斯还。"还"者何？复之于善也。补不善以复之于善，何咎之有？故曰"无咎，善补过也"。卦、象、爻、象之辞言"无咎"者，皆圣人善其补过之辞也。言"吉凶"不若"悔吝"之轻，言"悔吝"不若"无咎"之平，言"无咎"不若言"吉"之福，此应之者有轻重之辨也。言"失"不若言"疵"之浅，言"疵"不若言"过"之微，言"补"不若言"得"之善，此感之者有浅深之殊也。失者，疵过之积也；凶者，悔吝之积也；得者，补过之积也；吉者，无咎之积也。今也尽善至于得而吉，尽不善至于失而凶，此岂一念之致、一日之积哉？此君子所以谨其独也。谨其独者非它，察天理之本善者而存之，察人欲之不善者而去之而已。

"列贵贱者存乎位"，言六爻之位，上者贵，下者贱也，此又申言上文所谓"爻者，言乎变也"。"齐小大者存乎卦"，言阴阳之爻，阳者大，阴者小也，此又申言上文所谓"象者，言乎象也"。"辨吉凶者存乎辞"，即卦、象、爻、象之辞，某卦吉凶某爻吉凶也，此又申言上文所谓"吉凶者，言乎失得"。"忧悔吝者存乎介"，即卦、象、爻、象之辞，某卦悔吝某爻悔吝也，言忧之在乎察于纤介之几微也，此又申言上文所谓"悔吝者，言乎其小疵也"。"震无咎者存乎悔"，即卦、象、爻、象之辞，某卦无咎某爻无咎也，言震惧悔愧则无咎也，此又申言上文所谓"无咎者，善补过也"。一言之不足，必再言之，圣人之诲人，使之避不善以趋乎善、避凶以向乎吉也。详矣，犹恐其未谕也，又终之曰"是故卦有小大，辞有险易。辞也者，各指其所之"。

读《谦》《复》之辞者，如行夷涂，如逢阳春，如对尧、舜、周、孔，何其气象之和乐也？其辞夷易，而指人以所之之得且吉也。读《遁》《剥》之辞者，如涉风涛，如履霜雷，如对桀、纣、盗跖，何其气象之懔栗也？其辞艰险，而指人以所之之失且凶也。呜呼，易其至矣！

易与天地准，故能弥纶天地之道。仰以观于天文，俯以察于地理，是故知幽明之故。原始反终，故知死生之说。精气为物，游魂为变，是故知鬼神之情状。与天地相似，故不违。知周乎万物，而道济天下，故不过。旁行而不流，乐天知命，故不忧。安土敦乎仁，故能爱。范围天地之化而不过，曲成万物而不遗，通乎昼夜之道而知，故神无方而易无体。一阴一阳之谓道，继之者善也，成之者性也。仁者见之谓之仁，知者见之谓之知，百姓日用而不知，故君子之道鲜矣。

此章言圣人作《易》之道本乎天地，而天地之道本乎阴阳。圣人用易之道，显乎天地人物之间，而藏乎一性之内也。"易与天地准，故能弥纶天地之道"。何谓也？曰：易之未作也，法天地之道以为易之道，故曰"准"。"准"之言法也，如"太玄准易"之"准"也。易之既作也，还以易之道而理天地之道，故曰"纶"。"纶"之言经理也，如"君子以经纶"之"纶"也。"弥"之言满也，经理之而该遍也。惟其准则乎天地，故能遍经乎天地，非以易而理天地也，以天地理天地也。

"仰以观于天文，俯以察于地理，是故知幽明之故"。何谓也？曰：此圣人观天地阴阳显晦之理，而得天地幽明之事也。"原始反终，故知死生之说"。何谓也？曰：此圣人观天地阴阳消息之理，而得人物生死之解也。"精气为物，游魂为变，是故知鬼神之情状"。何谓也？曰：此圣人观天地阴阳聚散之理，而得鬼神造化之用也，何也？天文显矣，所以运是文者则不可知；地理显矣，所以具是理者则不可测，谓其幽也。文可观，理可察也，谓其明也。孰运乎是，孰具乎是也。然则圣人何以知幽明之故也？以阴阳之显晦而知之也。阳静而晦则明者幽，阴动而显则幽者明，故曰：圣人之观天地阴阳显晦之理，而得天地幽明之事也。生，好物也，孰知其所以生？死，恶物也，孰知其所以死？然则圣人何以知死生之说也？以阴阳之消息而知之也。气始而息，息者，生之徒；气终而消，消者，死之徒。物有有始而不反其终者乎？原其初，知其反，不足怪也。春必反秋，昼必反夜，旅必反家，生必反死。死者，物之复也，故曰：圣人观天地阴阳消息之理，而得人物生死之解也。

至于鬼神也者，无声无臭，何为而有状？状且无也，何为而有情？圣人又何以知其情状也？以阴阳之聚散而知之也。阴阳至精之气，聚而有形之谓物，散而无形之谓魂。《传》曰"心之精爽，魂魄"。《记》曰"魂气归于天"。物者，具是形者也；魂者，使是形者也。魂止则物存，魂游则物亡。游者，止之变也；亡者，存之变也。观其聚散，则鬼神之情状可知矣。然则鬼神之状何如也？《记》曰："鬼神之为德，其盛矣乎！视之而不见，听之而不闻，体物而不可遗。洋洋乎！如在其上，如在其左右。"孔子曰："祭神如神在。"此其状也。鬼神之情何如也？《易》曰"与鬼神合其吉凶"，又曰"鬼神害盈而福谦"，此其情也，故曰：圣人观天地阴阳聚散之理，而得鬼神造化之用也。

夫惟圣人观于天文，察于地理，原始而反其终，见物而知其变，知其如是而为幽明之故，如是而为死生之说，如是而为鬼神之情状。举是道而书之于《易》，则易之道即天地之道也。故曰：圣人作《易》之道，本乎天地。

夫惟圣人《作》易之道，即天地之道，则易与天地相似，而不违乎天地矣。由是举而措之天地之间，孰能出乎易之外哉！是故万物众矣，易之知可以周而遍之也；天地广矣，易之道可以济而利之也。用易于一身，可以乐天知命而不忧；用易于众民，可以安土敦仁而能爱；用易于天地，可以范模运量天地之化；用易于万物，可以致曲成就万物之生；用易于幽明，可以通达阴阳昼夜之运，皆不得遁吾易之道矣。

然知足以周万物，过之则为凿；道足以济天下，过之则为兼爱。惟易之道则不过，旁达博及之道流焉，则为失其本。惟易之道则不流，明天理者乐于内，知天命者轻其外。内乐而外轻，此颜子所以乐而不忧者，用易于一身之功也。民情安土，我则因其安而无拂；民情欲生，我则厚其生而不薄。安民而厚生，此孔子所以答问"仁以爱人"者，用易于众民之旨也。

妙莫妙乎天地之化，圣人能范之模之而运其化；大莫大乎天地之化，圣人能围之量之而测其化。然范围而过焉，必入于玄虚。惟圣人则不过，何也？用易而已。至不一者，万物之生；至不齐者，万物之情。将欲成物，必先致曲。不能致曲，安能不遗？惟圣人则不遗，何也？用易而已。至于天地之运，日往月来而为夜，月往日来而为昼，孰能测其所以然哉？圣人乃能通而知之者。盖往者，屈也；来者，信也；昼夜者，一日之屈信也；寒暑者，一岁之屈信也；死生者，一世之屈信也；古今者，万世之屈信也。圣人何以通而知之？用易而已。

夫众而万物，广而天下，近而一身，远而众民，大而天地，运而昼夜，惟易之为用，随用而为应，此易之神所以无方，而易之用所以无体也。无方则不可指，无体则不可执，故曰：圣人用易之道，显乎天地人物之间。然易之道，何道也？天地而已矣。天地之道，何道也？一阴一阳而已矣。阴阳未分，谓之太极；太极既分，谓之阴阳。其为天地之道，一也。舍阴阳以求太极者，无太极；舍太极以求天地者，无天地。天地可一息而无阴阳乎？阴阳可一息而不动静乎？故曰：天地之道，本乎阴阳。

夫阴阳之为道，安在哉？在乎生物而已。生物者，善也；所以生物者，道也，故继道谓之善。然善在天下，有其善者，在人之性。故道者，善之父；性者，道之宅。然有之而能成之者，圣人也。自非圣人，有有之而得其一二者，

仁者见之谓之仁，知者见之谓之知是也。有有之而不自觉者，百姓日用而不知
是也，此君子之道所以知之者鲜也。故曰：用易之道，藏乎一性之内。然则孟
子言性善有自来矣，荀之恶、杨之混奚自哉？噫！大哉，易乎！至哉，易乎！

　　显诸仁，藏诸用，鼓万物而不与圣人同忧，盛德大业至矣哉！
富有之谓大业，日新之谓盛德，生生之谓易，成象之谓乾，效法之
谓坤，极数知来之谓占，通变之谓事，阴阳不测之谓神。

　　此章重赞天地阴阳德业之妙，圣人作《易》，德业之由也。发育万物之谓
仁，造化无迹之谓用。仁可见也，故显；用不可见也，故藏，此天地阴阳之德
业也。"民可使由之"之谓仁，"不可使知之"之谓用。"由之"故显，"不知"
故藏，此圣人用易之德业也。然圣人之与天地，有可同者，有不可同者。可同
者，显仁藏用之德业也。不可同者，天地无心，圣人有心也。有心故忧一物之
不蒙其仁，无心故听万物之自生自遂。圣人仁万物而独任其忧，天地鼓动万物
而不与圣人同其忧，圣人有忧，而天地无忧矣。何天地之无忧也？有圣人以当
其忧也。至于德业之盛大，则天地圣人一而已矣。其业之富有，则溥博而无
外，何其大也；其德之日新，则悠久而方增，何其盛也？万物盈天地，不曰天
地之富有乎？万物备于我，不曰圣人之富有乎？已往者故，方来者新，不曰天
地之日新乎？今进乎昨，后进乎前，不曰圣人之日新乎？天地也，圣人也，何
以能然也？易而已矣。易者，何物也？生生无息之理也。是理也，具于天地，
散于万物；聚于圣人，形于八卦。合而言之，命之曰易；别而言之，自无象而
之有象，则谓之乾。法乎乾而效学之，则谓之坤。合天地之数五十有五，穷其
极以知方来则谓之占。通乎易之理，以应乎物之变，则谓之事。乾也，坤也，
占也，事也，此易之阴阳可得而知也。至于阴阳之妙，不可测而知者，其《易》
之神乎？非《易》书之神也，易道之神也。非易道之神也，天地之神也。

　　夫易，广矣，大矣。以言乎远则不御，以言乎迩则静而正，以
言乎天地之间则备矣。夫乾，其静也专，其动也直，是以大生焉。
夫坤，其静也翕，其动也辟，是以广生焉。广大配天地，变通配四
时，阴阳之义配日月，易简之善配至德。

此章圣人所以赞易之道，其极至于广大之二言，其原生于《乾》《坤》之二卦也。以易道为近乎？其远无外，莫之限而御也。以易道为远乎？其近无内，止于静而正也。远则莫之御，易道广大之用也；近则正而静，易道广大之体也。静者，正之舍也；正者，静之主也。以止处静，以静出动，是惟无动，动罔不正矣。自迩而远，天地之间，人物之理，天下国家之事，要皆备乎此矣，孰能限而御之？此易之道所以广大也。大则盛大而无伦，广则广博而无量，则其为无穷、无极一也。然易道之所以如是之广大者，其原安出哉？出于《乾》《坤》二卦而已。"乾"何物也？阳之异名也。"坤"何物也？阴之异名也。一阴一阳之谓道，一乾一坤之谓易。一生两，两生四，四生八，八生六十四，非奇则偶，皆乾坤也。一奇一耦、一贵一贱、一分一合、一顺一逆，而天地、人物、君臣、父子、仁义、礼乐，由是生焉。故曰："夫乾，其静也专，其动也直，是以大生焉。夫坤，其静也翕，其动也辟，是以广生焉。"此易道之广大，所以生于乾坤也。乾坤之广大，其原又安出哉？生于静而正而已。"其静也专"，乾静而正也。"其静也翕"，坤静而正也。惟其静而正，是以动而罔不正。"其动也直"，乾动而正也。"其动也辟"，坤动而正也。然则乾何为静专而动直也？专言一，直言达也。曷为一而达也？不见夫炊乎？水火之气一而蒸焉，则气达而物熟，分则否。乾之为阳也亦然。故曰：行衢路者不至家。坤曷为静翕而动辟也？翕言敛，辟言散也。曷为敛而散也？不见夫橐籥乎？闭之弥盈，则纵之弥怒，不闭则弛然耳。坤之为阴也亦然。故曰："冬闭之不固，则春生之不茂。"然则乾言大，坤言广，何也？孔子曰"唯天为大"，孟子曰"广土众民"。乾，天道也，故以大言；坤，地道也，故以广言。夫惟易道之广大生于乾坤，故乾坤之广大配乎天地。然则四时之变通，日月之阴阳，天地至德之易简，皆天地广大之用者耳。易与之配合，皆乾坤之余也。故易之道一言蔽之，曰静而正。

> 子曰：易其至矣乎！夫易，圣人所以崇德而广业也。知崇礼卑，崇效天，卑法地，天地设位，而易行乎其中矣。成性存存，道义之门。

此章圣人所以赞《易》书之极其至也；非赞《易》书之极其至也，赞易道之极其至也。前章言广、言大，此章言至，皆无以加之之谓也。易之道，何道也？天理而已。本然之谓理，当然之谓义，因其本然而行其当然之谓道，天地人物均具此道之谓性。圣人得此道者也，体之以成身之谓德，用之以成事之谓业。尽天地人物之性，得天地人物之道，以此成其德业。德安得不崇、业安得不广乎？何也？圣人之德业，非圣人之德业也，天地之德业也；非天地之德业也，易之道也。天地非具易之道，不得为天地；圣人非得易之道，不得为圣人，故道也者，天地圣人席上之珍也。天地圣人不能为夫珍，而能有夫珍焉耳？虽然，藏珍在室，入室在门，圣人之得此珍也，独能不由夫门而求之哉？然则孰为此道之门？一曰知，二曰礼。由知则崇，由礼则卑。崇则效乎天矣，惟天为崇故也；卑则法乎地矣，惟地为卑故也。且天固崇矣，知何足以拟其崇？地固卑矣，礼何足以拟其卑？盖明此道之谓知，履此道之谓礼。知之至者极高明，不曰"崇效天"乎？履之至者极卑逊，不曰"卑法地"乎？崇也，卑也，非圣人也。自天地设位，卑高以陈，而易之此道已行乎两间矣。圣人之知与礼，因之而已，何也？吾之性与天地之性，均具此道而固存者也。固存者，性之生；存其固存者，性之成。生者，天也；成者，人也。惟能尽乎人以成乎天，斯能由知与礼以入乎道义。惟能由知与礼以入乎道义，斯能得乎道义以成其德业。故知也，礼也，入道义之门，而成性而成德业之物也。观天地之崇卑，而易之道在天地；观圣人之德业，而易之道在圣人。易之道在天地，则易之书不可无；易之道在圣人，则易之书无之可也，有之亦可也。然则易之道，何道也？天理而已。是理也，在天地为阴阳，在日月为昼夜，在四时为生育长养，在鬼神为吉凶，在人为君臣、父子、仁义、礼乐。此易之道也。异端之所谓道，非易之所谓道。

　　圣人有以见天下之赜，而拟诸其形容，象其物宜，是故谓之象。圣人有以见天下之动，而观其会通，以行其典礼。系辞焉，以断其吉凶，是故谓之爻。言天下之至赜而不可恶也，言天下之至动而不可乱也，拟之而后言，议之而后动，拟议以成其变化。

　　此章所以赞作《易》之圣人立卦、象、系、爻、辞之妙也。象者，何也？所以形天下无形之理也。爻者，何也？所以穷天下无穷之事也。何谓形天下无形之理？今夫天之高、地之厚、日月之明、雨露之润、人皆可得而见也，未离夫物之有形故也。至于其所以高、所以厚、所以明、所以润，人不可得而见也，其理无形故也。人不可得而见，则谁见之？见之者，圣人也。圣人见天下有至幽至赜之理，将与天下形其所无形，使天下见吾之所见，独何说也？是必取众人之所同识，以喻吾之所独识。不识仲尼，使见有若；不识伯嚣，使见虎贲。盖拟彼之形容，以象此之物宜也。是故乾道无形，圣人独见乾之赜，于是取龙以象乎乾，言健而神也。坤道无形，圣人独见坤之赜，于是取马以象乎坤，言顺而载也。故曰：象者，所以形天下无形之理。

何谓穷天下无穷之事？今夫卦有六爻，爻有一事，六十四卦则其事至无穷也，爻之动故也。至于如是而吉，如是而凶，其变亦无穷也，爻之动故也。爻之动无穷，则谁得而见之？见之者，圣人也。圣人见天下万事之变，有无穷之动，将有以处其事之得失，而逆断其报之吉凶，独何说也？是必得一卦会通之至要，行典法礼制之当然。事之得者系之以吉辞，事之失者系之以凶辞，如表取影，如声召响。盖典礼之得失，即事变之吉凶也。是故乾，君道也，其会要在上，不得其法制则为亢龙之穷；坤，臣道也，其会要在初，不得其法制则为坚冰之渐。故曰：爻者，所以穷天下无穷之事。

夫理无形而有形者，吾易有象也；事无穷而有穷者，吾爻有辞也。然固有言天下之至赜而可恶者矣，异端之虚玄寂灭是也，易则不然。"龙血玄黄"，雨于何地？"日中见斗"，灾于何世？"载鬼一车"，证于何人？然众不以为诬，君子不以为怪，何也？其象也，非实也，固有言天下之至动而可乱者矣，诸子之坚白同异是也。易则不然。一卦五阴，阴不少矣，一阳令之而必从；一卦五阳，阳至杂矣，一阴主之而必听，何也？有要也，非荡也。圣人何以能言天下之至赜而不可恶、言天下之至动而不可乱也？盖未言至赜，先蔚可恶之贼；未言至动，先弭可乱之讼。拟至赜而后言至赜，议至动而后言至动也，皆在一比拟反复论议而后发也。唯其谨审而不轻如此，岂惟不可恶、不可乱哉？用之而成变化，变污而隆，化愿而淑，犹运之掌。

鸣鹤在阴，其子和之。我有好爵，吾与尔靡之。子曰：君子居其室，出其言善，则千里之外应之，况其迩者乎？居其室，出其言不善，则千里之外违之，况其迩者乎？言出乎身，加乎民；行发乎迩，见诸远。言行，君子之枢机。枢机之发，荣辱之主也。言行，君子之所以动天地也，可不慎乎？

　　自此以下，皆仲尼举七卦之爻辞，以明圣人立卦、象、彖、爻辞之旨，以见六十四卦爻象之凡也。"鹤鸣""子和"，此《中孚》九二之爻辞也。仲尼释之以谓，"在阴"者，鸣鹤隐微之地也；"居室"者，君子隐微之地也。在上之君子，以吾居室之至隐而忽之乎？胡不观鹤之在深林阴翳之间乎？不鸣则险，鸣则无险；不鸣则不应，鸣则无不应。是故一身之荣辱生于天下之从违，天下之从违生于一言之淑慝，一言之淑慝生于一念之敬否，一念之敬否生于一室之隐微。以一室之隐微而忽心生焉，至于一言之不善，明则千里之远违之，幽则天地之大动焉，灾危生而忧辱集。是荣辱不在天地之间，而在千里之外；不在千里之外，而在一室之内也。大哉，"在阴"之戒乎！昭哉，"居室"之释乎！仲尼释之，其昭如此，然犹恐其不切也，又合之以"言行"，行尤大于言者也。又喻之以"枢机"，机尤速于枢者也。又断之曰"枢机之发，荣辱之主也"。发之者谁与？主之者又谁与？在上之君子试思焉。

　　　　《同人》先号咷而后笑。子曰：君子之道，或出或处，或默或语。
　　二人同心，其利断金。同心之言，其臭如兰。

　　此《同人》九五之爻辞也。仲尼释之以谓：君子之道于其心，不于其迹。心同迹异，君子不以迹间心；心异迹同，君子不以心混迹，故《同人》之先悲后喜，与君子之甲出乙处、此默彼语，皆所不许也。出处同道，则禹显颜晦同一情；语默同道，则史直蘧卷同一意，心同故也。金石至坚也，然不坚于人心，故二人一心，则石可裂、金可折，所谓"同舟而济，胡越何患乎异心"也，故曰"二人同心，其利断金"。熏莸同器，一童子能辨之，臭味不同故也。取南山之兰，杂之北山之兰，十黄帝不能分，臭味同故也。所谓鲁君之声似宋君之声也，故曰"同心之言，其臭如兰"。

　　　　初六，藉用白茅，无咎。子曰：苟错诸地而可矣。藉之用茅，
　　何咎之有？慎之至也。夫茅之为物薄，而用可重也。慎斯术也以往，
　　其无所失矣。

　　此《大过》初六之爻辞也。仲尼释之以谓：不慎谓之苟，不苟谓之慎。天下之事，将由夫苟者为之乎？举是物"错诸地"，斯以为可矣。然坐身于地，

非席则寒；履足于地，非履则伤，无以藉之故也。错物于地，无以藉之，可乎？将由夫慎者为之乎？薄莫薄乎茅也，然重莫重于藉也，有茅以藉是物，则茅虽薄而用则重矣。故非币不姻，非赘不见，非百拜不行酒，皆有以藉之也。慎之至，而无失无咎也。秦欲尽去先王之白茅，而行一切苟且之政，苟则可矣，如咎何？

　　劳谦，君子有终，吉。子曰：劳而不伐，有功而不德，厚之至也，语以其功下人者也。德言盛，礼言恭。谦也者，致恭以存其位者也。

此《谦》九三之爻辞也。仲尼释之以谓：人之谦与矜，系其德之厚与薄。德厚者无盈色，德薄者无卑辞。如钟磬焉，愈厚者声愈缓，薄者反是。故有劳有功而不伐不德，惟至厚者能之。其德愈盛，则其礼愈恭矣。

　　亢龙有悔。子曰：贵而无位，高而无民，贤人在下位而无辅，是以动而有悔也。

解已见《乾》之上九。

　　不出户庭，无咎。子曰：乱之所生也，则言语以为阶。君不密则失臣，臣不密则失身，几事不密则害成。是以君子慎密而不出也。

此《节》初九之爻辞也。仲尼释之以谓：处世事者，戒漏言。唐高宗告武后以上官仪教我以废汝，此君不密而失臣也。陈蕃乞宣臣章以示宦者，此臣不密而失身也。失臣、失身，可悼也。"几事不密"，唐几为周，汉几为魏，尤可悼也。然则谨密而不出，遂忘世乎？曰：仲尼不云乎，邦有道，危言危行；邦无道，危行言孙。

　　子曰：作《易》者，其知盗乎？《易》曰"负且乘，致寇至"。负也者，小人之事也。乘也者，君子之器也。小人而乘君子之器，盗思夺之矣；上慢下暴，盗思伐之矣。慢藏诲盗，冶容诲淫。《易》

曰"负且乘，致寇至"，盗之招也。

此《解》六三之爻辞也。仲尼释之以谓：人皆知小人之致盗，莫知小人之为盗。盖小人之致盗有三，其为盗亦有三。一曰盗位，二曰盗势，三曰盗货。小人身为负贩之役，而僭乘君子之车，此盗位也。既得君子之位，而公行暴慢之恶，此盗势也。以负贩之役而骤得千金之富，矜其有，忽于藏，此盗货也。己盗其三，盗亦将盗其三。己以盗而得，盗亦将盗其得。是故得车而盗夺之，得势而盗伐之，得货而盗取之。非盗能盗小人之有也，小人实教盗以盗己之有也。司马氏安能盗魏？曹操教之也。萧衍安能盗齐？萧道成教之也。故仲尼曰："作《易》者，其知盗乎！"所谓"知盗"，非知夺伐之盗也，知教夺伐者之盗也。故又终之曰"诲盗"，曰"之招"，非幸小人之遇盗也，所以深惩小人之为盗以教盗也。

大衍之数五十，其用四十有九。分而为二以象两，挂一以象三，揲之以四以象四时，归奇于扐以象闰。五岁再闰，故再扐而后挂。天数五，地数五，五位相得而各有合。天数二十有五，地数三十，凡天地之数五十有五。此所以成变化而行鬼神也。乾之策，二百一十有六；坤之策，百四十有四，凡三百有六十，当期之日。二篇之策，万有一千五百二十，当万物之数也。是故四营而成易，十有八变而成卦，八卦而小成。引而伸之，触类而长之，天下之能事毕矣。显道，神德行，是故可与酬酢，可与佑神矣。

此章言易道尚占揲蓍之法也。其法有所谓数之用，有所谓数之本，有所谓数之终。何谓数之用？"大衍之数五十"是也。五十者，天地之成数也。程子曰：数始于一，备于五。小衍之为十，大衍之为五十。吕氏曰：参天两地，而为五。故十者，两其五也。五十者，十其五也。二说得之矣。故天地之数不过于五，然其数五十而其用四十有九者，虚其一也。虚其一者，复归于一也，所谓"易有太极"也。"分而为二"者，取四十九枚之蓍，以左右手无意而中分之为二也。"象两"者，两仪也。"挂一"者，初揲必挂其一也。"象三"者，三才也。"揲之以四"者，四四揲之也。张子曰：奇者，即所挂之一也。扐者，一揲之余也。"归奇于扐"者，以所挂合所余也，犹闰者岁之余也。此数之用也。何谓数之本？"天地之数五十有五"是也。"五十有五"者，天地之积数也。"天数二十有五"者，一、三、五、七、九之积也。"地数三十"者，二、四、六、八、十之积也。自一至九，天数五也；自二至十，地数五也。以地六合天一，五位各有合也，此数之本也。何谓数之终？《乾》《坤》二卦之策，万有一千五百二十是也。揲之而得四者九，是为老阳之数三十有六，从而六之，不曰"乾之策，二百一十有六"乎？揲而得四者六，是为老阴之数二十有四，从而六之，不曰"坤之策，百四十有四"乎？二篇之策，凡阳爻百九十有二，皆《乾》之九也；阴爻百九十有二，皆《坤》之六也，不曰"万有一千五百二十"乎？此数之终也。分二，挂一，揲四，归奇于扐，营之有四而后有爻，有爻而后有卦，故曰"四营而成易"。揲之三变而成一爻，遇九为老阳，遇七为少阳，遇六为老阴，遇八为少阴。三变者六，而成六爻，小而成八卦，伸之长之，大而成六十四卦。易之能事于是毕矣。成变化者，十有八变是也。行鬼神者，卦成而知吉凶也。其道甚显者，象两仪，象三才，当万物，而天地人物之道著也。其德行甚神者，"分而为二"，莫知其数之多寡；"揲之以四"，莫知其爻之奇耦也。筮则告，占则应，故"可与酬酢"。行吉凶在神，知吉凶在蓍，故"可与佑神"。"佑"，助也。

子曰："知变化之道者，其知神之所为乎？"易有圣人之道四焉：以言者尚其辞，以动者尚其变，以制器者尚其象，以卜筮者尚其占。是以君子将有为也，将有行也，问焉而以言。其受命也如响，无有远近幽深，遂知来物。非天下之至精，其孰能与于此？参伍以变，错综其数。通其变，遂成天地之文；极其数，遂定天下之象。非天下之至变，其孰能与于此？易无思也，无为也，寂然不动，感而遂通天下之故。非天下之至神，其孰能与于此？夫易，圣人之所以极深而研几也。唯深也，故能通天下之志。唯几也，故能成天下之务。唯神也，故不疾而速，不行而至。子曰易有圣人之道四焉者，此之谓也。

此仲尼赞圣人作《易》之妙，先之以总言圣人易道之神，复别言君子用易之神，申之以别言君子用易之神，复总言圣人易道之所以神也。夫神者，何物也？阴阳不测之谓神，此天之神也。圣而不可知之谓神，此圣之神也。既曰不可测知矣，何自而知神之所为乎？求之变化，其庶矣乎？何谓变？何谓化？变者有之改，化者无之复。物壮而老，世盛而衰，变也；物生而死，世存而亡，化也。孰为此者？神也。故"知变化之道者，其知神之所为乎"？曰"其知神之所为乎"者，疑辞也。虽仲尼，亦难于指而定之也。此所谓总言圣人易道之神也。

易道之神如此，君子将欲推而用之，何从而用之？其道有四。内焉用之于一身，吾之一言一动，非尊夫易之辞与变不可也；外焉用之于万事，吾之一器一疑，非尊夫易之象与占不可也。"尚"者，尊之之谓也。此所谓别言君子用易之神也。君子于此，惟能于一言一动、一器一疑之间，将有为、有行之时，用易之四道而不敢须臾离之，则有吉而无凶、悔、吝矣。

吾将一言乎，不敢以私意言也，必问在易之辞可言与否。易之道可以言与，吾受易之命而后言也；易之道不可以言与，吾受易之命而不言也。吾受易之命，如响应声之速，故物之方来，其吉凶吾能逆知之，亦如响应声之速。无远无近，无幽无深，吾有不知者乎？何也？非有奇谲也。言善则物必应，言不善则物必违。此易之辞也。吾能精于其辞，此其所以前知其应与否也。精于射者，知百中于未发；精于医者，料十全于垂死，而况精于易之辞者乎？非精于辞也，精于理也。故曰"非天下之至精，孰能与于此"？此"以言者尚其辞"也。

吾将一动乎，不敢以私意动也，必观易之卦与卦之爻。或以三而变，或以五而变，或吉变而凶，或凶变而吉。吾从其吉者而动焉，则日星亦为之光明，山川亦为之宁谧。天地之文，罔不用成，而况于人乎！故曰"参伍以变，通其变，遂成天地之文"。又曰"非天下之至变，孰能与于此"？此"以动者尚其变"也。

吾将制一器乎，不敢以私意制也，必观易之数。或其数错而杂，或其数综而统，如乾之策二百一十有六，如坤之策百四十有四。极易之数，定易之象，如制鼎之器者，象鼎卦之形。一器犹然，况天下之事有大于一器者乎！故曰"错综其数"。极其数，遂定天下之象。此"以制器者尚其象"也。

吾将决一疑乎，不敢以私意决也，必卜筮于易之占。盖吾有思也，有思则惑；吾有为也，有为则妄。至于易之道，隐于天地之间，而著于圣人之书，无思无为而寂然不动。然如是而吉，如是而凶，其理固存也。吾将以吾之疑，质易之占。有质则感，有感则应，天下万事吉凶之故响然而应、涣然而通。如撞钟，如启钥，无毫厘之差，无顷刻之缓。孰为此者？易之神也。故曰"易无思也，无为也。寂然不动，感而遂通天下之故。非天下之至神，孰能与于此"？此"以卜筮者尚其占"也。

凡此四者，所谓申之以别言君子用易之神也。然易何为而神也？圣人穷极天下万物之理而得其深，研究天下万事之微而得其几，聚于一心之精而谓之神也。惟其深，故以吾先知达彼后知，以吾先觉达彼后觉，自一心而通天下之志。惟其几，故未乱知乱，易乱为治；未亡知亡，转亡为存，自一心而成天下之务。合深与几，而至于圣而不可知之神，此其所以能"不疾而速，不行而至"也。夫天下之理，惟疾故速，惟行故至，未有不疾而速，不行而至者也。盖不如是，不足以为神也。然则圣人之神，果何物也？心之精也。岂惟心之能神哉？物理亦有之。铜山东倾而洛钟西应，东西异地，倾应同时，此一物之理相感，有"不疾而速"者也。岂惟物理哉？人气亦有之。其母啮指而其子心动，母未尝往，子未尝来，此一人之气相同，有"不行而至"者也，而况圣心之神乎！是故范围天地而一念不逾时，岂假疾而后速；经纬万方而半武不出户，岂假行而后至，何为其然也？心之神也。圣人聚天下之神于一心，推一心之神于大易，此易道之所以神，而君子之用易所以神也。故曰："夫易，圣人所以极深而研几也。惟深也，故能通天下之志。惟几也，故能成天下之务。惟神也，故不疾而速，不行而至。子曰：易有圣人之道四焉者，此之谓也。"此所谓复总言圣人易道之所以神也。

天一，地二。天三，地四。天五，地六。天七，地八。天九，地十。子曰：夫易，何为者也？夫易，开物成务，冒天下之道，如斯而已者也。是故圣人以通天下之志，以定天下之业，以断天下之疑。是故蓍之德圆而神，卦之德方以知，六爻之义易以贡。圣人以此洗心，退藏于密，吉凶与民同患。神以知来，知以藏往，其孰能与于此哉？古之聪明睿知、神武而不杀者夫。是以明于天之道，而察于民之故，是兴神物，以前民用。圣人以此斋戒，以神明其德夫。是故阖户谓之坤，辟户谓之乾，一阖一辟谓之变，往来不穷谓之通。见乃谓之象，形乃谓之器，制而用之谓之法。利用出入，民咸用之，谓之神。

程子曰：自"天一"至"地十"，当在"天数五，地数五"之上，简编失其次也。天一生数，地六成数。此说得之。自"子曰：夫易，何为者也"以下一章，窃意亦有脱简紊编者。如曰"其孰能与于此哉？古之聪明睿知、神武而不杀者夫"，此二语上下皆与前后之文不相联属，别释于后，姑试铨次之曰：

子曰：夫易，何为者也？夫易，开物成务，冒天下之道，如斯而已者也。是故阖户谓之坤，辟户谓之乾，一阖一辟谓之变，往来不穷谓之通。见乃谓之象，形乃谓之器，制而用之谓之法。利用出入，民咸用之，谓之神。是故蓍之德圆而神，卦之德方以知，六爻之义易以贡。神以知来，知以藏往。圣人以此洗心，退藏于密，吉凶与民同患，是以明于天之道，而察于民之故。是兴神物，以前民用。圣人以此斋戒，以神明其德夫。是故圣人以通天下之志，以定天下之业，以断天下之疑。《易》曰：高宗伐鬼方，三年克之。小人勿用。子曰：非天下之至仁，其孰能与此哉？古之聪明睿知、神武而不杀者夫。

此一章仲尼赞圣人之作《易》，所以周天下之用；又言圣人之用易，所以致天下之用也。昔者圣人之作《易》，果何为而作乎？有以作之，必有以用之；作而无用，则如勿作。开达物理，成就世务，以覆冒天下，此其道之用也。如斯而已，言不外乎此也。然易道之用有四，尚其辞、尚其变、尚其象、尚其占是也。四者之要有二，尚其变、尚其占是也。何谓尚其变？乾坤阖辟，易之变也。乾，阳也，阳主乎开；坤，阴也，阴主乎闭。先言坤，后言乾，静而后动也。坤，闭也，闭极必开；乾，开也，开极必闭。闭者开，开者闭，变而未已也。惟其静而复动，动而复静，变而未已，是故已往者故，方来者新，此易道之所以通而不穷也。于是物生而有象，物成而有器。制作百度以适于用，而百世守之其正，名曰法。出入万化以利其用，而百姓不知其强，名曰神。易道之尚其变者如此。何谓尚其占？蓍卦圆方，易之占也。蓍运于四营之初，其七八九六之数不可以逆知，故圆而神。卦成于十有八变之后，其初上二五之位一定而不易，故方以知。神言天，知言人也。以蓍之神，得卦之知，故六爻之义可推，吉凶之告可献矣。贡者，献也，伻来献卜[①]是也。蓍听乎方来之运，故曰"知来"；卦画乎已往之书，故曰"藏往"。易道之尚其占者如此，故仲尼赞圣人之作《易》，所以周天下之用。

---

① 典出《尚书·洛诰》："伻来，以图及献卜。"大意是周公派使者拿着选建洛邑城址附近的地形图和占卜的结果，一同献给成王。

夫惟易道尚其变，是故圣人以之洗心，则洞照天人之理。夫惟易道尚其占，是故圣人以之斋戒，则益尊蓍卦之德。且夫衣垢则洗，器尘则洗，圣人之心如止水、如明镜，已同乎天也，何俟乎易之洗哉？盖圣人之心同乎天，而圣人之忧患同乎人。何圣人之忧患同乎人也？民之吉凶，圣人之吉凶也；民无吉凶，圣人何患？虽然，圣人岂弊弊然①以民之吉凶忧患，自撄其方寸之地乎？有时而同乎人，有时而同乎天也。曷为有时而同乎天也？出而与民同患，退而以易洗心也。方其退而潜乎静密穆清之中，乐而玩乎卦、系、爻、象之辞，默而观乎乾坤阖辟之变，如是而为变、为通，如是而为象、为器，如是而为法、为神。当是之时，金石奏乎侧而耳不闻，黼绣张乎前而目不见，天人之至理隐然睹乎羹墙，而参然倚于舆衡也。明于天之道，察于民之故，信乎其明且察也。

若夫祭必斋戒，卜必斋戒，将以动天地、感鬼神也。三日戒焉，以远夫外物之干；七日斋焉，以专夫一念之敬。故祭则受福，卜则袭吉，何也？蓍者，神物也；卜者，鬼谋也。吾之一心能神明夫蓍之德，则蓍亦神明而应之；吾之一心将草芥夫蓍之德，则蓍亦草芥而应之。曰"神明其德"者，尊之之谓也。故《记》曰"其曰明器，神明之也。"蓍，无情者也，而有应之与否者，皆吾心之所召也。何也？心之所在，理之所在也。圣人兴神物以前民用，可不敬乎？兴神物者，有举而无废；前民用者，先占而后事。天文之理明，所以能通天下之志，定天下之业。蓍卦之德尊，所以能断天下之疑。故曰：仲尼言圣人之用易，所以致天下之用。

大抵《系辞》之文，皆有凡例。如曰"非天下之至变，孰能与于此"。又曰"非天下之至神，孰能与于此"。言变、言神则有所本也。今此章于"知以藏往"之下，言其"孰能与此哉"，则前无所本。如曰古者王天下，必指牺、黄；又曰易兴于中古，必指殷周，言古则必有其人也。今此章于"孰能与此哉"之下，言"古之聪明睿知、神武不杀"，则独无其人。窃意其为仲尼释《易》之辞而有脱文。又求《易》中神武不杀之君，惟《既济》九三之爻辞称"高宗伐鬼方，三年克之。小人勿用"。惟不杀，故三年而后克。惟小人好杀，故勿用。或可以当仲尼"神武不杀"之称。姑试补之曰：

《易》曰："高宗伐鬼方，三年克之。小人勿用。"子曰：非天下之至仁，

---

① 弊弊然：忙忙碌碌、疲惫不堪的样子。

其孰能与此哉？古之聪明睿知、神武而不杀者夫。

是故易有太极，是生两仪。两仪生四象，四象生八卦。八卦定吉凶，吉凶生大业。是故法象莫大乎天地，变通莫大乎四时，县象著明莫大乎日月，崇高莫大乎富贵。备物致用，立成器以为天下利，莫大乎圣人。探赜索隐，钩深致远，以定天下之吉凶，成天下之亹亹者，莫大乎蓍龟。是故天生神物，圣人则之。天地变化，圣人效之。天垂象，见吉凶，圣人象之。河出《图》，洛出《书》，圣人则之。易有四象，所以示也。系辞焉，所以告也。定之以吉凶，所以断也。《易》曰"自天佑之，吉无不利"。子曰：佑者，助也。天之所助者，顺也。人之所助者，信也。履信思乎顺，又以尚贤也，是以"自天佑之，吉无不利"也。

此章极言易之所以大者。天地出于易，而易非出于天地。圣人作夫《易》，而《易》不作于圣人也。"易有太极"，何谓也？曰：○元气浑沦，阴阳未分，是谓太极。当是之时，易之道已具矣，故曰"易有太极"。然则非太极之能有夫易，而易能有夫太极也。"是生两仪"，何谓也？曰：☰元气既分，一阴一阳于是生焉。

"两仪生四象"，何谓也？曰：⚌两仪之阳，一生二，是阳之二象也；⚏两仪之阴，一生二，是阴之二象也。合而言之，是为四象。"四象生八卦"，何谓也？曰：☰四象之二阳重两仪之一阳，其卦《乾》生焉。☷四象之二阴重两仪之一阴，其卦《坤》生焉。☳两仪之一阳降于四象二阴之下，其卦生《震》。☴两仪之一阴降于四象二阳之下，其卦生《巽》。☵两仪之一阳交于四象二阴之中，是生《坎》之卦。☲两仪之一阴交于四象二阳之中，是生《离》之卦。☶两仪之一阳升于四象二阴之上，于是《艮》之卦生矣。☱两仪之一阴升于四象二阳之上，于是《兑》之卦生矣。是谓"生八卦"。

盖"太极"者，一气之太初也。"极"之为言，至也。"两仪"者，二气之有仪也。"四象"者，重两仪而有象也，何也？阴阳不测，至幽至神，无仪无象，太极是也。有仪则幽者著而有仪则矣，阴阳是也；有象则阴阳之著者形而有物象矣，五行是也。仪者，极之著；象者，仪之形。故一气者，二气之祖也；二气者，五行之母也。二气分而纯者，为《乾》、为《坤》；二气散而杂者，为《震》、为《巽》、为《坎》、为《离》、为《艮》、为《兑》。乾，天也；坤，地也；震、巽，木也；坎，水也；离，火也；艮，土也；兑，金也。故周子曰：五行一阴阳也，阴阳一太极也，太极本无极也。周子所谓"无极"者，非无极也，无声无臭之至也。

然则易出于天地乎？天地出于易乎？虽然《易》之未作，易在太极之先；《易》之既作，易在八卦之内。八卦画而吉凶定，吉凶定而大业生。大哉，作《易》之圣人乎！大哉，《易》书之事业乎！何大乎《易》书之事业也？以言乎法象之大，则有易中之天地，《乾》《坤》是也。以言乎变通之大，则有易中之四时，《震》《巽》六子是也。以言乎著明之大，则有易中之日月，《坎》《离》是也。以言乎崇高之大，则有易中之富贵，日新之盛德、富有之大业是也。以言乎利用之大，则有易中之圣人，或神道而设教，或顺动而民服是也。以言乎深远之大，则有易中之蓍龟，某爻吉亨、某爻征凶是也。是皆易中之大业也，非圣人立卦而作《易》，孰能备天下之物、致天下之用、成天下之器若是其广大悉备乎？谓《易》不作于圣人，不可也。

然易中之蓍龟神物，孰生之也？天生之也，圣人不过则之而已。易中之变化，孰为之也？天地为之也，圣人不过效之而已。易中之吉凶，孰见而示之也？天垂象以见之也，圣人不过象之而已。易中之《图》《书》，孰出之也？天于河洛而出之也，圣人不过则之而已。故四象、八卦也，圣人不过因天地之阴阳，画之以示天下而已。系之以辞也，圣人不过因某卦与某爻，言之以告天下而已。如是而吉、如是而凶也，圣人不过因阴阳之逆顺，从而断定之而已，圣人何与焉？使圣人之作《易》有秋毫与于其间，则是《易》之书乃圣人之私书，易之道乃圣人之私术。何以先太极而有初，后天地而无终乎？谓《易》不作于圣人，亦可也。然则圣人可无乎？曰：圣人何可无也？韩愈曰：如古之无圣人，人之类灭久矣。王通曰：通于夫子，受罔极之恩矣。其与太极合德乎？故此章先之以"易有太极"之辞，又申之以"法象莫大乎天地"之辞，又申之以"备物致用，立成器以为天下利，莫大乎圣人"之辞。然则易也，太极也，天地也，圣人也，为四乎？为一乎？为大乎？为小乎？故曰：圣人何可无也？

子曰：书不尽言，言不尽意。然则圣人之意，其不可见乎？子曰：圣人立象以尽意，设卦以尽情伪，系辞焉以尽其言，变而通之以尽利，鼓之舞之以尽神。乾坤，其易之缊邪？乾坤成列，而易立乎其中矣。乾坤毁，则无以见易。易不可见，则乾坤或几乎息矣。是故形而上者谓之道，形而下者谓之器，化而裁之谓之变，推而行之谓之通，举而措之天下之民谓之事业。是故夫象，圣人有以见天下之赜，而拟诸其形容，象其物宜，是故谓之象。圣人有以见天下之动，而观其会通，以行其典礼，系辞焉以断其吉凶，是故谓之爻。极天下之赜者存乎卦，鼓天下之动者存乎辞，化而裁之存乎变，推而行之存乎通。神而明之，存乎其人。默而成之，不言而信，存乎德行。

此章言圣人作《易》之意，其散在六十四卦之爻象，其聚在《乾》《坤》之二卦。圣人用易之道，其散在天下之事业，其聚在一身之德行也。

"子曰：书不尽言，言不尽意。然则圣人之意，其不可见乎"？何谓也？曰：此仲尼将欲言圣人作《易》之意，既叹其言之之难，又叹其见之之难，故自言之，自问之，以发下文之自答也。夫言无穷而书有止，以有止之书载无穷之言，故"书不尽言"。意无形而言有声，以有声之言述无形之意，故"言不尽意"。圣人之作《易》，其书且不尽其言，其言且不尽其意，而吾欲以吾之言尽彼之意，可乎？此仲尼所以叹圣人作《易》之意，吾欲言之之难也。非言之之难也，见之之难也。见之也真，则言之也亲矣。故又自问曰"然则圣人之意，其不可见乎"？此仲尼所以屡叹圣人作《易》之意，见之之难也。

然则孰见之？仲尼见之者也。惟其见之，故又自答曰"圣人立象以尽意，设卦以尽情伪，系辞焉以尽其言，变而通之以尽利，鼓之舞之以尽神"。"神"者，无方而不测者也。《易》一作而神且尽，而况圣人自言其易之意，自尽其易之言乎？"立象以尽意"，何谓也？曰：以一卦言之，天地交者，泰之象也；不交者，否之象也。通塞之象立，而治乱之意尽矣。以一爻言之，初而潜者，勿用之象也；上而亢者，不知退之象也。上下之象立，而潜退之意尽矣，孰谓"言不尽意"乎！"系辞焉以尽其言"，何谓也？曰："元亨利贞"者，卦辞也。"大哉乾元"者，彖辞也。"潜龙勿用"者，爻辞也。"天行健"者，大象辞也。"阳在下也"者，小象辞也。系之以卦辞不足，又系之以彖、象之辞；系之以爻辞不足，又系之以小象之辞，孰谓"书不尽言"乎！爻、象之辞具而卦成，卦成而天地万物之情可得而见，鬼神之情状可得而知，而况于人之情伪乎？故曰"设卦以尽情伪"。易穷则变，《泰》《否》是也；变则通，《剥》《复》

是也；通则久，《既济》《未济》是也，故曰"变而通之以尽利"。古之圣人用易之道以利天下者，变通而已。故栋宇生于巢居之穷，舟楫生于车马之穷。变而通之，所以鼓之舞之也。冗居病而得栋宇，孰不鼓舞于栋宇；车马阻而逢舟楫，孰不鼓舞于舟楫，何则？困于所穷，必快于所变也；变而通之，则天下之利皆可得而尽；鼓之舞之，则圣人之道皆精入于神。非圣人之神也，易道之神也，故曰"鼓之舞之以尽神"。此所谓圣人作《易》之意，其散在六十四卦之爻象也。

曰"乾坤，其易之缊邪？乾坤成列，而易立乎其中矣。乾坤毁，则无以见易。易不可见，则乾坤或几乎息矣"。何谓也？盖六十四卦，其阳爻皆《乾》之自出，其阴爻皆《坤》之自出，故《乾》《坤》二卦乃六十四卦之奥府，三百八十四爻之宝藏也。乾坤立则易立，乾坤隐则易隐。非乾坤有毁息之理也，言易与乾坤不可以相无也。虽然乾坤者，何物也？谓天地，则非天地也。谓非天地，则天地具此者也。其阴阳之异名，而健顺之异诂与？故曰"乾，阳物也；坤，阴物也"。又曰"乾，健也；坤，顺也。易之道，一阴一阳而已矣"。此所谓圣人作《易》之意，其聚在《乾》《坤》之二卦也。

"是故形而上者谓之道，形而下者谓之器，化而裁之谓之变，推而行之谓之通，举而措之天下之民谓之事业"。何谓也？曰：此仲尼所以别言易道之体，极言易道之用也。何谓体？曰道、曰器是也。何谓用？曰变、曰通、曰事业是也。今夫笾豆，器譬也；所以秩笾豆者，道譬也。吾身之手足，器譬也；所以使手足者，道譬也。"一阴一阳之谓道"，阴阳亦未离于器者也。所以阴阳者，道也。道不自立，以器而立；器不自行，以道而行。故孔子曰：何莫由斯道也？孟子曰：夫道，若大路然。董子曰：道者，所由适于治之路，仁义礼乐，皆其具也。韩子曰：博爱之谓仁，行而宜之之谓义，由是而之焉之谓道。董子之所谓"具"，即仲尼之所谓"器"也。仲尼之所谓"由斯"，孟子之所谓"若路"，董子之所谓"由适"，韩子之所谓"由是之焉"者，即今仲尼之所谓"形而上"者也。"形而上"云者，以无形而使有形也；"形而下"云者，以有形而使于无形也。所谓变通，所谓事业，皆自此道化而裁之、推而行之、举而措之耳。易之道岂不大？而圣人之用易，其用岂不大哉？此所谓圣人用易之道，其散在天下之事业。

"是故夫象，圣人有以见天下之赜，而拟诸其形容，象其物宜，是故谓之象。圣人有以见天下之动，而观其会通，以行其典礼。系辞焉以断其吉凶，是故谓之爻。极天下之赜者存乎卦，鼓天下之动者存乎辞，化而裁之存乎变，推而行之存乎通"。何谓也？曰：赜、动已见于前，化、推再见于后，疑其衍也。

"神而明之，存乎其人。默而成之，不言而信，存乎德行"。何谓也？曰：易有三，一曰天易，二曰竹易，三曰人易。"天尊地卑，乾坤定矣"，天易也。"书不尽言，言不尽意"，竹易也。"存乎其人，存乎德行"，人易也。有圣人焉，能得易之道，"神而明之"，则易不在天而在人；能体易之德，"默而成之"，则易不在竹而在圣。神明在我，德行在我，则言之可也，不言亦可也。体易成德，至于"不言而信"，则书不尽言也，系辞尽言也；言不尽意也，立象尽意也。仲尼皆道之矣。此所谓圣人用易之道，其聚在一身之德行也。

卷十八

系辞下

　　八卦成列，象在其中矣。因而重之，爻在其中矣。刚柔相推，变在其中矣。系辞焉而命之，动在其中矣。吉凶悔吝，生乎动者也。刚柔者，立本者也。变通者，趣时者也。吉凶者，贞胜者也。天地之道，贞观者也。日月之道，贞明者也。天下之动，贞夫一者也。夫乾，确然示人易矣。夫坤，隤然示人简矣。爻也者，效此者也。象也者，像此者也。爻象动乎内，吉凶见乎外，功业见乎变，圣人之情见乎辞。天地之大德曰生，圣人之大宝曰位。何以守位曰仁，何以聚人曰财。理财正辞、禁民为非曰义。

　　此章言圣人系易之辞，本乎爻象之刚柔，以明天地之道德。又言圣人用易之意，体乎天地之道德，以为圣人之仁义也。八卦未画，万象在天下；八卦既画，万象在易，故曰"八卦成列，象在其中矣"。卦之未重，象备而爻未备；卦之既重，爻始备矣，故曰"因而重之，爻在其中矣"。乾者，刚之粹；坤者，柔之粹。刚柔未相推移也，何变之有？及《乾》之初爻一推移焉，则变而为《巽》；《坤》之初爻一推移焉，则变而为《震》，故曰"刚柔相推，变在其中矣"。《乾》之初九，未可以动者也，故圣人系之爻辞则曰"潜龙勿用"，象辞则曰"阳在下也"，命之以勿动也。《乾》之九二，可以动者也，故圣人系之爻辞则曰"见龙在田"，象辞则曰"德施普也"，命之以动也，故曰"系辞焉而命之，动在其中矣"。可以动而动焉，吉之所从生也；未可以动而动焉，凶悔吝之所从生也，故曰"吉凶悔吝，生乎动者也"。然众人所以召吉凶者三，而圣人之所以处吉凶者一。曰本、曰时、曰变，此三者所以召吉凶者也。吉凶何从而来哉？本乎爻之刚柔而已。此之谓吉凶之本，故曰"刚柔者，立本者也"。在彼者有可否，在我者有静作，此之谓吉凶之时。时未可见，故初九之刚变通而趣乎潜，不潜则凶；时可以见，故九二之柔变通而趣乎见，惟见则吉。此之谓吉凶之变，故曰"变通者，趣时者也"。圣人有一道以处吉凶者，何道也？曰"贞"而已。贞者，何也？一于正而已。惟天下之一正，为能胜天下之万变。非吾求胜于彼也，彼自不能入也。故贵为天子，不能乐尧舜之忧，以正胜吉也；在陈畏匡，不能忧仲尼之乐，以正胜凶也。夫天地之道，唯贞为能观；日月之道，唯贞为能明，而况区区天下之群动乎？故曰："吉凶者，贞胜者也。天地之道，贞观者也。日月之道，贞明者也。天下之动，贞夫一者也。"盖正者，天地之道也，非圣人之私器也。此所谓言圣人系易之辞，本乎爻象之刚柔，以明天地之道也。

然则孰为天地之德乎？一言以蔽之，曰"生"而已。"大哉乾元，万物资始。乾道变化，各正性命。云行雨施，品物流行"。此《乾》之所以示人以易者生也，其易确然也。"至哉坤元，万物资生，乃顺承天"。此《坤》之所以示人以简者生也，其简隤然也。确然者，确乎不可拔也；隤然者，隤乎其至也。三百八十四爻，其一百九十二之阳皆乾爻也，其一百九十二之阴皆坤爻也。阴阳之爻非它，皆效法天地生物之德而已。故曰"爻也者，效此者也"。至于六十四卦之象，非它也，皆形像天地生物之德而已。爻象一动，则其外者见而为吉凶，其变者见而为功业。圣人之情，欲天下之人避凶而趋吉，以各成其功业而已，故系之以辞以命之焉，故曰"圣人之情见乎辞"。圣人所以爱天下之生，亦如天地爱万物之生也，故又曰"天地之大德曰生"。此所谓言圣人系易之辞，本乎爻象之刚柔，以明天地之德也。虽然，明天地之道德者在爻象，得天地之道德者不在爻象，而在圣人；得天地之道德者在圣人，施天地之道德者不在圣人，而在至尊之位。有斯道也，有斯德也，而位斯位也，天下之人所以喜之贵之，而目之曰"大宝"也。然得位之难，又未若守位之难。何以守之？曰"仁"而已。何以为仁？曰"财"而已。虽有仁心仁闻，而天下不被其仁恩之泽者，夺民之财为己之财而已。故鹿台聚而商亡，鹿台散而周王。财散则民聚，此仁之实也。然仁不孤立，必有义焉。何谓义？教民理财，义也；谨以出入，亦义也；禁民为非，亦义也。此所谓言圣人用易之意，体乎天地之道德，以为圣人之仁义也。然则易之为道，爻象云乎哉？系辞云乎哉！

古者包牺氏之王天下也，仰则观象于天，俯则观法于地。观鸟兽之文与地之宜，近取诸身，远取诸物，于是始作八卦，以通神明之德，以类万物之情。作结绳而为网罟，以佃以渔，盖取诸《离》。

此一章至"盖取诸《夬》"，言《易》之未作，圣人取诸天地人物以作《易》；《易》之既作，圣人复取诸《易》以制器也。昔者《易》之未作，非无易也，有易而散在天地人物之间也。然则其有也，孰得之？其散也，孰聚之？得之于心而聚之于易者，其惟包牺氏与？是故牺者，易中之高曾也；文者，易中之祖也；孔者，易中之父也。易在天地，其理具，其名隐。至包牺画之而名始立，易在包牺。其名立，其道微，至文王重之，仲尼系焉，而道始章。然则包牺氏之画，孰示之也？天示之也。天以何而示之？在天有象，在地有法，在人有一身之灵，在物有鸟兽之文、有万物之宜。若为雷、为风，观象于天而得之也。若为山、为泽，观法于地而得之也。若左股、右肱，取诸身也；若鹤鸣、鸿渐，取诸物也。八卦既画，幽而神明之德显，而万物之情皆具见于《易》，而不得遁矣。故曰《易》之未作，圣人取诸天地人物以作《易》。昔者厥初生民，何以相生相养，以至于千万世而不息不灭也？人非物不生，物非器不获。圣人将欲制器以获物，假某范于何人也？措某器于何施也？取诸《易》而足矣。自网罟至于书契，皆其大略也。圣人制器，何以取诸《易》也？仲尼曰：《易》有圣人之道四焉。以制器者，尚其象是也，是故网罟之象生于《离》。☲六爻纵横错综，而网罟之象备矣，故曰《易》之既作，圣人复取《易》以制器。

包牺氏没，神农氏作。斫木为耜，揉木为耒。耒耨之利，以教天下，盖取诸《益》。

教民肉食，自包牺始；教民粒食，自神农始。耒耜取诸《益》者，自震下巽上。郭子仪曰：震、巽，二木之象，而其象曰"木道乃行"。

日中为市，致天下之民，聚天下之货。交易而退，各得其所，盖取诸《噬嗑》。

韩氏曰：嗑，合也，设法以合物也。

　　神农氏没，黄帝尧舜氏作。通其变，使民不倦。神而化之，使民宜之。易穷则变，变则通，通则久，是以"自天佑之，吉无不利"。黄帝尧舜垂衣裳而天下治，盖取诸《乾》《坤》。

所谓"衣裳"，即所谓古人之象五色作服者是也。盖始于黄帝，备于尧舜。韩氏曰：衣裳以辨贵贱，乾尊坤卑。

　　刳木为舟，剡木为楫。舟楫之利以济不通，致远以利天下，盖取诸《涣》。

郭氏曰：涣，木上而水下，故其象曰"利涉大川，乘木有功也"。

　　服牛乘马，引重致远，以利天下，盖取诸《随》。

☳ 震下兑上
《随》之上卦，牛二角之象。下卦反观之，马四足之象。又上六云"拘系之，乃从维之"，络首穿鼻之象。

　　重门击柝，以待暴客，盖取诸《豫》。

韩氏曰：取其备豫。

　　断木为杵，掘地为臼。臼杵之利，万民以济，盖取诸《小过》。

《小过》艮下震上，上动而下止，此杵动而臼止之象也。耒耜，耕稼之始。杵臼，脱粟之始。

　　弦木为弧，剡木为矢。弧矢之利，以威天下，盖取诸《睽》。

☲兑下离上

《睽》之上九曰"先张之弧"，谓下卦初为弧，二为弦而相附也。又曰"后说之弧"，谓上卦之弦不附于四之弧也。三与五，皆二矢象也。

> 上古穴居而野处，后世圣人易之以宫室。上栋下宇，以待风雨，盖取诸《大壮》。

☳乾下震上

《大壮》上二阴，其上六，覆者之象也。其六五，椽桷之象也。其下四阳，柱之象也。

> 古之葬者，厚衣之以薪，葬之中野，不封不树，丧期无数。后世圣人易之以棺椁，盖取诸《大过》。

☱巽下兑上

《大过》中四爻实而长者，棺上下左右像也。其两爻缺而短者，棺之前后像也。巽，入也；兑，说也。夫见狐狸食之以为戚，则见棺椁入藏以为说矣。非生者说其死者也，以死者入藏为慰也。

> 上古结绳而治，后世圣人易之以书契。百官以治，万民以察，盖取诸《夬》。

《夬》，乾下而兑上。乾为天、为首，兑为口舌。昔吴人问蜀使曰：天有口乎？曰：有。帝谓文王是也。此虽一时应敌之言，未可为无理也。书契者，其代天之口舌乎？故曰"取诸《夬》"。扬雄曰：天常为帝王之笔舌。史曰：斗为天之喉舌。吾亦曰：书契为天之口舌。呜乎！鸿荒之世，民之初生，非若今日之备器用、便起居、具服食也。自斯人之饥而未知佃渔也，圣人于是乎作网罟。自斯人之肉食而未知粒食也，圣人于是乎作耒耜。自斯人之食货或有余、或不足之偏匮也，圣人于是乎作市易。自斯人之寒而衣皮，未知织纴之制也，圣人于是乎作衣裳。自斯人之出入厄于川隔而道断也，圣人于是乎作舟楫。自斯人之疲于负担而惮于远途也，圣人于是乎作轮辕。自斯人之虞于寇攘而懈于守御也，圣人于是乎作门柝。自斯人之知有耕耨而未知舂揄也，圣人于是乎作杵臼。自斯人之无爪牙以自卫，而忧于搏噬也，圣人于是乎作弧矢。自斯人之穴处而病于湿蛰也，圣人于是乎作宫室。自斯人之死而戚于椁槨之掩也，圣人于是乎作棺椁。自斯人之穷于结绳而相欺无籍也，圣人于是乎作书契。然非圣人之私智也，取诸十二卦之象而后成；亦非一圣人之能为也，历乎五圣人而后备。盖斯人生生之道若此其难，而圣人所以生生斯人者若此其劳也。故韩愈曰："如古之无圣人，人之类灭久矣。"又曰："今吾与汝安居而暇食，优游以生死，与禽兽异者，宁可不知其所自邪？"

> 是故易者，象也。象也者，像也。彖者，材也。爻也者，效天下之动者也。是故吉凶生而悔吝著也。

韩氏曰：彖言成卦之才德，以统卦义也。

> 阳卦多阴，阴卦多阳，其故何也？阳卦奇，阴卦偶。其德行何也？阳一君而二民，君子之道也。阴二君而一民，小人之道也。

阳卦宜其多阳而反多阴，阴卦宜其多阴而反多阳，故仲尼自问曰"其故何也"？于是自答曰"阳卦奇，阴卦偶"故也。盖众者以寡者为之君，寡者以众者为之民。一卦二阴而一阳，则二阴相率而君一阳，故"阳卦奇"谓二耦以一奇为君也。一卦二阳而一阴，则二阳相率而君一阴，故"阴卦耦"谓二奇以一耦为君也。王弼曰：阴爻虽贱，而为一卦之主者，处至少之地是也。仲尼又自问曰：如此，则阴阳二卦，"其德行何也"？于是又自答曰："阳一君而二民，君子之道也；阴二君而一民，小人之道也。"盖一者，奇之异名；二者，耦之异名。阳一君而二民，谓以奇为君，以耦为民也。如此则阴阳之理顺，而君民之分正，故曰"君子之道"。阴二君而一民，谓以耦为君，以奇为民也。如此则阴阳之理悖，而君民之分乱，故曰"小人之道"。

> 《易》曰："憧憧往来，朋从尔思。"子曰："天下何思何虑？天下同归而殊涂，一致而百虑。天下何思何虑？"日往则月来，月往则日

来，日月相推而明生焉。寒往则暑来，暑往则寒来，寒暑相推而岁成焉。往者屈也，来者信也，屈信相感而利生焉。尺蠖之屈，以求信也。龙蛇之蛰，以存身也。精义入神，以致用也。利用安身，以崇德也。过此以往，未之或知也。穷神知化，德之盛也。

上《系》仲尼既举七卦之爻辞，以发明六十四卦之微矣，此复举十卦焉。"憧憧往来"，此《咸》九四之爻辞也。咸，感也。感应当以虚受，而九四以阳刚之资，居上下二卦出入往来之会，方憧憧然劳思以应之。不知一思动，百思从，不胜其应矣。故仲尼晓之曰"天下何思何虑"？惟观其归、执其一以应之尔。吾观其归，彼涂虽殊而不能违；吾执其一，彼虑虽百而不能出。又申之曰"天下何思何虑"，丁宁之也。夫天下之事往来无穷，然不外乎屈信相感而已。吾观诸日，今夕之往，所以为来朝之来；吾观诸月，今夕之来，所以为来朝之往。盖前之屈乃后之信也。吾观诸寒暑，折胶之寒不生于寒，而生于烈日；流金之暑不生于暑，而生于坚冰，盖今之信乃昔之屈也。吾观诸物，尺蠖之屈，以屈为信；龙蛇之蛰，以蛰为存。知屈信之一致，则知往来之一致矣。死生之说，幽明之故，治乱之几，皆若是而已。然则圣人之应感，既曰"何思何虑"，则何修而臻此与？曰：精于义理而已。精于庖者，其刀入神；精于射者，其矢入神。苟入神矣，其致用于庖与射也何有。精于技者犹若是，而况精于义理而入神者乎？是故以之致用，则用必利；以之安身，则身必安；以之崇德，则德必崇。过此以往，推而上之，皆如破竹、如解冰，圣人亦不自知其然而然也。至于此，则穷极阴阳之神，周知造化之妙，所以为德之至盛者与？而又何思何虑之有？然则思曰睿，非与？曰睿者，潜心而神。"憧憧"者，劳思而扰。

《易》曰："困于石，据于蒺藜，入于其宫，不见其妻，凶。"子曰：非所困而困焉，名必辱。非所据而据焉，身必危。既辱且危，死期将至，妻其可得见邪？

此《困》六三之爻辞也。仲尼释之以为，困穷者，人之所不能免者也。有君子之困，有小人之困，顾所以致之者何如尔？君子有不幸之困，无以致之，适遭之也，在陈畏匡是已，故名不辱而身不危。小人无幸免之困，为不善以致困也。以其非所据而据，是以非所困而困。为不善而求幸免，是据于蒺藜而求不刺也，其困弥坚，如石之不移矣。尚可得而保其名、保其身、保其家、保其妻子乎？臧纥、阳虎之事是也。

《易》曰："公用射隼于高墉之上，获之，无不利。"子曰：隼者，禽也。弓矢者，器也。射之者，人也。君子藏器于身，待时而动，何不利之有？动而不括，是以出而有获，语成器而动者也。

此《解》上六之爻辞也。仲尼释之以谓，君子之于天下，不患无获，患无时；不患无时，患无器；不患无器，患无韫。

子曰：小人不耻不仁，不畏不义。不见利不劝，不威不惩。小惩而大诫，此小人之福也。《易》曰"屦校灭趾，无咎"。此之谓也。善不积，不足以成名。恶不积，不足以灭身。小人以小善为无益而弗为也，以小恶为无伤而弗去也。故恶积而不可掩，罪大而不可解。《易》曰"何校灭耳，凶"。

此《噬嗑》初九、上九之爻辞也。仲尼释之以为，惩恶在初，改过在小。

子曰：危者，安其位者也。亡者，保其存者也。乱者，有其治者也。是故君子安而不忘危，存而不忘亡，治而不忘乱，是以身安而国家可保也。《易》曰"其亡其亡，系于苞桑"。

此《否》九五之爻辞也。仲尼释之谓，前三人者以骄败，后三人者以忧昌。能一再忧其亡，则其固如系于桑本矣。桑本物之至固而不可拔者，况又系之于木本乎！由乎前者，明皇晚年是也；由乎后者，尧舜之儆戒、三宗之寅畏、宣王之惧是也。

子曰：德薄而位尊，知小而谋大，力小而任重，鲜不及矣。《易》曰"鼎折足，覆公𫗧，其形渥，凶"。言不胜其任也。

此《鼎》九四之爻辞也。德之薄者，尚可积而厚；知之小者，不可强而大；力之少者，不可勉而多。圣人亦岂责天下之人皆德厚而不薄、皆知大而不小、皆力多而不少哉？责其贪位而不量己，过分而不胜任尔。量力而负，其人不跌；量鼎而受，其足不折。今也鼎足之弱，而鼎实之丰，有不折己之足、覆人之餗、败己之身者乎？足之折，身之败，自取之也。餗之覆，彼何辜焉？此仲尼释之之意也。

　　子曰："知几，其神乎？君子上交不谄，下交不渎，其知几乎？"几者，动之微，吉之先见者也。君子见几而作，不俟终日。《易》曰"介于石，不终日，贞吉"。介如石焉，宁用终日，断可识矣。君子知微知彰，知柔知刚，万夫之望。

　　此《豫》六二之爻辞也。夫微莫微于天下之几，妙莫妙于天下之神。是故难知者，几也；难至者，神也。今仲尼曰"知几，其神乎"，非天下之至圣，其孰能与于此？乃止曰"君子上交不谄，下交不渎，其知几乎"？一，何小也。盖天下有大患有大欲，富贵，天下之大欲也；动心，天下之大患也。吾心一动，谄渎生焉。谄渎者，其富贵之捷径，而祸败之胚胎也与？李斯之诛，不在于具五刑之日，而萌于谄二世之书；张汤之败，不在于对八使之时，而兆于摩谒者之足。斯之谄，自以为取容之深计；汤之渎，自以为托私之至谋。然取容乃所以不容，自托乃所以自败。然则上交于吾君而不谄，下交于吾与而不渎，谓之小也，可乎？谓非知几之神也，可乎？故曰"几者，动之微，吉之先见者也"。所谓动者何物？而所谓吉者何事也？天下之动，莫小于雷风，而欲心一动为至大；天下之吉，莫重于不失其身，而崇高富贵为至轻。然其心之动也，其初至微也，能于其至微而察之，求其所谓渎者而绝之，天下之元吉，人莫之见而吾独先见之矣，不曰至神而何哉？虽然，君子所以能"见几而作，不俟终日"者，亦必有道矣。《易》之《豫》曰"介于石，不俟终日，贞吉"是也。夫石者，至静而无欲，至重而不动者也。今也君子介然如石，天下之可欲者，何物能动之乎？其见几也，宁用终日而后识之乎？推是心以往，举天下之万事，见微则知其彰，见柔则知其刚。此天下所以尊之仰之，为万夫之望也与？

　　子曰：颜氏之子，其殆庶几乎！有不善，未尝不知；知之，未尝复行也。《易》曰："不远复，无祇悔，元吉。"

　　学有以知为贵，有以行为贵。《大学》曰："欲正其心，先诚其意；欲诚其意，先致其知。"此以知为贵也。傅说曰："非知之艰，行之惟艰。"此以行为贵也。然则知而不行，可乎？曰：是离娄而跛也。行而不知，可乎？曰：是飞廉而眇也。若颜子，可谓兼之矣，有不善未尝不知，此《大学》之致知也；知之未尝复行，此傅说之行其所知也。故仲尼称其近于知几，又许之以当复之初爻。"殆庶"之为言，近也。知几则圣，近几则贤。

　　　　天地细缊，万物化醇。男女构精，万物化生。《易》曰"三人行，则损一人。一人行，则得其友"。言致一也。

　　此《损》六三之爻辞也。天下之事一则精，二则粗，天地人物皆然，而况于万事乎？故舜曰"惟精惟一"，而仲尼亦曰"言致一"也。致者，力至之之谓也。羿致力而一于射，故精于射；王良致力而一于御，故精于御。使羿而欲为良，良而欲为羿，则两丧其所能矣。尧、舜、禹、汤、文、武、周、孔之治仁义，黄、老之治清静，孙、吴之治兵，其道不同，其致一则同也。

　　　　子曰：君子安其身而后动，易其心而后语，定其交而后求。君子修此三者，故全也。危以动，则民不与也。惧以语，则民不应也。无交而求，则民不与也。莫之与，则伤之者至矣。《易》曰"莫益之，或击之，立心勿恒，凶"。

　　此《益》上九之爻辞也。"安其身而动"，则其名正；"易其心而语"，则其辞真；"定其交而求"，则其助多。此立心有恒之人也。周公东征，作《鸱鸮》以悟成王，作《大诰》以晓庶邦是也。"危以动"则无名，"惧以语"则无辞，"无交而求"则无助。此"立心勿恒"之人也。楚公子比乘乱以自立，然去晋而不送，归楚而不逆，卒死于弃疾之手是也。此仲尼所谓"伤之者至"，而《易》所谓"或击之"者与？

　　　　子曰：乾坤，其易之门邪？乾，阳物也；坤，阴物也。阴阳合德而刚柔有体，以体天地之撰，以通神明之德。其称名也，杂而不越，于稽其类，其衰世之意耶？夫易，彰往而察来，而微显阐幽。

开而当名，辨物正言，断辞则备矣。其称名也小，其取类也大。其旨远，其辞文。其言曲而中，其事肆而隐。因贰以济民行，以明失得之报。

上《系》言乾坤，其易之缊；此章言乾坤，其易之门，皆所以深赞易之道，其本在《乾》《坤》之二卦，使学易者知其关键之会要也。孔子曰：谁能出不由户？然则学《易》者何莫由《乾》《坤》二卦乎？盖《乾》《坤》者，六十四卦之祖也；六十四卦者，《乾》《坤》之别也。不明乎乾之阳、坤之阴，则无以知阴阳如之何而合德，刚柔如之何而有体、如之何而体天地之撰、如之何而通神明之德。明乎乾之阳，则知举六十四卦之物本乎阳者皆乾也。明乎坤之阴，则知举六十四卦之物本乎阴者皆坤也。《乾》《坤》交错而为六十四卦，然后阴阳之德合；阴阳之德合，然后刚柔之体立。知易之阴阳合德、刚柔有体，则知易之道所以体天地之所为，而与天地为一体；通神明之德，而使神明无遁情矣。然则《乾》《坤》二卦，岂非易之缊、易之门乎？然乾之所名，或为龙，或为马，或为金玉，其所称虽杂而不越乎阳物也。坤之所名，或为牛，或为牝马，或为舆釜，其所称虽杂而不越乎阴物也。即其名，考其类，岂止于衰世之意而已哉？造化之往者，屈也。其屈无迹，唯易能彰之，使无迹者有迹。造化之来者，伸也。其伸无形，唯易能察之，使无形者有形。世之所谓百姓日用之显者，唯易能微之使幽，若曰神德行，若曰藏诸用是也。世之所谓幽明之故、死生之说、鬼神之情状之幽者，唯易能阐之使显，若曰显道，若曰显诸仁是也。至于开明阴阳刚柔之道，其名当，其物辨，其言正而无偏，其辞断而无疑。其称名虽若甚小，其取类不胜其大。"其旨远"，使人思而得之也；"其辞文"，使人玩而得之也。"其言曲而中"，故不欺；"其事肆而隐"，故不穷。皆非易之私言也，因斯民之行有失得之贰者，而告之以天理吉凶之报，所以济斯民人欲之陷溺，而措之安吉之地也。岂止衰世之意而已乎！"天地之撰"，如三子之撰。撰之言为也。

易之兴也，其于中古乎？作《易》者，其有忧患乎？

曰"中古"，曰"有忧患"，仲尼指文王而言之者与？所以哀文王，所以德文王，所以庆天下后世也。自《易》之既作，有忧患者可以处，可以忘；无忧患者可以备，可以消。学者受文王罔极之恩矣。

> 是故履，德之基也。谦，德之柄也。复，德之本也。恒，德之
> 固也。损，德之修也。益，德之裕也。困，德之辨也。井，德之地
> 也。巽，德之制也。

此章言圣人取诸易之道，以成乎己之德也。学易而不以易成己，则易自易、我自我也，易何补于我，我何资于易哉！墙无基则圮，故以践履之充实为吾德之基；木无本则槁，故以归复其初性为吾德之本。基既立矣，骄或啮其基则又圮，不持守以谦，可乎？本既植矣，怠或寒其本则又槁，不固守以恒，可乎？德既持矣，亦既固矣，遂足矣乎？曰：未也。吾岂无一不善，"惩忿窒欲"，又取诸损，所以修吾德也。修者，修而进之也。吾岂尽善，"见善则迁"，又取诸益，所以裕吾德也。裕者，裕而丰之也。虽然，是皆所以居常也，未临乎变也。居常而修且裕，或一旦临变而失之，可无惧乎？遇困而不失其亨，然后吾之德益辨而明；遇井而不食愈冽，然后吾之德清而不改。圣人之德，至此大成矣，然圣人之心犹曰未也。卑巽以自制，退然若无能焉。此大禹之不矜，周公之不骄，仲尼之仁圣。岂敢也，始而持之以谦，终则制之以巽。呜呼，圣德其至矣乎！六十四卦备于身矣，九卦其要也。

> 履，和而至。谦，尊而光。复，小而辨于物。恒，杂而不厌。
> 损，先难而后易。益，长裕而不设。困，穷而通。井，居其所而迁。
> 巽，称而隐。

此章圣人既取诸九卦以成德，复赞九卦之德以示人也。

> 履以和行，谦以制礼，复以自知，恒以一德，损以远害，益以
> 兴利，困以寡怨，井以辨义，巽以行权。

此章圣人既赞九卦之德以示人，复发九卦之用以示人也。

> 《易》之为书也，不可远；为道也，屡迁。变动不居，周流六虚。

上下无常，刚柔相易。不可为典要，唯变所适。其出入以度，外内
使知惧。又明于忧患与故，无有师保，如临父母。初率其辞，而揆
其方。既有典常，苟非其人，道不虚行。

此章言易道之用存乎变，易道之体存乎常，易道之行存乎人。又曰"道不
虚行"者，人也。夫易之于人，如水之于鱼也。鱼不可离于水，人不可远于
易。君臣父子，无非易也。视听言动，无非易也。治乱安危，无非易也。取舍
进退，无非易也。鱼离水则死，人远易则凶。仲尼曰"《易》之为书也，不可
远"，此之谓也。非《易》书之不可远也，《易》书之道不可远也。易之道安
在哉？曰变而已。是故屡迁而不居，周流而无间。《乾》之初九，忽上而居于
《坤》之上六，于是《坤》变而为《剥》。《坤》之上六，忽下而居于《乾》之
初九，于是《乾》变而为《姤》。此易之变，上下无常者也。《乾》之一阳与
《坤》之一阴相易而《震》生焉，《坤》之一阴与《乾》之一阳相易而《巽》生
焉。此易之变，刚柔相易者也。是皆不可拘之以典常，绳之以要约也，惟变之
所适，谁得而御之者？故曰易道之用存乎变。然易之道有体有用，其变而无常
者，用也；其常而不变者，体也。君子之学易，能通其变而得其常，极其用而
执其体，是可谓善学《易》之书，而深明易之辞，力行易之道者矣。易道之体
安在哉？曰敬而已矣。《乾》曰"夕惕若"，敬也；《坤》曰"敬以直内"，敬也。
易之道千变万化，而归于一敬。大哉，敬乎！其入德之捷径，作圣之奇勋与？
故曰易道之体存乎常。今也学易而得乎敬之一字，则出入起居非度不由，外内
屋漏惟惧是知，曰度，曰慎，罔不夙夜，以此应世，则遇忧患而自明，遇世故
而自达。以此谨独，则无师保而自律，远父母而自严。君子何修何饰而臻此
哉？其初率循乎易之辞而不敢违，揆度乎道之方而不敢离，玩味于变动不居之
中，探索其典常不变之要，在此而不在彼，于是执而有之，躬而行之，故易之
道为实用，不为虚言矣。仲尼称之曰"苟非其人，道不虚行"，深赞之、深嘉
之之辞也。故曰易道之行存乎人。

《易》之为书也，原始要终以为质也。六爻相杂，唯其时物也。
其初难知，其上易知，本末也。初辞拟之，卒成之终。若夫杂物撰
德，辨是与非，则非其中爻不备。噫！亦要存亡吉凶，则居可知矣。
知者观其象辞，则思过半矣。

此章指示学者学易之法有三，一曰初爻，二曰二、五，三曰彖辞。初爻者，易书一卦之性质也。至于六爻，或各因其时，或各指其事而已，非若初爻为一卦之要也。原其始，自可以约其终。知其初之难，自可以知其上之易。初者，本也；上者，末也。初辞拟议，以定一卦，上爻成其终而已，故首告之以学初爻之法。若夫杂陈一卦之物，论撰一卦之德，如是而为是非，如是而为存亡，如是而为吉凶，如是而为居位之当否，又非止初爻所能尽也，其惟中爻二、五乎？观二、五，则是非备矣，存亡吉凶与居位之当否可得而知矣，故又告之以学二、五之法。至于统论一卦之体，非彖辞何以尽之？如《乾》之彖曰"大哉乾元"，《坤》之彖曰"至哉坤元"，包两仪于二字之中，括六爻于数语之间。知者观之，《乾》《坤》之道尽在是矣。曰"过半"，尽之之谓也，故终告之以学彖辞之法。圣人之教人，盖如此其详也。

> 二与四同功而异位，其善不同。二多誉，四多惧，近也。柔之为道，不利远者。其要无咎，其用柔中也。三与五同功而异位，三多凶，五多功，贵贱之等也。其柔危，其刚胜邪。

此章言二、四、三、五居位远近、贵贱安危之分也。臣欲柔而中，柔过则谄，为张禹、为胡广；君欲刚而中，刚过则苛，为汉宣、为显宗。九二以刚居柔，此柔中也；六二以柔居柔，此柔过也。曰"二多誉"，亦未必尽多君子也，誉之者多耳。六五以柔居刚，此刚中也；九五以刚居刚，此刚过也。曰"五多功"，亦未必尽成功也，有功者多耳。故二则曰"其用柔中"，许其柔而不过也；五则曰"其刚胜"，许其刚而过也。与其为元、成，宁为孝、宣；与其为安、顺，宁为明帝。至于四逼大君之下，三乘大臣之上，宜其惧而凶也，居此位者谨诸。

> 《易》之为书也，广大悉备。有天道焉，有人道焉，有地道焉。兼三才而两之，故六。六者，非他也，三才之道也。道有变动，故曰爻。爻有等，故曰物。物相杂，故曰文。文不当，故吉凶生焉。

此章言重卦之旨及六爻之文，所以极言《易》书广大之备也。易之未重，三材各处其一，初为地，二为人，三为天，时则大而未广，孤故也。易之既重，三材皆合而两，初与二为地，三与四为人，五与上为天，于是大且广矣，盛故也。大则有量，广则无际。三才大矣，兼而两之，是一三才为两三才也，不亦广乎！故曰"广大悉备"。信乎其备而罔缺也，三材之道备矣。然分上、分中、分下，则有三才之别；合为一卦，则阴或居上，安知地之不为天；阳或居下，安知天之不为地。五为君，则天道为人道矣；二为臣，则地道为人道矣。道有变则为六爻矣，爻有尊卑则有等差矣，爻有等差则有物象矣，刚柔相错则有成文矣。文、物不当其处，于是吉凶生矣。

易之兴也，其当殷之末世，周之盛德邪？当文王与纣之事邪？是故其辞危，危者使平，易者使倾。其道甚大，百物不废。惧以终始，其要无咎。此之谓易之道也。

前章言易兴于中古，作于忧患，仲尼之意已属文王矣，以为未足也。此章又明言易兴于"殷之末世，周之盛德"。犹以为未足也，又指而明之曰"当文王与纣之事"，则无复秋毫隐情矣。嗟乎！千载之屈有幸逢一朝之伸，一家之私有不没天下之公，文王无遇于纣，而有遇于仲尼，其千载之屈，一朝之伸与？纣，殷王也；仲尼，殷后也。而仲尼贬殷为"末世"，褒周为"盛德"，指纣之名而不讳，称文王之王而不抑，其不以一家之私，没天下之公与？大哉，文王之圣与！大哉，仲尼之公与！大抵无寇言备寇者，不若遭寇言备寇者之为周；无虎言防虎者，不若遇虎言防虎者之为工，何者？意之者不若履之者也。文王遭纣羑里之祸而演易，不以己之忧患忘天下后世之忧患，乃推己之忧患虑天下后世之忧患，其于忧患可谓亲履而备尝之矣。其心危，故其辞亦危。此无它，以吾身之危，欲使后世之危者平；以吾心之不慢易，恐后世之易者倾。其虑患之道甚大，故其取喻以物也甚详。日昃月望，盖取诸天；山泉水风，盖取诸地；右肱左股，盖取诸身；金矢玉铉，盖取诸器；苋陆瓜陨，盖取诸草；栋隆床下，盖取诸木；鹤鸣鸿渐，盖取诸禽；牿牛获狐，盖取诸兽。天下之物苟可为得失吉凶之象者，有一物之废者乎？后之观吾易者，以百物求大道，以危辞求安平，惧之于始，惧之于终，则其要归于吉而无咎矣。然则文王以易之道免一己之忧患，未圣也；以易之道免天下后世之忧患，斯圣矣。故仲尼赞之曰：此之谓易之道也。

　　夫乾，天下之至健也，德行恒易以知险。夫坤，天下之至顺也，德行恒简以知阻。能说诸心，能研诸侯之虑，定天下之吉凶，成天下之亹亹者。是故变化云为，吉事有祥，象事知器，占事知来。天地设位，圣人成能。人谋鬼谋，百姓与能。

　　此章申言乾坤健顺之性、易简之德也。天下之理，健而不息则易，息而不健则难，故乾之至健，其德行恒易；顺而不拂则简，拂而不顺则繁，故坤之至顺，其德恒简。德之易者，生物不息，故无难也；德之简者，成物不拂，故不繁也。然易简则无作为，险阻则有情伪，今也易而能知险，简而能知阻，何也？盖两险相疑，两阻相持，是故险不能知险，知天下之至险者，至易者也；阻不能知阻，知天下之至阻者，至简者也。夹谷之诈，不能敌仲尼之礼；颛臾之对，不能欺仲尼之听。盖圣人得乾坤易简之理，而齐侯之险、冉求之阻，遇之而败也。惟其得乾坤易简之理，而执之以照天下之险阻、情伪，则如日之达蔀屋，如烛之炳幽潜，孰得而遁之者？是故其心和说，而不忧天下之至险；其虑研精，而不惑天下之至阻。以"定天下之吉凶"，以"成天下之亹亹"，皆易简之绪余耳。见祥斯知吉，见象斯知器，见占斯知来，又何疑焉？盖祥者，吉之萌也；象者，器之影也；占者，来之讯也。故天地以易简而设位于上下，圣人以易简而成能于两间。谋之卿士庶人而毕从，谋之鬼神卜筮而皆协，俾万姓咸曰圣人之能者，无它，易简而已。"能研诸侯之虑"，"侯之"二字衍。

　　八卦以象告，爻象以情言。刚柔杂居，而吉凶可见矣。变动以利言，吉凶以情迁，是故爱恶相攻而吉凶生，远近相取而悔吝生，情伪相感而利害生。凡易之情，近而不相得则凶。或害之，悔且吝。

　　既言乾坤之性与德，又申言八卦之象与爻、象也。以象告者，有画而未有辞也；以情言者，有爻辞而又有象辞也。刚柔杂居者，六子之卦也，其余皆八卦诸爻所有者，未易概举。

　　将叛者其辞惭，中心疑者其辞枝。吉人之辞寡，躁人之辞多，诬善之人其辞游，失其守者其辞屈。

　　此言学易而有得者，可以知言矣。孟子曰"我知言"，盖得乎此。大抵歉于中者，必愧于外。秦武阳色变，而荆轲为之辞谢是也，故曰"将叛者其辞惭"。将有言于人而逆疑其不售也，必左右其说以尝之，此不有售焉则彼必售矣，商鞅之说孝公是也，故曰"中心疑者其辞枝"。直情无所烦言，至正无所揣摩，申公之对武帝是也，故曰"吉人之辞寡"。躁，竞也。人而躁竞，则危言以眩世而无所忌，强聒以撼人而不能已，能令人厌，亦能令人喜。厌者其空空，而喜者意其有挟也。淳于髡之见梁惠王，连语三日三夜是也，故曰"躁人之辞多"。小人之疾君子也，而欲毁君子也，必深匿其毁之之迹，疾之愈甚则毁之愈缓。或显誉其人而阴寓其忮，或泛为之说以旁见其意，故毁行而人不悟。公孙弘之谮仲舒、汲黯是也，故曰"诬善之人其辞游"。人之心未有无所主者，所主者义乎？攻之者愈众，而主之者愈坚。所主者不义乎？外必周为之防，而内必深窒其隙。幸而遇庸人，虽欲攻之，莫知其所以攻之者；不幸而遇智者，先得其隙而入之，逆夺其防而据之，则一语而折。夷之之见孟子是也，故曰"失其守者其辞屈"。

卷十九

说　卦

　　昔者圣人之作《易》也，幽赞于神明而生蓍，参天两地而倚数，观变于阴阳而立卦，发挥于刚柔而生爻。和顺于道德而理于义，穷理尽性以至于命。

　　此章言圣人之作《易》，始因蓍以成卦，终因卦以尽道也。天下莫愚于有知之知，而无知之知为至神，蓍是也。天下莫隐于有易之易，而无易之易为至蓍，数是也。今夫蓍之未分，其数五十，人皆知之。及其既分，左手若干，右手若干，人不得而知也。非惟人不得而知也，吾亦不得而知也；非惟吾不得而知也，蓍亦不得而知也；非惟蓍不得而知也，鬼神亦不得而知也，故曰“幽赞于神明而生蓍”。赞之言，助也。非蓍之神也，助神明之神而已，今夫一、三、五，天数也，三积之而为九；二、四，地数也，两积之而为六，故曰“参天两地而倚数”。倚之言，依也。天地之道不在数也，依于数而已。然数寓于蓍，而蓍非数，故得数者忘蓍。卦托于数，而数非卦，故得卦者忘数。数既形矣，卦斯设焉。圣人因其变之或九或七而为阳，因其变之或六或八而为阴，变至十有八而卦成焉。圣人无与也，特观其变而设之耳，故曰“观变于阴阳而设卦”。卦既设矣，爻斯生焉。圣人因其数之阳而发明其为爻之刚，因其数之阴而发明其为爻之柔。圣人无与也，特发而明之，挥而散之耳，故曰“发挥于刚柔而生爻”。卦之阴阳既设，爻之刚柔既生，自八卦而为六十四，自六爻而为三百八十四。伸之长之，天下之是非失得万事于是乎备，天下之吉凶悔吝万变于是乎出，天地人之道皆聚于《易》之书矣。所以“和顺道德而理于义”者，在是；所以"穷理尽性至于命"者，亦在是。大哉，易之道乎！其道之渊林乎！学者求道而舍易，是舍渊而求珠，舍林而求玉也。盖天之授人者曰命，人之受天者曰性，在物情之所具者曰理，在人事之处物者曰义，会义理而行之通者曰道，体斯道而充乎己者曰德。命非通塞短永之谓也，天以道德义理之性而授之于人之谓也。犹父之命子、君之命臣也，命令而付授之也。然则理与义有辨乎？曰：理者，物情各具其所本然之谓也；义者，人之处物各宜其所当然之谓也。今有二器于此，其一樽也，其一簋也。问樽奚事？曰其器酒也。问簋奚事？曰其器飧也。此物情之所本然者，斯之谓理。今有人焉见其为器，而不知其用，或置飧于樽焉，或置酒于簋焉，是得为处物而宜其所当然者乎？若易置之，则宜其所当然矣，斯之谓义。然则理若何而可穷？性若何而可尽？命若何而可至？理也，性也，命也，为三乎？为一乎？曰：理，譬则路也；性，譬则足也；命，譬则家也。人有自百里之外而归其家者，或十里而止，或五十里而止，或九十里而止，是能至其家乎？否也。夫百里之近也，而家不可至者，何也？非以其路有所未穷，而足力有所未尽乎？是故家无不可至，路无不可穷，而足有不能尽也。性有不能尽，而理无不可穷，命无不可至也，是穷理尽性以至于命之说也。"理于义"谓治于义之理，非穷理之理。

昔者圣人之作《易》也，将以顺性命之理。是以立天之道，曰阴与阳。立地之道，曰柔与刚。立人之道，曰仁与义。兼三才而两之，故易六画而成卦。分阴分阳，迭用柔刚，故易六位而成章。

此章言文王重易之旨也。伏羲之易，画而未重，初为地，二为人，三为天。当是时，三才之道奇而未耦、孤而无邻也。文王之易，画而既重，初与二为地。初，刚也；二，柔也。刚柔以质言。三与四为人。三，义也；四，仁也。仁义以性言。五与上为天。五，阳也；上，阴也。阴阳以气言。当是时，三才之道耦而不奇、邻而不孤矣。夫德不孤，必有邻，道亦然。故敬义立而德不孤，阴阳立而天之道不孤，刚柔立而地之道不孤，仁义立而人之道不孤。天下之理，未有孤而能立者。有日必有月，有山必有泽，有父必有母。至于昼夜寒暑也，前后左右也，耳目手足也，靡不然者。故曰"兼三才而两之，故易六画而成卦"。然《乾》《坤》二卦，画虽六矣，尚分阴分阳，未成章也。至于六子，五十六卦阴阳错居，刚柔迭用，然后六位成章焉。章者，刚柔杂而成文也。《周官》"画绘之事"曰赤与白谓之章，故曰"分阴分阳，迭用柔刚，故易六位而成章"。然则易之重卦，何为也哉？"以顺性命之理"而已。曷谓"性命之理"？阴阳也，柔刚也，仁义也，是性命之理也。顺之则圣、则贤、则君子、则无咎、则吉，逆之则愚、则鄙、则小人、则悔、则凶。故仲尼首言曰"昔者圣人之作《易》也，将以顺性命之理"。

> 天地定位，山泽通气，雷风相薄，水火不相射，八卦相错。数
> 往者顺，知来者逆，是故易，逆数也。

此章言八卦刚柔错综，然后得失吉凶可得而前知也。所谓前知者，易之道也。非特占事知来之谓也，占特易之一端而已。易之道无它，其于已往之得失吉凶，既旋观而顺数，故其于方来之得失吉凶，亦逆睹而前知。见履霜而知坚冰之必至，以已往之微知方来之著也。见离明而知日昃之必凶，以已往之盛知方来之衰也。且以往知来，未有不可逆知者。膰肉不至，孔子行；醴酒不设，穆生去。晋胜鄢陵，士燮惧；吴会黄池，子胥忧。而况易之道乎！故曰"易，逆数也"。

> 雷以动之，风以散之，雨以润之，日以晅之，艮以止之，兑以
> 说之，乾以君之，坤以藏之。

此章言天地六子造化万物之妙用也。天地犹一人之身也，雷、风、水、火犹一身之血气也。雷者，天地一身之謦欬①也。风者，天地一身之嘘呵也。雨者，天地一身之膏液也。日者，天地一身之暖气也。今夫人之一身，謦欬喑焉者死，嘘呵绝焉者死，膏液竭焉者死，暖气冰焉者死。天地亦然。夫惟謦欬足以鼓动万物，故潜者见、陨者敷；嘘呵足以挥散万物，故稚者挺、郁者舒；膏液足以润泽万物，故槁者滋、瘠者腴；暖气足以晅煖万物，故幽者晰、冱者苏。四者大和，万物并育。秋而成焉，物所以说。兑者，秋之正也。冬而肃焉，物所以止。艮者，冬之穷也。造化至此，岁功成矣。天何为哉？主之而已。君者，主也。地何为哉？收之而已。藏者，收也。

---

① 謦欬：咳嗽，亦借指谈笑、谈吐。

帝出乎震，齐乎巽，相见乎离，致役乎坤，说言乎兑，战乎乾，劳乎坎，成言乎艮。万物出乎震。震，东方也。齐乎巽。巽，东南也。齐也者，言万物之洁齐也。离也者，明也。万物皆相见，南方之卦也。圣人南面而听天下，向明而治，盖取诸此也。坤也者，地也。万物皆致养焉，故曰"致役乎坤"。兑，正秋也。万物之所说也，故曰"说言乎兑"。战乎乾。乾，西北之卦也，言阴阳相薄也。坎者，水也，正北方之卦也。劳卦也，万物之所归也，故曰"劳乎坎"。艮，东北之卦也。万物之所成终而所成始也，故曰"成言乎艮"。神也者，妙万物而为言者也。

此章前言"帝出乎震"之八者，所以发八卦妙万物之神也。后言"万物出乎震"之八者，所以释前言也。夫物芸芸，造端乎春，故曰"万物出乎震"。震，春卦也。风之被物也，飘忽泛扫，何秽不蠲哉？尘遇之而清焉，暑遇之而冷焉，华实遇之而馨焉。洁齐万物，莫洁乎风，故曰"齐乎巽"。天地非日孰与炳曜？万物非日孰与临照？日一出矣，然后物与物相觌也。不然宇宙之间，其不冥为大幽之室乎？故曰"相见乎离"。役物以养己者，物也；役己以养物者，地也。人皆知之称乎母，莫知其疲于乳哺，故曰"致役乎坤"。岁云秋矣。万宝既成，万生既盈，畴不说乎情，故曰"说言乎兑"。乾，西北也。乾阳而西北阴，阴阳相逢，不战则攻。其战不力，其生物不殖，故曰"战乎乾"。水之为用也，兼足万物，未尝德其德；不舍昼夜，未尝不力其力，故曰"劳乎坎"。艮，东北也。北者，冬也，物所终而止；东者，春也，物复动而始。动而复止，止而复动，物莫穷其用。始而复终，终而复始，物莫知其际。艮也者，其造化循环无端之枢与？然则造化之仁，庸有既乎？天地大德曰生，吾于艮见之矣。孰为此者？盖有妙万物而不知其所以然者也。孰妙万物？盖天地造化之至神，亦不知其所以然者也。神难言也，而仲尼屡言之曰"神无方"，又曰"阴阳不测之谓神"，又曰"惟神故不疾而速，不行而至"。今又曰"神也者，妙万物而为言"，非仲尼不能穷天下之至神，非仲尼不能言天下之至神。噫！敛天地于八卦，不见其有余；散八卦于天地，不见其不足。其天地之神乎？其易之神乎？

　　动万物者，莫疾乎雷。桡万物者，莫疾乎风。燥万物者，莫熯乎火。说万物者，莫说乎泽。润万物者，莫润乎水。终万物始万物者，莫盛乎艮。故水火相逮，雷风不相悖，山泽通气，然后能变化，既成万物也。

此章言六子变化万物之功，而不言乾坤。非不言乾坤也，六子之功即乾坤之功也。故舜以五人治，文王以多士宁。

　　乾，健也。坤，顺也。震，动也。巽，入也。坎，陷也。离，丽也。艮，止也。兑，说也。

此章述八卦之训诂，状八卦之性情也。

　　乾为马，坤为牛，震为龙，巽为鸡，坎为豕，离为雉，艮为狗，兑为羊。

此章言八卦远取诸物也。

　　乾为首，坤为腹，震为足，巽为股，坎为耳，离为目，艮为手，兑为口。

此章言八卦近取诸身也。首言尊，腹言容。水内景有耳，内聪之象；火外景有目，外明之象。

　　乾，天也，故称乎父。坤，地也，故称乎母。震一索而得男，故谓之长男。巽一索而得女，故谓之长女。坎再索而得男，故谓之中男。离再索而得女，故谓之中女。艮三索而得男，故谓之少男。兑三索而得女，故谓之少女。

此章言《乾》《坤》生六子也。"一索得男"，初爻得《乾》之一阳也。"一索得女"，初爻得《坤》之一阴也。其余次第推之。

乾为天，为圜，为君，为父，为玉，为金，为寒，为冰，为大赤，为良马，为老马，为瘠马，为驳马，为木果。

坤为地，为母，为布，为釜，为吝啬，为均，为子母牛，为大舆，为文，为众，为柄。其于地也，为黑。

震为雷，为龙，为玄黄，为旉，为大涂，为长子，为决躁，为苍筤竹，为萑苇。其于马也，为善鸣，为馵足，为作足，为的颡。其于稼也，为反生。其究为健，为蕃鲜。

巽为木，为风，为长女，为绳直，为工，为白，为长，为高，为进退，为不果，为臭。其于人也，为寡发，为广颡，为多白眼。为近利市三倍。其究为躁卦。

坎为水，为沟渎，为隐伏，为矫揉，为弓轮。其于人也，为加忧，为心病，为耳痛，为血卦，为赤。其于马也，为美脊，为亟心，为下首，为薄蹄，为曳。其于舆也，为多眚，为通，为月，为盗。其于木也，为坚多心。

离为火，为日，为电，为中女，为甲胄，为戈兵。其于人也，为大腹，为《乾》卦，为鳖，为蟹，为蠃，为蚌，为龟。其于木也，为科上槁。

艮为山，为径路，为小石，为门阙，为果蓏，为阍寺，为指，为狗，为鼠，为黔喙之属。其于木也，为坚多节。

兑为泽，为少女，为巫，为口舌，为毁折，为附决。其于地也，为刚卤。为妾，为羊。

此一章又统言八卦之作，仰观天文，俯察地理，近取诸身，远取诸物。其道甚大，百物不废也。然引物取类，有不可一一强通者。强通焉，凿且妄矣。

卷二十

序卦上

有天地，然后万物生焉。盈天地之间者唯万物，故受之以《屯》。屯者，盈也。屯者，物之始生也。物生必蒙，故受之以《蒙》。蒙者，蒙也，物之稚也。物稚不可不养也，故受之以《需》。需者，饮食之道也。饮食必有讼，故受之以《讼》。讼必有众起，故受之以《师》。师者，众也。众必有所比，故受之以《比》。比者，比也。比必有所畜，故受之以《小畜》。物畜然后有礼，故受之以《履》。履而泰，然后安，故受之以《泰》。泰者，通也。物不可以终通，故受之以《否》。物不可以终否，故受之以《同人》。与人同者，物必归焉，故受之以《大有》。有大者不可以盈，故受之以《谦》。有大而能谦必豫，故受之以《豫》。豫必有随，故受之以《随》。以喜随人者必有事，故受之以《蛊》。蛊者，事也。有事而后可大，故受之以《临》。临者，大也。物大然后可观，故受之以《观》。可观而后有所合，故受之以《噬嗑》。嗑者，合也。物不可以苟合而已，故受之以《贲》。贲者，饰也。致饰然后亨则尽矣，故受之以《剥》。剥者，剥也。物不可以终尽剥，穷上反下，故受之以《复》。复则不妄矣，故受之以《无妄》。有无妄然后可畜，故受之以《大畜》。物畜然后可养，故受之以《颐》。颐者，养也。不养则不可动，故受之以《大过》。物不可以终过，故受之以《坎》。坎者，陷也。陷必有所丽，故受之以《离》。离者，丽也。

序卦下

有天地，然后有万物。有万物，然后有男女。有男女，然后有夫妇。有夫妇，然后有父子。有父子，然后有君臣。有君臣，然后有上下。有上下，然后礼义有所错。夫妇之道，不可以不久也，故受之以《恒》。恒者，久也。物不可以久居其所，故受之以《遁》。遁者，退也。物不可以终遁，故受之以《大壮》。物不可以终壮，故受之以《晋》。晋者，进也。进必有所伤，故受之以《明夷》。夷者，伤也。伤于外者必反其家，故受之以《家人》。家道穷必乖，故受之以《睽》。睽者，乖也。乖必有难，故受之以《蹇》。蹇者，难也。物不可以终难，故受之以《解》。解者，缓也。缓必有所失，故受之以《损》。损而不已必益，故受之以《益》。益而不已必决，故受之以《夬》。夬者，决也。决必有所遇，故受之以《姤》。姤者，遇也。物相遇而后聚，故受之以《萃》。萃者，聚也。聚而上者谓之升，故受之以《升》。升而不已必困，故受之以《困》。困乎上者必反下，故受之以《井》。井道不可不革，故受之以《革》。革物者莫若鼎，故受之以《鼎》。主器者莫若长子，故受之以《震》。震者，动也。物不可以终动，止之，故受之以《艮》。艮者，止也。物不可以终止，故受之以《渐》。渐者，进也。进必有所归，故受之以《归妹》。得其所归者必大，故受之以《丰》。丰者，大也。穷大者必失其居，故受之以《旅》。旅而无所容，故受之以《巽》。巽者，入也。入而后说之，故受之以《兑》。兑者，说也。说而后散之，故受之以《涣》。涣者，离也。物不可以终离，故受之以《节》。节而信之，故受之以《中孚》。有其信者必行之，故受之以《小过》。有过物者必济，故受之以《既济》。物不可穷也，故受之以《未济》终焉。

程氏曰：天地，万物之本；夫妇，人伦之始。所以上经首《乾》《坤》，下经首《咸》，继之以《恒》也。杨氏曰：《乾》《坤》，万物之父母；《咸》《恒》，人之父母。

杂 卦

　　《乾》刚《坤》柔，《比》乐《师》忧。《临》《观》之义，或与或求。《屯》，见而不失其居。《蒙》，杂而著。《震》，起也。《艮》，止也。《损》《益》，盛衰之始也。《大畜》，时也。《无妄》，灾也。《萃》，聚而升不来也。《谦》，轻而豫怠也。《噬嗑》，食也。《贲》，无色也。《兑》见而《巽》伏也。《随》，无故也。《蛊》，则饬也。《剥》，烂也。《复》，反也。《晋》，昼也。《明夷》，诛也。《井》通而《困》相遇也。《咸》，速也。《恒》，久也。《涣》，离也。《节》，止也。《解》，缓也。《蹇》，难也。《睽》，外也。《家人》，内也。《否》《泰》，反其类也。《大壮》则止，《遁》则退也。《大有》，众也。《同人》，亲也。《革》，去故也。《鼎》，取新也。《小过》，过也。《中孚》，信也。《丰》，多故也。亲寡，《旅》也。《离》上而《坎》下也。《小畜》，寡也。《履》，不处也。《需》，不进也。《讼》，不亲也。《大过》，颠也。《姤》，遇也，柔遇刚也。《渐》，女归待男行也。《颐》，养正也。《既济》，定也。《归妹》，女之终也。《未济》，男之穷也。《夬》，决也，刚决柔也。君子道长，小人道忧也。